CANCELN

EIN NOTWENDIGER STREIT

Mit Beiträgen von Asal Dardan,
Adrian Daub, Hanna Engelmeier,
Jürgen Kaube, Konrad Paul Liessmann,
Ijoma Mangold, Lothar Müller,
Mithu Sanyal, Marie Schmidt,
Johannes Schneider, Anna-Lena Scholz
und Daniela Strigl

Hanser

1. Auflage 2023

ISBN 978-3-446-27613-0

Umschlag: Anzinger & Rasp, München
Satz: Greiner & Reichel, Köln
Druck und Bindung: Friedrich Pustet, Regensburg
Printed in Germany

MIX
Papier | Fördert
gute Waldnutzung
FSC® C014889

INHALT

VORWORT

Niemand mit Verstand und Herz will Literatur verbieten – oder doch? Seit einigen Jahren häufen sich die Auseinandersetzungen um Bücher und Autoren. In dem Streit darüber, was Literatur denn nun sei und was sie solle, sind neue Töne zu hören. Sollen wir Karl May noch lesen, obwohl seine Werke voller längst überholter ethnischer Stereotype stecken? Wie gehen wir mit den Büchern einer Autorin um, wenn gewichtige moralische oder juristische Vorwürfe im Raum stehen – die in der literarischen Arbeit möglicherweise gar keine Spuren hinterlassen haben? Was tun mit historisch belasteten Begriffen aus einer Zeit, als weite Teile der Gesellschaft von Überzeugungen durchdrungen waren, die heute als rassistisch gelten? Und wie steht es um das, was man früher den »Kanon« nannte, wenn immer mehr Stimmen laut werden, die dessen männlichen Blick oder kolonialistische Perspektive kritisieren?

Die Rede ist von einer »Cancel-Debatte«. Dabei gibt schon der Begriff des »Cancelns« Rätsel auf. Was bedeutet er in einer pluralistischen Gesellschaft? Wie unterscheidet sich »Canceln« von Kritik? Und was geschieht mit Werken und Personen, die gecancelt werden? Verschwinden sie von der Bildfläche? Oder erlangen sie gerade besonderen Ruhm?

Literatur ist ein Raum der Möglichkeiten. Aktuell stehen sich zwei Lager gegenüber, die offenbar vollkommen unterschiedliche Vorstellungen davon haben, wie dieser Raum zu nutzen ist. Jedes Lager belegt das andere mit allerhand klingenden Namen. Da sind auf der einen Seite die »Woken«, die die Literatur auf einem Irrweg sehen, wenn darin rassistische, sexistische, kolonialistische, homophobe und auf andere Weise diskriminierende Narrative weitergetragen werden – im Wissen um die Macht der Fiktion auf die außerliterarische Wirklichkeit, in der Menschen wegen ebenjener Ausgrenzungen um ihre Sicherheit fürchten müssen. Auf der anderen Seite stehen die »Bewahrer«, von ihren Gegnern und Gegnerinnen oft als »alte weiße Männer« über einen Kamm geschoren, die die literarische Überlieferung gefährdet sehen, wenn Texte der Vergangenheit an moralischen Maßstäben der Gegenwart gemessen werden.

Zugegeben, die Darstellung ist verkürzt. Die Cancel-Debatte ist in den letzten Jahren um zahllose Nuancen reicher geworden, sodass es kaum noch möglich ist, sie in wenigen Sätzen zusammenzufassen. Ist das Canceln von Literatur grundsätzlich falsch? Manchmal notwendig? Immer richtig, wenn es dem »richtigen« Ziel dient? Auch wenn die hitzig eskalierenden Diskussionen bisweilen einen anderen Eindruck vermitteln – pauschale Antworten auf solche Fragen sind bei genauerer Betrachtung kaum möglich. Zu wichtig ist der Kontext, zu wichtig sind die inneren Zusammenhänge und Zwischentöne, zu wichtig ist die Einbettung des jeweiligen Werkes in die gesellschaftliche Realität seiner Entstehung und seiner Rezeption. Eine differenzierte Auseinandersetzung mit dem Phänomen des Cancelns kann ohne genaue Lektüre, ohne Sensibilität für die Macht von Sprache und ohne immer neue Kontextualisierung nicht gelingen.

Es gehört zu den Vorteilen von Anthologien, dass sie der Forderung nach Differenzierung und Vielstimmigkeit schon durch die Zahl der Beitragenden nachkommen können. In einer Debatte, die Internet, Feuilletons und Köpfe regelmäßig zum Glühen bringt, sucht auch dieser Band den Streit – aber nicht den erbitterten, bei dem es nur darum geht, recht zu haben. Sondern den produktiven Streit, der dazu zwingt, die eigene Haltung zu hinterfragen und die Möglichkeit in Betracht zu ziehen, auch eine andere Sicht könne gerechtfertigt sein. Wer Literatur liest, setzt sich Welten aus, die nicht die eigenen sind. Das ist ihr Trick. Wir hoffen, dass die grundverschiedenen Ansätze und Perspektiven dieses Bandes solche Bewegungen in Gang setzen mögen.

Annika Domainko, Tobias Heyl,
Florian Kessler, Jo Lendle, Georg M. Oswald

AN IHREN WORTEN SOLLT IHR SIE ERKENNEN!

IJOMA MANGOLD

Für mich ist der Kulturkampf um die Cancel Culture gegessen, seit es der Begriff Cancel Culture ins öffentliche Bewusstsein geschafft hat. Und seit der Ausdruck »woke« nicht mehr eigens erklärt werden muss, um ein bestimmtes akademisch-kulturelles Milieu zu kennzeichnen, ist mein inneres Feuer, gegen das woke Meinungsklima anzuschreiben, fast schon erloschen.

Wenn man sich in der Diskurslandschaft umschaut, wird man beobachten können, dass sich Vertreter des woken Lagers auf Twitter mittlerweile bitterlich beklagen über den inflationären Gebrauch des Schlagworts »woke«. Ich kann es ihnen nachempfinden. Zu lange hatten sie sehr gut davon gelebt, dass ihre Meinungen und ihre Empörungsbereitschaft als ganz natürliche Haltung und Reaktion moralisch sensibler Seelen gewertet wurden. Schlagworte gab es in Fülle, aber nur für die Ewiggestrigen, die weißen alten Männer, die Sexisten, Rassisten und TERFs auf der anderen Seite, der der Finsternis. Seit nun aber auch die Woken, die Social Justice Warriors, einen Namen haben, ist ihre Macht gebrochen. Es ist ganz wie im Märchen der Brüder Grimm: »Ach, wie gut, dass niemand weiß, dass ich Rumpelstilzchen heiß!« Solange etwas keinen Namen hat, kann man es nicht adressieren. Jetzt hat sich Rumpelstilzchens Name indes herumgesprochen, und mit dem Safe Space der Namenlosigkeit ist es vorbei.

Das Gleiche gilt für den Sachverhalt der Cancel Culture: Solange es keinen Namen dafür gab, wenn man verhinderte, dass Menschen, deren Meinungen man nicht billigte, eine Bühne bekamen, war es extrem einfach, Deplatforming zu betreiben, ohne auf Gegenwehr zu stoßen. Die Öffentlichkeit hatte einige Jahre in Schreckstarre verharrt, bis sie den sehr anschaulichen Begriff der Cancel Culture für diese Vorgänge gefunden hatte – seither ist der Bann dahin, und es cancelt sich wesentlich schwerer.

Man sieht das unmittelbar an den Reaktionen derer, die dieses einst namenlose Geschäft lange erfolgreich betrieben hatten. Auf die neue Situation reagieren sie mit dem trotzigen Satz, es gebe gar keine Cancel Culture, diese sei nur ein Phantom, von rechten Konterrevolutionären in die Welt gesetzt. Solange nicht jemand mit Polizeigewalt von der Bühne weg abgeführt werde, könne nicht von Cancel Culture, sondern nur von einer ganz normalen zivilgesellschaftlichen Gegenreaktion auf menschenverachtende Haltungen die Rede sein. Die selbst ernannten Opfer der nicht existenten Cancel Culture verwechselten, so heißt es, Meinungsfreiheit mit dem Recht, sich keine Kritik anhören zu müssen.

Je öfter sich indes die Anlässe häufen, die das woke Lager nötigen zu erklären, dass es Cancel Culture gar nicht gebe, desto offensichtlicher wird der performative Widerspruch.

Die Rückzugsposition lautet seither: Die Opfer der angeblichen Cancel Culture sollten nicht so jammern, sie bekämen in Wahrheit ja sogar besonders viel öffentliche Aufmerksamkeit, sie würden nicht gecancelt, sondern exponiert, weshalb sich der Verdacht aufdränge, dass es die Akteure in Wahrheit gerade auf die aufmerksamkeitsökonomisch vorteilhaften Effekte der Cancel Culture (die es im Übrigen nicht gebe) abgesehen hätten.

Halten wir fest: Cancel Culture meint nicht staatliche Zensur. Es geht nicht um Zensur von oben, sondern um Zensur von unten. Nicht um hierarchische, sondern um dezentrale Macht. Nicht der

Obrigkeitsstaat ist das Problem, sondern das, was man früher mal das gesunde Volksempfinden genannt hat, also eine von einer starken moralischen Stimmung aufgeheizte Menge. Was in Rede steht, ist mithin ein kulturelles Klima, das ohne staatliche Durchgriffsrechte dafür zu sorgen vermag, dass Meinungen, die vom im jeweiligen sozialen Aktionsradius kulturell dominanten Milieu als unerträglich empfunden werden, keine Bühne mehr bekommen. Der Druck kommt von der Straße, und es sind dann Universitätsleitungen, Chefredaktionen, Festivalveranstalter oder Verlagshäuser, die sich ihm beugen.

Dass das häufig genug nach hinten losgeht, dass es der Gecancelte danach überhaupt erst zu Bekanntheit und Ruhm schafft, möchte ich gar nicht bestreiten, aber eine gescheiterte Lösegelderpressung bleibt gleichwohl noch der Versuch einer Lösegelderpressung.

Die Promotionsstudentin Marie-Luise Vollbrecht wurde der Öffentlichkeit erst bekannt, nachdem die Leitung der Humboldt-Universität dem Druck einer studentischen Aktivistengruppe nachgegeben hatte und Vollbrechts Vortrag zur Zweigeschlechtlichkeit in der Biologie im Rahmen der Langen Nacht der Wissenschaft gecancelt hatte.

Der Wissenschaftsredakteur der *New York Times* Donald McNeil war schon als Berichterstatter über die Covid-Pandemie ein mit dem Pulitzerpreis ausgezeichneter journalistischer Star in den USA, aber erst nachdem er bei seinem jahrzehntelangen Arbeitgeber den Hut nehmen musste, weil er im Gespräch mit einer weißen Studentin über Hip-Hop und das N-Wort ebendieses zitiert hatte, wurde er weltweit zu einer Chiffre des Kulturkampfes.

Die Kabarettistin und Schriftstellerin Lisa Eckhart war auch vorher schon bekannt aus Funk und Fernsehen und für viele ein rotes Tuch, weil ihre Pointen davon lebten, gezielt gegen politische Korrektheit zu verstoßen. Aber zu einem Begriff für jeden Zeitungsleser wurde sie erst, als ihre Teilnahme am Harbour Front Literaturfestival wegen Antisemitismus-Vorwürfen abgesagt wurde, weil die Veranstalter wegen befürchteter linker Proteste die Sicherheit der Besucher wie der Künstlerin nicht gewährleisten zu können meinten.

Nur bei Woody Allen war das Canceln von Erfolg gekrönt – zumindest in den USA: Allens ursprünglicher amerikanischer Verlag löste den Buchvertrag über dessen Memoiren auf, weil der Druck der Verlagsmitarbeiter zu groß war: Obwohl es keinerlei juristische Erhärtung gibt, sind der Filmemacher und sein Werk wegen Missbrauchsvorwürfen in den USA geächtet (sein Film *A Rainy Day in New York* hat keinen amerikanischen Verleih gefunden). Anders in Deutschland: Hier drohten deutsche Rowohlt-Autoren zwar auch ihrem Verlag in einem offenen Brief, doch Rowohlt blieb standhaft, und Woody Allens Erinnerungen konnten erscheinen.

Hinter der Cancel Culture steckt die seltsame Vorstellung, dass die Welt ein besserer Ort wäre, wenn nur noch das Richtige und Gerechte gesagt würde, nicht mehr das Falsche und Verwerfliche. Auf keinen Fall dürfe man dieser oder jener fragwürdigen Position eine Bühne geben. Ich kann den Grundimpuls nachvollziehen, auch mir wäre es lieber, wenn nicht mehr die hässlichen, gemeinen und falschen, sondern nur noch die schönen, guten und wahren Dinge ausgesprochen und publiziert würden – das Problem ist nur, um zwischen richtig und falsch unterscheiden zu können, müssen sowohl die richtigen wie die falschen Argumente erst einmal auf den Tisch, damit ihnen jeder auf den Zahn fühlen kann. Außerdem: Wer führt die Sortierung durch, zumal richtig und falsch, besonders wenn es um moralische Bewertungen geht, extrem zeitabhängig sind – was uns heute als die einzig richtige Haltung erscheint, dürfte schon in zehn Jahren so antiquiert erscheinen, wie uns Heutigen die viktorianische Sexualmoral vorkommt. (Wobei manche davon sprechen, sie erlebe gerade unter dem Warnschild »toxic masculinity« eine Renaissance.)

Das jedenfalls waren die Kämpfe der zehner Jahre. Damals brauchte das woke Lager einfach nur von der Kanzel herab zu predigen und der bürgerlichen Mitte den Kopf zu waschen, damit diese schuldbewusst und reumütig nickte, weil sie, feige, wie sie seit je ist, sich von der rhetorischen Wucht des woken Manichäismus so sehr einschüchtern ließ, dass sie lieber erst gar nicht »piep« sagte. Heute hingegen erfahren woke Glaubenssätze Widerspruch und müssen nun ihrerseits begründet werden. Damit ist viel gewonnen.

Zwar kommt es auch weiterhin vor, siehe oben, dass eine Universitätsleitung eine Veranstaltung absagt, aber der Vorgang führt mittlerweile dazu, dass die These in der Breite und von verschiedenen Blickwinkeln aus diskutiert wird und sich die Öffentlichkeit ein Bild von der Zivilcourage von Universitätsleitungen macht. Mehr braucht es nicht für meinen Geschmack.

In der bleiernen Zeit war es dem woken Milieu gelungen, die absolute Lufthoheit über den akademischen Stammtischen zu erringen und die eigene Haltung gewissermaßen zu naturalisieren: als würde man nicht eine spezifische ideologische Position vertreten, sondern die einzig denkbare moralische Haltung einnehmen, und wer davon abwich, galt als rechts und als Beispiel für eine gefährliche Radikalisierung der Mitte, wie es damals gerne hieß.

Es war eine Zeit, in der die wichtigste Haltung war, Haltung zu zeigen. Und Haltungen sind ja genau jene scheinbaren moralischen Selbstevidenzen, über die man gar nicht mehr mit Argumenten streiten muss, weil sie sich eben von selbst verstehen. Wer über ein Gegenargument auch nur nachdenkt, ist in diesem Sinne bereits zum Verräter an seiner Haltung geworden. Doch diese bleierne Zeit, in der selbst Journalisten stolz waren, Haltung zu zeigen, ist vorbei.

Es waren die identitätspolitischen Diskurse, die irgendwann um 2013 hegemonial wurden. Plötzlich ging es nicht mehr um materialistische politische Kämpfe, sondern ausschließlich um die symbolische Ordnung. Darum, welche Worte man noch verwenden durfte und welche nicht. An ihren Worten sollt ihr sie erkennen! Es war ein Distinktionsprogramm, bei dem man durch den Gebrauch eines bestimmten Vokabulars seine moralische Fortschrittlichkeit unter Beweis stellen konnte. Die Linke war kulturalistisch geworden, und sie genoss es in vollen Zügen, Abweichungen vom vorgesehenen Vokabular wie ein Bademeister zu maßregeln und mit aufwallender Empörung zu quittieren.

Und weil es um Worte ging, war die rhetorische Lufthoheit spielentscheidend. Die kulturalistische Linke hatte ein ganzes Arsenal an Phrasen und Schlagworten entwickelt, die jederzeit zum Einsatz bereitlagen. Sagte jemand etwas Verdächtiges, so konnte gewissermaßen auf Knopfdruck erklärt werden: Das ist Mansplaining, das ist Täter-Opfer-Umkehr, das ist Slut Shaming, das ist Lookism – oder etwas pauschaler: Das ist patriarchalisch-rassistische Kackscheiße. Für alles gab es eine Schublade – und man konnte gar nicht so schnell schauen, wie die entsprechenden Schubladen geöffnet, der Gegner darin verräumt und die Schublade wieder geschlossen wurde. Wessen Ansichten einem nicht passten, der wurde – gern auch unabhängig von Alter und Hautfarbe – als alter weißer Mann inkriminiert, und damit war die Sache entschieden, denn in identitätspolitischen Diskursen zählt die Sprecherposition, nicht das, was der Sprecher sagt und gemeint haben könnte.

Der rhetorische Rollangriff der kulturalistischen Linken verschlug der bürgerlichen Mitte buchstäblich die Sprache. Ihre Vertreter hatten keine Worte mehr beziehungsweise fürchteten, dass ihre Sprache möglicherweise wirklich so kontaminiert war, wie die identitätsapolitischen Präzeptoren behaupteten. Sie schwiegen. So wurde es von ihnen auch erwartet, denn wenn man zu den Privilegierten zählte und selber Rassismus, Sexismus, Ableismus und Transphobie noch nicht am eigenen Leib erfahren hatte, sollte man, wie es auf Twitter hieß, lieber mal die Klappe halten.

Ich glaube, dieses Klappe-Halten war es, was meinen Trotz damals herausforderte. Es war diese Mischung aus Mut- und Sprachlosigkeit, mit der jede Uni-Präsidentin, jede Kunsthallen-Direktorin, jeder Theaterintendant und jeder Verwaltungsbürgermeister, kurz jeder, den die starke Sorge plagte, womöglich selbst zu jenen Privilegierten zu zählen, die ihre Privilegien nicht ausreichend gecheckt hatten, in vorauseilendem Gehorsam das woke Vokabular nachbetete, um sich aus der Schusslinie zu nehmen. Konformismus zog ein ins akademisch-kulturelle Milieu.

Doch das hat sich nun gedreht. Langsam entstand auch ein Gegenvokabular, das nun seinerseits wie eine Schublade hervorgezogen werden konnte – dazu zählen zum Beispiel die Ausdrücke »woke« und »Cancel Culture«. Nun herrscht rhetorisch Waffengleichheit. Nun stehen sich die beiden Phrasenarsenale gegenüber – und es wäre für beide Seiten lohnend, verbal abzurüsten, Schlagworte abzubauen, um sich in offene Diskussionen zu begeben.

Mir geht es nämlich gar nicht um die Wahrheitsfrage. Ich möchte nur, dass alles sportlich ausdiskutiert und Meinungsverschiedenheiten nicht abgewürgt werden wie vor hundert Jahren im Konfirmationsunterricht. Der Rest ist mir dann mehr oder weniger Banane. Vielleicht haben am Ende die Vertreter der Identitätspolitik mit ihren Positionen und Ansichten recht, wer kann das schon wissen, das werden wir in zwanzig Jahren im Rückblick klarer sehen – aber was mich lange bedrückt hat, war deren hegemonialer Diskurs. Sie hatten einen Durchmarsch, als hätte sich die gegnerische Mannschaft aus lauter Zaghaftigkeit und Mutlosigkeit an die Seitenlinie zurückgezogen, sodass das Tor offen lag und die Id-Pol-Mannschaft anstrengungslos ein Tor nach dem anderen schießen konnte. Was ihnen – logisch – nicht gutgetan hat, denn Widerstandslosigkeit im Meinungskampf macht automatisch dümmer. Was ich der Identitätspolitik übel nehme, ist, dass sie darauf hingearbeitet hat, dass ihre Sicht der Dinge rechtfertigungsfrei als die einzige galt, mit der man nicht als Schurke und ewig gestriger alter weißer Mann dastand – so konnten sie die Welt nach ihrem Willen und ihrer Vorstellung modellieren.

Doch die identitätspolitische Orthodoxie hat sich zu Tode gesiegt. Je erwartbarer ihre Rituale durchexerziert wurden, desto mehr verloren sie durch schiere Wiederholung an Glaubwürdigkeit. Das Einstudierte des Drehbuchs bot zunehmend Gelegenheit für parodistische Gegenattacken. Wenn die Empörung zu oft wie auf Knopfdruck aufkocht, verliert sie an Authentizität. Mit der »Alles Nazis außer icke«-Haltung kommt man heute nicht mehr durch – und das ist gut für den Diskurs.

Eigentlich müsste der Adressat meines Unmuts die bürgerliche Mitte sein, die nicht wagte, auch nur den Kopf zu schütteln, aus lauter Angst, sonst gesellschaftlich gebrandmarkt zu sein. Heute arbeiten die Diversity-Beauftragten der Konzerne und die Gleichstellungsbeauftragten in den Verwaltungen zwar auf Hochdruck an der neuen symbolischen Ordnung, aber auch der Gegendiskurs hat zu seiner eigenen Sprache gefunden. So sehr, dass ihm nun seinerseits das Schicksal der intellektuellen Bequemlichkeit, Orthodoxie und Selbstgefälligkeit droht, in der das woke Lager in den zehner Jahren gefangen war. Das Wort »Hypermoralisierung« zum Beispiel erlebt nun ebenfalls eine ungesunde Konjunktur. Zu viel Gemeinschaftsbildung, zu viele fertige Formulierungshilfen machen jeden automatisch weniger klug. Oder wie Heiner Müller gesagt hatte: »Zehn Deutsche sind natürlich dümmer als fünf.«

Man sollte sich nie im Kreise von Menschen blicken lassen, die sich um ein Phrasenvokabular wie um ein warmes Lagerfeuer versammeln. Deshalb habe ich mir vorgenommen, daran zu arbeiten, das Wort »woke« in Ferien zu schicken. Für diesen Essay ist mir das noch nicht gelungen, aber jedes Ding hat seine Zeit. Die beste Art, einen Kulturkampf zu beenden, ist Gleichgültigkeit. Die allerdings muss von Herzen kommen.

BIST DU NOCH ZU RETTEN? DOROTHEE ELMIGER ÜBERSCHREIBT *DIE VERLOBUNG IN ST. DOMINGO*

HANNA ENGELMEIER

Im Februar 2021 fand auf Twitter ein kurzer Austausch zwischen dem Germanisten Helmut Müller-Sievers, Professor an der amerikanischen Universität in Boulder (Colorado), und Steffen Siegel, Professor für Fotografiegeschichte an der Folkwang-Universität in Essen, statt.[1] Müller-Sievers hatte kurz zuvor Heinrich von Kleists Novellen *Die Verlobung in St. Domingo* und *Die Marquise von O...* in einem Seminar für Undergraduates, also Studierende vor dem ersten (Bachelor-)Abschluss, behandelt:

MÜLLER-SIEVERS Ich glaube, das war das letzte Mal, dass ich Kleist für undergraduates unterrichtet habe. Wenn bei jeder Sitzung eine halbe Stunde trigger warnings notwendig sind, sollte man einen Text erst mal ruhen lassen.

SIEGEL Vor 'ner Weile hat hier auf Twitter jemand über *Die Marquise von O...* dümmlich gelästert, ich las das zufällig kurz vorm Boarding, hab noch am Gate ärgerlich bei Google Books die Erstausgabe geladen, auf dem Flug gelesen und vor erneuter Begeisterung Herzklopfen gehabt. Bester Flug!

MÜLLER-SIEVERS Ich sage das ganz ohne Häme: ja, für einen weißen Mann wie Sie und mich können die *Marquise* oder die *Verlobung* spannend sein. Aber nicht für meine StudentInnen, nicht in diesem Land.

SIEGEL Einverstanden.

In den genannten Novellen von Kleist stehen zwei derjenigen Themen im Vordergrund, die in den vergangenen Jahren stets in den Fokus der Aufmerksamkeit gerieten, wenn Trigger-Warnungen in der universitären Lehre diskutiert wurden. Die Handlung von *Die Marquise von O...* wird wesentlich durch die Vergewaltigung der titelgebenden Figur motiviert; in *Die Verlobung in St. Domingo* geht es um die Revolution auf Haiti ab dem Jahr 1793 und die Gewalt zwischen ehemals Versklavten und der französischen Kolonialmacht, mithin also auch um Rassismus.

Problematisch ist an beiden Texten nicht, *dass* Rassismus und sexuelle Gewalt dargestellt werden. Es muss aber erheblicher Aufwand darauf verwendet werden zu verstehen, wer sich hier Rassismus wie zu eigen macht: die Figuren? Der Erzähler oder gar der Autor? Hinzu kommt der Umstand, dass das Phänomen, das heute als Denk- und Handlungsmuster oder soziale Abwertungs- und Benachteiligungsstruktur Rassismus genannt wird, 1811 weder Rassismus hieß, noch allgemein als Problem betrachtet wurde. Gleiches gilt für die Darstellung sexueller Gewalt.

Im Literaturseminar geht es darum, ein Verständnis dafür zu erarbeiten, wie diese sozialen Phänomene literarisch modelliert und fiktionalisiert werden. Gefragt ist nicht die moralische Bewertung ihrer historischen Realität: Ein literaturwissenschaftliches Seminar, das als Diskussionsergebnis zu *Die Verlobung in St. Domingo* festhält, dass Sklaverei zu verurteilen und Gewalt schlecht ist, hat seinen Zweck verfehlt. Oder? Während sich auch Akteurinnen und

Akteure in der antirassistischen Bildungsarbeit für eine Vorabinformation über bestimmte Inhalte, nicht aber für deren Ausschluss aus der universitären Lehre aussprechen, wächst unter Lehrenden die Verunsicherung, Resignation oder der Zweifel an dem, was in der eigenen Ausbildung als kanonisch oder mindestens grundsätzlich diskutabel galt: siehe oben, siehe diese Anthologie.[2]

In Frage stehen dabei stets nur diejenigen Texte, deren Autorinnen und Autoren entweder gerade eine erhöhte Aufmerksamkeit erfahren oder die traditionell Gegenstand von philologischer Zuwendung oder sogar Zuneigung geworden sind. Es werden solche literarischen Texte zu Problemfällen, deren Bedeutung für (Literatur-)Geschichte und Ästhetik als so hoch eingeschätzt wird, dass man von ihnen erwartet, dass sie auch in kommenden Generationen zu Bildungserlebnissen führen werden. Niemand beunruhigt sich darüber, dass Feld-Wald-und-Wiesen-Texte des Jahres 1811, die haarsträubende »Rassentheorien« ventilieren oder sich genießerisch der Misogynie befleißigen, gar nicht mehr oder nur von Forschenden gelesen werden, die sich der historischen Genese dieser Phänomene widmen. Die besorgte Frage danach, ob man diesen oder jenen Text im Seminar oder gar überhaupt noch lesen solle, richtet sich auf Romane, Erzählungen oder Gedichte von Autorinnen und Autoren, auf die man Wert legt und von denen man nicht durch das Anlegen neuerer ethischer Maßstäbe auf einmal enttäuscht werden möchte. Kleist ist so ein Fall (wenn auch erst seit dem 20. Jahrhundert, zuvor schätzte man ihn gar nicht so besonders).[3] Allerdings nicht erst seit einigen Jahren, sondern schon viel länger.

Natürlich kann man einfach zu einem anderen Text als ausgerechnet zur *Verlobung in St. Domingo* greifen, Kleists Werk mag im Vergleich zu dem einiger anderer schmal sein, aber es ist vielfältig. Es stellen sich dann jedoch lediglich neue Fragen, ohne dass sich diejenigen, die sich anlässlich einer Auseinandersetzung mit der *Verlobung in St. Domingo* ergeben, gelöst hätten: Ist es eine Art Verzerrung, zunächst mit den Texten anzufangen, die zeitgenössische politische Sensibilitäten weniger irritieren, als das bei *Die Verlobung in St. Domingo* der Fall ist? Ist es sinnvoll oder sogar geboten, die Widerstandskraft möglicherweise selbst von Rassismus betroffener Studierender dadurch herauszufordern, dass man ihnen diesen Text inklusive aller seiner historischen Kontexte vorsetzt? Gibt es eine Antwort auf diese Fragen, die in Boulder, Essen und an allen anderen Orten, an denen Kleist unterrichtet wird, gleichermaßen gültig sein könnte?

Entscheiden kann man sich nur dafür, welche Fragen man wie stellen will und an welche Antworten man sich zuerst herantasten möchte. (Behutsamkeit in der Lektüre selbst von brachialen Texten: was für eine schöne Idee.) In die Twitter-Diskussion darüber, wie es denn nun mit Kleist im Seminar weitergehen könnte, mischten sich damals auch der in Frankfurt lehrende Germanist Nathan Taylor und ich selbst mit einem Vorschlag dazu ein. Er bestand darin, sich Kleist doch über einen Umweg zu nähern, und zwar über die Lektüre einiger Stellen aus Dorothee Elmigers Essayroman *Aus der Zuckerfabrik* (2020), der eine komplexe Auseinandersetzung mit Kleists *Die Verlobung in St. Domingo* anbietet.

Elmigers Buch beginnt mit einem unguten Gefühl. Gleich zu Anfang schildert sie eine Szene, auf die sie im Verlauf des Buches gelegentlich zurückkommen wird. Ein Dokumentarfilm aus dem Jahr 1986 zeigt eine Versteigerung in einem Gasthaus in Spiez im Schweizer Kanton Bern. Vor einem dicht gedrängt stehenden, überwiegend männlichen Publikum preist der Auktionator wie ein »Prediger einer vulgären Messe« seine Ware an:

»In seinen Händen zwei Figuren, die er über die Köpfe der Anwesenden streckt, zwei Frauenfiguren aus Holz oder aus blank poliertem schwarzem Stein, dreißig Zentimeter hoch vielleicht. Die im Licht glänzenden Körper sind bis auf ein lose um die Hüfte, den Kopf gewundenes Tuch, bis auf eine goldene Halskette unbekleidet. Sie knien, scheinbar selbstvergessen. Dann erhebt der Versteigerer die Stimme: *Wer macht ein Angebot Ich bitte um Ruhe Zwanzig Zwanzig Franken Mehr Angebote Ein Fünfliber Fünfundzwanzig Fünfundzwanzig Weitere Angebote Schaut nur diese Brüste an Fünfunddreißig Wer geht noch ein bisschen höher Fünfunddreißig Fränkli sind geboten Fünfunddreißig Franken zum ersten Fünfunddreißig zum zweiten und zum dritten Mal Dann sind diese alten N––––– auch weg da.*«[4]

Elmiger führt die Szene als Quelle ein, in der sie etwas vorfindet, was sie »nicht formulieren« könne. Das stimmt nur zum Teil, denn eine Beschreibung dieser Szene gelingt ihr ja. Diese Beschreibung ist eine analytische Rekonstruktion, die durch Betonungen, Auslassungen und Zitat der Tonspur ein Tableau skizziert, dessen Hintergründe und Details ein Thema ihres Buches sind.

Im Verlauf von *Aus der Zuckerfabrik* erfahren die Leserinnen und Leser, dass es sich bei diesem Ausschnitt um einen Moment während der Auktion der Habseligkeiten des Schweizer Lottomillionärs Werner Bruni handelt und dass die Figuren, um die es geht, aus Haiti stammen. 1979 durch einen glücklichen Zufall zu einem Vermögen gekommen, verloren der Klempner Bruni und seine Frau in den kommenden Jahren durch Vertrauen in die falschen Berater, Aufenthalte in der Karibik und finanziellen Unverstand alles, was sie gewonnen hatten. Schließlich musste ihr Besitz versteigert werden.

Diese Geschichte wird von Elmiger Schritt für Schritt so zusammengebaut, dass die zentralen Themen des Buches kenntlich werden: Prekarität in abhängiger Lohnarbeit oder sogar Ausbeutung (insbesondere auf Plantagen in Übersee), Gier und Verschwendung, eine misogyne Körperkultur und der *male gaze*, Auswanderung in die Karibik und der sie begleitende Kolonialismus sowie dessen Wirken in der Gegenwart, in der zumindest in der Theorie schon längst der Postkolonialismus angebrochen ist.

Elmiger bereist in ihrem Buch ihre (Text-)Quellen wie fremde Landschaften, das heißt, sie durchschreitet sie staunend und zum Teil befremdet, sie rätselt, sie macht sich einen Reim auf das, was ihr unverständlich bleiben muss. Der Roman ist insofern auch ein Reisebericht. Elmiger baut eigene Erfahrungen assoziativ ein oder erzeugt vielsagende Brüche zwischen autobiographischem und erlesenem Material. Dazu gehören die Krankengeschichte der Anorektikerin Ellen West, abgekürzt als »EW« und Protagonistin der Untersuchung *Der Fall Ellen West. Eine anthropologisch-klinische Studie* aus dem Jahr 1944 von Ludwig Binswanger, genauso wie Karl Marx' *Kapital* und dessen Rezeption oder eben Kleists Novelle *Die Verlobung in St. Domingo*.

Steht einem Kleist als Autor nahe, mag man schon bei Elmigers Transkription der Worte des Auktionators an ihn denken. Der angeblich berühmteste Gedankenstrich der deutschen Literatur, der sich in der Novelle *Die Marquise von O...* findet, verweist auf den Zeitpunkt der Vergewaltigung der Marquise und hat eine eigene Gedankenstrich-Philologie inspiriert.[5] Der lang gezogene Geviertstrich bei Elmiger verweist ebenfalls auf einen Zeitpunkt. Und zwar den, in dem im Film mutmaßlich das N-Wort verwendet wird; markiert ist damit auch viel unspezifischer eine historische Epoche, zu der der Dokumentarfilm von 1986 gehört. Sie liegt an der Schwelle zu einem Zeitpunkt, ab dem im deutschen Sprachgebrauch das N-Wort als historisch und in der Gegenwart durch Rassismus belastetes Wort zum Teil problematisiert wird.[6] Zum Teil ist es verschwunden, zum Teil wird es in verletzender Absicht oder in schlichtem Trotz weiterverwendet.

Elmiger entscheidet sich für eine metasprachliche Markierung des Wortes und damit auch für die Markierung des Diskurses, der es umgibt.[7] Die Verwendung der Bezeichnung »N-Wort« verdeutlicht unter anderem das Anliegen, verletzende Sprache nicht reproduzieren zu wollen und, so gut es geht, Distanz zum rassistischen Erbe der deutschen Sprache einzunehmen, um damit die sprachliche Gewalt zu beenden, die von ihm ausgeht.

Der von Elmiger gewählte Geviertstrich kann allerdings auch kraftvoller gedeutet werden, als eine Ausstreichung, die durch den weißen Seitenraum fährt und sich dem, was im Film gesagt wird, verweigert, ohne zu leugnen, dass es eben da ist. Das »*N*————« ihres Zitats fungiert als eine Übersetzung der gesprochenen Sprache des Films in die Schrift ihres Textes. Das »*N*————« wird damit auch zu einer Überschreibung in einem neuen Medium und einer eigenen Sprache. Sie scheut zwar vor der Reproduktion des Rassismus, mit dem sich Elmiger das ganze Buch hindurch auseinandersetzt, nicht zurück. Aber sie setzt ganz andere Grenzen.[8]

Die Entscheidung für dieses Vorgehen ist dabei beispielhaft dafür, wie sich Elmiger auch Kleists Novelle *Die Verlobung in St. Domingo* nähert. *Aus der Zuckerfabrik* kommt ohne Trigger-Warnungen aus und präsentiert dem Publikum doch die gesamte Kleist-Novelle – in einer neuen Gestalt. Die Verwendung von »*N*————« findet bei Elmiger nicht in der Rekonstruktion eines Textes aus dem fernen Jahr 1811, sondern in der Nacherzählung eines Films von 1986 statt (zugegeben: Das Jahr mag einigen beinahe ebenso fremd und eigenartig wie das Jahr 1811 erscheinen). Elmiger lenkt die Aufmerksamkeit auf den Sprachgebrauch der Zeit um ihr eigenes Geburtsjahr (1985), der durch ihre Streichung zunächst als bloße Abweichung auffällig wird. Die jüngere Vergangenheit, die gerade eben auch noch die der eigenen Biographie ist, wird zugleich Gegenstand von Korrektur. Diejenigen Stellen bei Kleist, die das gleiche Vokabular verwenden, zitiert sie nicht, sie überschreibt sie.

Insbesondere der erste Satz von *Die Verlobung in St. Domingo* ist besonders häufig und in der Regel unbekümmert kommentiert worden.[9] Kleist führt darin das Panorama von Gewalt, vor dem sich der Plot entfaltet, drastisch und scheinbar parteiergreifend ein: »Zu Port au Prince, auf dem französischen Anteil der Insel St. Domingo, lebte, zu Anfange dieses Jahrhunderts, als die Schwarzen die Weißen ermordeten, auf der Pflanzung des Herrn Guillaume von Villeneuve, ein fürchterlicher alter N[...], namens Congo Hoango.«[10]

Im Folgenden wird davon erzählt, wie Congo Hoango, der im Zuge des haitianischen Aufstandes Villeneuve umgebracht hat, auf dessen Hof ein Regime errichtet hat, das vor allem auf die Rache an den weißen Kolonisatoren ausgerichtet ist. Die junge »Mestizin« Toni, die mit ihrer verschlagenen Mutter Babekan auf diesem Hof lebt, wird eines Nachts als Verführerin eines Schweizers namens Gustav von der Ried eingesetzt, der auf dem Hof in der falschen Annahme Schutz sucht, er sei hier vor der Rache Hoangos und seiner Leute sicher. Von Ried ist vom Liebreiz Tonis vor allem deshalb betört, weil er in ihren Gesichtszügen die einer weißen Frau, eventuell sogar einer ehemaligen Geliebten (die sich ebenfalls für ihn opferte), zu erkennen vermag.

Ried möchte von Anfang an auch seiner in der Nähe befindlichen Familie Schutz auf dem Hof bieten, den ihm Babekan zusichert, da sie darauf spekuliert, die versammelten Weißen so allesamt von Hoango ermorden lassen zu können. Bei Hoangos verfrühter Rückkehr versucht Toni, Gustav durch eine List zu retten, indem sie ihn fesselt, als er schläft: Congo Hoango soll glauben, sie sei auf seiner Seite. Als Gustav erwacht, glaubt er, hinters Licht geführt worden zu sein, erkennt Tonis Absicht zu spät und tötet sie in wütender Enttäuschung. Währenddessen kämpft seine Verwandtschaft gegen die Gruppe um Congo Hoango, die sie durch die Geiselnahme eines seiner Söhne schließlich besiegt. Danach bringen sich die Weißen in Sicherheit und verlassen den Ort des Geschehens.

Keine der zentralen Figuren dieser Erzählung ist *nicht* Gegenstand intensiver germanistischer Reflexion geworden. Dass die drastischen Schilderungen von Gewalt und Kleists durchgehend abschätzige Schilderung des Aufständischen Congo Hoango und des ihm folgenden »Räubergesindels« zumindest sehr auffällig sind, beunruhigt die Kleist-Forschung spätestens seit den 1970er Jahren.

Ein Beitrag von Peter Horn, erschienen in der renommierten Zeitschrift *Monatshefte,* fragt schon im Jahr 1975 in einer Mischung aus Provokation der Fachgemeinschaft und Angst vor ihrer Antwort: »Hatte Kleist Rassenvorurteile?«[11] Horns Einschätzung fällt nach einer scharfen Kritik der einseitigen Parteinahme der Kleist-Forschung für die weißen Figuren in *Die Verlobung in St. Domingo* eindeutig aus: »Zwar erzählt Kleist von Menschen, die Rassenvorurteile haben, nirgendwo aber billigt er ihre Haltung.«[12] Unabhängig davon, wie man zu diesem Fazit steht, fällt jedoch auf, dass die Schwarzen Menschen ab dem ersten Satz der Novelle ausschließlich durch das Gefühl der Rachsucht charakterisiert werden. Wenn man die Fürsprache Kleists für die Schwarzen im Text herausarbeiten will, muss man diese »energisch gegen den Strich lesen«.[13]

Das lässt sich beispielsweise bei Ruth Klüger beobachten, die Kleist in ihrem Aufsatzband mit dem symptomatischen Titel *Katastrophen* gegen jeden Verdacht des Rassismus in Schutz nimmt und ihn als »ein[en] Meister der Nuancen« einführt, »der nie müde wurde, auf der ›Goldwaage des Gefühls‹, wie es im *Amphytrion* heißt, zu wägen«.[14] Auch Klüger widmet dem ersten Absatz von *Die Verlobung in St. Domingo* besondere Aufmerksamkeit und erkennt bereits auf der Ebene des Satzbaus Kleists Parteinahme für das »Herz auf verlorenem Posten«:[15]

»Kleist verwendet in seiner Prosa oft Werturteile und moralisch belastete Adjektive, nicht so sehr, um den Leser zu überzeugen, als vielmehr, um ein Problem herauszustreichen. Zudem enthalten seine Nebensätze oft wichtige Informationen, die der Leser erst später als wesentlich erkennt und die oft die nachdrücklich erteilten Aussagen des Hauptsatzes einschränken, ja sogar widerlegen.«[16]

Als Beispiel dafür gilt Klüger die Schilderung der Figur der Babekan, an der sie weniger deren Unterstützung Hoangos interessiert als die Motivation für ihren eigenen Hass auf die Weißen. Die Beiläufigkeit, mit der diese Motivation kenntlich wird, ist für Klüger ein Beleg dafür, dass das über Babekan und andere Figuren Mitgeteilte grundsätzlich eines zweiten Blickes oder einer zweiten Lektüre bedarf. Die Liebe zwischen dem Schweizer von der Ried und der »Mestizin« Toni gerät in Klügers Lesart deshalb zu einem vergeblichen und letztlich tödlichen Ereignis, weil sie beide Spielball einer geschichtlichen Lage sind, die von »totalitärer Notstandspolitik« gekennzeichnet ist.[17] Laut Klüger verlieren alle von Kleists Figuren ihren moralischen Kompass, weil sie sich nicht aus der Verstrickung in ihre historischen Umstände (Hermannschlacht oder Haiti) befreien können:

»Das ist eine moderne politische Welt, kein metaphysischer Bereich reiner Ideen und alter Märchen. Die Kämpfe sind blutig und mit einer christlichen und humanistischen Sittlichkeit nicht in Einklang zu bringen. Die Gefühle sind in der Sexualität und nicht der Sentimentalität verankert. Überall dort, wo Kleist für die Zeitgenossen exzentrisch und abwegig gewesen sein mag, war er ein Vorläufer, ist er *unser* Zeitgenosse.«[18]

Ruth Klüger, die als Auschwitzüberlebende und spätere Germanistikprofessorin an den Universitäten Princeton und Irvine so kenntnisreich über den Antisemitismus schrieb, nennt in ihrem ebenfalls Ende der 1970er Jahre erstmals erschienenen Aufsatz den Begriff Rassismus nicht. Einerseits ist das auch nicht notwendig, um in ihrer Darstellung der Revolution in Haiti auch eine Auseinandersetzung mit rassistischer Gewalt zu erkennen. Andererseits nennt sie Kleist im letzten Satz ihres Aufsatzes »unseren« Zeitgenossen – was dafür zu sprechen scheint, dass sie nicht nur ihn, sondern auch ihr Publikum und sich selbst vom Rassismus freispricht. Das mag zwar einem nachvollziehbaren Wunsch entsprechen – sollte für seine Erfüllung aber die Identifikation mit Kleists politischer Position ausreichend sein, die festzuklopfen mindestens schwierig ist? Durch die Lektüre von Kleist lässt sich laut Klüger über alle Katastrophen der deutschen (Literatur-)Geschichte hinweg ein Bogen von der Aufklärung in die Gegenwart spannen, der durch Menschenfreundlichkeit bestimmt ist. Die Idee ist zu befürworten, weil sie so wohlwollend ist. Ist sie dadurch auch richtig? Zumindest ist es möglich, auch mit einem solchen Wohlwollen zu einem anderen Ergebnis zu kommen.

Elmiger assoziiert sich an ihre Auseinandersetzung mit Kleist heran. Eben noch war sie mit einer Stelle bei Marie Luise Kaschnitz beschäftigt, in der diese von einem verlorenen Lotteriespiel erzählt, als ihr im Kapitel »Plaisir« einfällt, wie der Millionär Walter Bruni fünf Jahre nach seinem spektakulären Lottogewinn nach Haiti flog (um dann die Figuren zu kaufen, von denen zu Beginn des Buches die Rede ist?). Von dort ist es gar nicht weit zu einer Erinnerung an die erste Begegnung mit einem Freund, die in die Zeit fällt, während derer sie *Die Verlobung in St. Domingo* erstmals las:

»The Betrothal in Santo Domingo.

A terrible book.

Hätte ich nichts gesagt, hätte ich etwas verschwiegen: Dass ich die Geschichte jener Gegend, jener Insel (Haiti) studierte, mit der du in Verbindung stehst.

Er kann sich nicht an den Verlauf der Handlung erinnern, nicht an den Schweizer, der mit seinen Verwandten, seinen Bediensteten und Mägden über die nächtliche Insel flieht, um schnellstmöglich nach Port-au-Prince zu gelangen. Es ist die Zeit der Revolution.«[19]

Elmiger ruft die Geschichte in Erinnerung. Sie wiederholt Kleists Einführung von Congo Hoango als undankbarem Sklaven, der, obwohl er von seinem Herrn großzügig mit Gütern und Freiheit bedacht worden war, diesen aus Rachsucht tötet, sein Gut zerstört und zum Schrecken aller anderen Weißen wird, die versuchen, sich während der Revolution von 1793 in Sicherheit zu bringen. Elmiger wiederholt nicht die von Kleist gewählte Bezeichnung Hoangos, sondern charakterisiert ihn in der Sprache ihres Freundes, der sich an Kleists Novelle nicht mehr im Detail erinnern kann. In einer weiteren Distanzierungsgeste nennt sie in dieser Sprache die Funktion, die Hoango im Plot zukommt: »Congo Hoango, a dangerous black man.«[20] Sie ergänzt seine Rolle in der Revolution: »In dieser Nacht im Jahr 1803 ist er unterwegs, um General Dessalines mit Pulver und Blei zu versorgen.«[21] Danach führt sie die anderen Figuren ein: »Die fünfzehnjährige uneheliche Tochter eines Franzosen, an die der Schweizer noch am gleichen Abend sein Herz zu verlieren meint: ›... er hätte, bis auf die Farbe, die ihm anstößig war, schwören mögen, dass er nie etwas Schöneres gesehen.‹«[22]

An dieser Stelle unterbricht Elmiger das Referat, hier folgt eine sehr kurze, dann direkt in Frage gestellte Notiz: »Inkle-Yariko-Schema (?)«. Inkle und Yariko sind ein Liebespaar in der gleichnamigen Erzählung aus dem Jahr 1711 von Richard Steele, deren Schema in zahlreichen kolonialen Erzählungen reproduziert wurde; Inkle ist ein Brite, der auf Barbados Schutz bei dort indigenen Einwohnern sucht und von der indigenen Yariko (vorläufig) gerettet wird, sie aber letztlich dennoch als Sklavin verkauft.[23]

Die Notiz ist zugleich ein Rechercheauftrag an die Leserin und knapper Kommentar zu der Grundkonstellation bei Kleist. Diese kann entweder als eine wie auch immer geartete Variation auf einen etablierten literaturhistorischen Topos verstanden werden oder aber als weitere Eskalationsstufe eines schon damals leicht klischeehaften Plot-Elements. Elmiger bezieht Stellung, indem sie ein weiteres Mal den Kleist'schen Text überschreibt. Sie belastet sich nicht mit Philologie, sondern greift stattdessen eine Binnenerzählung auf, die in Kleists Erzählung nur wenige Sätze einnimmt: Am Abend, als der Schweizer Ried bei Toni und Babekan ankommt, erläutert dieser den beiden, warum er in solcher Angst vor dem »Wahnsinn der Freiheit« der aufständischen Haitianer lebt.[24] Der Grund dafür sei die Geschichte eines an Gelbfieber erkrankten Schwarzen Mädchens, das einen Pflanzer, dessen Avancen es abgewiesen hatte und von dem es in der Folge versklavt worden war, aus Rachsucht mit ihrer Krankheit infiziert – gemeint ist das Gelbfieber, nicht der Freiheitswahn. Ried erzählt Toni diese Geschichte wie zum Test, um herauszufinden, ob sie auch eines solchen Verhaltens fähig wäre, was sie verneint.

Elmiger baut die Geschichte von diesem Mädchen auf die etwa dreifache Länge des Textes aus, die diese Binnenerzählung bei Kleist einnimmt. Sie akzentuiert das Geschehen um, macht den sexuellen Missbrauch ebenso wie die Ausbeutung der Arbeitskraft und die Plünderung der Zuckerplantagen in Haiti zum Thema; sie fordert ihre Leserinnen und Leser nicht dazu auf, das Verhalten des Mädchens zu bewerten, sondern benennt seine Rolle: »Mit Sicherheit weiß sie, dass sie in diesem Moment selbst zur Revolutionärin wird, dass nun, bevor sie geht, die große Umwälzung auch in diesem Zimmer geschieht, als er sich schließlich an ihre Brust drängt, als verlangte er ihre Milch.«[25]

Nichts davon ist bei Kleist zu lesen. Elmiger legt in ihrer Nachdichtung von Kleists Novelle eine Überschreibung vor, die eine Überschreitung der bisherigen Lesarten von Kleist hin auf unsere Gegenwart ist. Anders als Klüger muss sie den Autor nicht zu ihrem unbescholtenen Zeitgenossen machen, um den Text als unbedingt lesbar und instruktiv zu erhalten. Sie muss nicht einmal, wie in der Dokumentarfilmszene über die Versteigerung der Habseligkeiten des unglücklichen Lottomillionärs, neue Schreibweisen tabuisierter Wörter einsetzen. Stattdessen bleibt sie ihrem Verfahren treu, »dass ich mich sowieso immer in alles mit hineintrage oder mich eben, anders gesagt, nie loswerde, das ist eine Tatsache [...]«.[26] Damit ist nicht die Mitteilung über die eigene Befindlichkeit gemeint, nicht einmal die Ausformulierung einer pointierten Position zu Kleists Text. Diese ergibt sich allein aus der Anordnung der Ergebnisse ihrer Recherche, der Berichterstattung über eine Erfahrung, die zu ganz überwiegenden Teilen die einer Lektüre ist.

Aus der Zuckerfabrik ist, neben vielen anderen Einordnungen, die man mit guten Gründen vornehmen könnte, eine Forschungsarbeit, die in Form eines literarischen Textes genau an den Fragen arbeitet, die auch die Kleist-Forschung seit den 1970er Jahren umtreiben. Sie weist der eingangs gestellten Frage, wie vor dem Hintergrund zeitgenössischer politischer Sensibilitäten in Seminaren (und andernorts) mit Erzählungen wie *Die Verlobung in St. Domingo* zu verfahren sei, Berechtigung zu: Kleist oder Kleist-Seminare zu canceln ist eine Überlegung wert. Aber nur dann, wenn die Antworten auf die Frage danach, ob man seine Texte von den Lektürelisten streichen sollte, den Auseinandersetzungen gerecht werden, die es genau um diese Fragen schon viel länger gibt als Cancel-Debatten in Form einer moralischen Panik. Elmigers Antwort besteht in einem literarischen Aneignungsverfahren, das sich zur Nachahmung anbietet. Voraussetzung ist, dass man Kleist liest.

1 https://twitter.com/MullerSievers/status/1365410091625709569?s=20&t=K8hJIjJjb20rsi8FMoMTJQ.

2 »Hochschulen müssen Ort des freien Meinungsaustauschs und der kontroversen Auseinandersetzung sein, um nicht ihre Funktion zu verlieren. Das bedeutet (natürlich immer in den Grenzen des rechtlich Zulässigen), dass es für Mitglieder einer Hochschule gegebenenfalls auch Inhalte auszuhalten gilt, die den Rahmen des subjektiv-erlebten Zumutbaren überschreiten, beziehungsweise zu entscheiden, sich der Situation etwa durch Verlassen der Lehrveranstaltung zu entziehen.« Sarah Elsuni: »Content Warning. (Un)Zumutbares in Wissenschaft und Lehre«. In: Eva Berendsen, Saba-Nur Cheema und Mereon Mendel (Hrsg.): *Trigger-Warnung: Identitätspolitik zwischen Abwehr, Abschottung und Allianzen.* Edition Bildungsstätte Anne Frank. Berlin: Verbrecher Verlag, 2019, S. 129–142, hier: S. 135.

3 Siehe: Klaus Müller-Salget: *Kleist und die Folgen.* Stuttgart: J.B. Metzler'sche Verlagsbuchhandlung, 2017.

4 Dorothee Elmiger: *Aus der Zuckerfabrik.* München: Hanser, 2020, S. 13.

5 Eine gute Zusammenfassung dazu findet sich bei Tim Kammasch: »Der Gedankenstrich. ›stille Ekstase‹«. In: Christine Abbt und ders. (Hrsg.): *Punkt, Punkt, Komma, Strich?*, Bielefeld: transcript Verlag, 2015, S. 119–140. Diskutiert wird er auch von Ralf Klausnitzer: »›(die Schriftgelehrten mögen ihn erklären)‹. Zum Kommagebrauch des Heinrich von Kleist.« In: Alexander Nebrig und Carlos Spoerhase (Hrsg.): *Die Poesie der Zeichensetzung. Studien zur Stilistik der Interpunktion.* Bern: Peter Lang, 2012, S. 203–238.

6 Eine genaue Datierung ist schwierig, insbesondere wenn es um die alltägliche Verwendung des N-Worts geht. Eine Problematisierung in antirassistischer Literatur findet sich ab den 1990ern verstärkt, siehe exemplarisch: Henning Melber: *Der Weißheit letzter Schluss. Rassismus und kolonialer Blick.* Frankfurt am Main: Brandes & Apsel, 1992.

7 Es gibt eine lange Diskussion darüber, ob die Unterscheidung von Objekt- und Metasprachen überhaupt logisch sinnvoll ist, nachzulesen u.a. hier: Erhard Schüttpelz: »Objekt- und Metasprache«. In: Jürgen Fohrmann, Harro Müller und Susanne Landeck (Hrsg.): *Literaturwissenschaft.* München: Fink, 1995, S. 179–216. Diese Diskussion muss nicht wiederholt werden, um zumindest festzuhalten, dass Elmigers Verwendung von »N----« den Versuch darstellt, das hier nur angedeutete, aus dem Zusammenhang zu erschließende Wort metasprachlich zum Objekt eines sich von seiner historischen Verwendung distanzierenden Schreibens werden zu lassen.

8 Der besonders unangenehme Teil der Versteigerung »Wer macht ein Angebot / Schaut nur diese Brüste an« wird auf S. 255 wiederholt.

9 Siehe dazu beispielhaft: Hansjörg Bay: »›Als die Schwarzen die Weißen ermordeten‹. Nachbeben einer Erschütterung des europäischen Diskurses in Kleists *Verlobung in St. Domingo*«. In: Günter Blamberger (Hrsg.): *Kleist Jahrbuch*. Stuttgart: Metzler, 1998. S. 82–108.

10 Heinrich von Kleist: »Die Verlobung in St. Domingo«. In: Ders.: *Sämtliche Werke und Briefe*. Herausgegeben von Helmut Sembdner. München: dtv, 2001, S. 164–200, hier: S. 164.

11 Peter Horn: »Hatte Kleist Rassenvorurteile? Eine kritische Auseinandersetzung mit der Literatur zur ›Verlobung in St. Domingo‹«. *Monatshefte* 67, Nr. 2 (1975), S. 117–128.

12 Horn, S. 124.

13 Bay, S. 86.

14 Ruth Klüger: »Freiheit, die ich meine. Fremdherrschaft in Kleists *Hermannsschlacht* und *Verlobung in St. Domingo*. In: Dies.: *Katastrophen. Über deutsche Literatur*. Göttingen: Wallstein Verlag, 1994. S. 133–162, hier: S. 137.

15 Ebd., S. 161.

16 Ebd., S. 141.

17 Ebd., S. 137.

18 Ebd., S. 161.

19 Elmiger, S. 130f.

20 Ebd., S. 131.

21 Ebd.

22 Ebd., S. 132.

23 In der zu einer Ballade gestalteten Version von Fürchtegott Gellert wird Inkle, unter Umständen motiviert durch Gellerts Aversion gegen die Briten, für sein Verhalten aufs Schärfste kritisiert, hier wird er als der eigentliche »Barbar, dem keiner gleich gewesen« verurteilt. Zu Inkle und Yariko im Kleist-Kontext: Paul Michael Lützeler: »Grundmuster kolonialer Erzählungen«. In: *Napoleons Kolonialtraum und Kleists »Die Verlobung in St. Domingo«: 430. Sitzung am 19. Juli 2000 in Düsseldorf*, herausgegeben von Paul Michael Lützeler. Nordrhein-Westfälische Akademie der Wissenschaften. Wiesbaden: VS Verlag für Sozialwissenschaften, 2000, S. 29–32.

24 Kleist, S. 174.

25 Elmiger, S. 136.

26 Ebd., S. 93.

DEUTSCHE KINDHEITEN: ÜBER MICHAEL ENDE UND SEIN ERSTES KINDERBUCH *JIM KNOPF UND LUKAS DER LOKOMOTIVFÜHRER*

ASAL DARDAN

Am 8. Februar 1985 saßen Michael Ende und Joseph Beuys in einem vollbesuchten Raum der Freien Volkshochschule Argental-Wangen im Allgäu und führten ein zum Teil recht hitziges Gespräch über Kunst und Politik. Die Diskussion kippte gelegentlich in längere Monologe, in denen sich die beiden mal einig und mal uneinig waren. Zentral ging es um die Figur und Funktion des sozialen Künstlers in der Gesellschaft, die für Ende sehr viel mit der Vermittlung von Werten und einer »Innenweltsanierung«, wie er es nannte, zu tun habe: »Das ist es eben, was wir tun können. [...] nämlich, daß die **einen** Werte und Ideen geschaffen haben, und die **anderen** können sagen: Der spricht aus, was ich immer schon fühlte. Ich konnte es nur nicht formulieren, aber er sagt es jetzt, er hat's zu fassen gekriegt. Genau das kann man tun.«[1]

Seinem weltweiten Ruhm nach zu urteilen, scheint Michael Ende für sehr viele Menschen ausgesprochen zu haben, was sie fühlen. Zu den Millionen Kindern, die den 1995 verstorbenen Autor verehren und seine Bücher lieben, gehörte auch ich. Als kleines Mädchen wünschte ich mir, dass das Traumfresserchen bei mir auftauchte, wollte Momo sein und auf Fuchur reiten, fieberte mit

Jakob dem Raben und Maurizio dem Kater mit. Bloß die Erzählung von Jim Knopf und seinem Freund Lukas interessierte mich nicht, sodass ich sie erst viele Jahre später als Mutter kennenlernte. Für mich war Michael Ende aber mehr als der Mann auf den Fotos, die ich auf den Umschlägen meiner liebsten Bücher fand. Er war wie ein ferner väterlicher Freund, dem ich vertraute, weil er wusste, wie man Welten kreiert, in die ich flüchten wollte.

Wie geht man nun aber damit um, wenn Menschen in den Werken eines geliebten Autors etwas anderes finden als man selbst? Der italienische Schriftsteller Roberto Saviano etwa entschied sich zur Gegenwehr und veröffentlichte im Dezember 2021 sowohl ein Video auf seiner Facebookseite[2] wie auch einen Artikel, der in der deutschen Übersetzung in der Wochenzeitung *Die Zeit* erschien.[3] In beiden appelliert er an die Öffentlichkeit, Michael Endes Figur Atréju nicht der rechtsnationalen Partei Fratelli d'Italia zu überlassen, die den Namen des Helden aus der *Unendlichen Geschichte* bereits seit 1998 als Titel für ihre jährlich in Rom stattfindende Jugendveranstaltung verwendet: »[A]ls leidenschaftlicher Leser der *Unendlichen Geschichte* wünsche ich mir, dass Atréju nicht gezwungen ist, als Symbol für ihren fremdenfeindlichen Nationalismus herzuhalten. Darum bitte ich Endes Erben und seine deutschen Leser, mir zu helfen und Atréju aus seinem hässlichen Käfig zu befreien.« Saviano betont mit Rückgriff auf die Biografie des Autors, dass es sich hier um den Missbrauch des Denkens und Schreibens eines Autors handele: »Weder der Autor noch seine Figur hatte mit Rechtskonservativen je etwas am Hut. Atréju ist Lichtjahre entfernt von populistischen, nationalistischen Slogans und Ideen.«

Über sein Denken und Schreiben sprach Michael Ende ein Jahr nach der eingangs erwähnten Diskussion mit Beuys auf dem Kongress des Internationalen Jugendbuch-Komitees in Tokio. Dort erklärte er, dass seiner Auffassung nach »Kunst und Poesie in erster Linie eine therapeutische Aufgabe haben«.[4] Eine Aussage, die aus hermeneutischer und literaturkritischer Perspektive irritieren mag, doch sie kann auch bewegen, wenn man sich vor Augen führt, dass Ende in derselben Rede sagte, dass seine Bücher in erster Linie seinem eigenen inneren Kind gewidmet seien: »Ich schreibe die Bücher, die ich als Kind gern selbst gelesen hätte. Diese Formulierung hört sich hübsch an, aber sie trifft nicht ganz die Wahrheit, denn ich schreibe auch nicht aus einer Erinnerung oder Rückbesinnung an meine eigene Jugend. Das Kind, das ich einmal war, lebt noch heute in mir, es gibt keinen Abgrund des Erwachsenwerdens, der mich von ihm trennt, im Grunde fühle ich mich als der Gleiche, der ich damals war.«[5]

Damals, da war Michael Ende, der im November 1929 im bayrischen Garmisch zur Welt kam, ein Kind im Zweiten Weltkrieg. Seine Mutter Luise hatte bald nach seiner Geburt ihr Geschäft in der Bahnhofsstraße aufgegeben, damit die Familie 1931 nach München ziehen konnte. Die Großstadt sollte ihrem Ehemann Edgar die Möglichkeit bieten, seine Künstlerkarriere zu befördern – und in der Tat konnte er sich dort leichter mit anderen Künstler*innen austauschen und auch seine Werke wesentlich leichter ausstellen und verkaufen. Die kleine Familie verlebte recht gute Jahre in München, bis Edgar 1936 von der Reichskulturkammer Berufsverbot erhielt, da seine surrealistischen Bilder in der nationalsozialistischen Weltanschauung als »entartet« galten. Im selben Jahr wurde Michael eingeschult, er besuchte erst die Volksschule und vier Jahre später das Humanistische Maximilians-Gymnasium. Ein guter Schüler war er nicht, laut eigenen Angaben war »die Schule ein unabsehbar langer, grauer Gefängnisaufenthalt« für ihn.[6] Als sein Vater 1941 in die Wehrmacht eingezogen wurde, blieb Michael allein mit seiner Mutter in München, bis auch er sie 1943 im Rahmen der Kinderlandverschickung verlassen musste. Diese Maßnahme des nationalsozialistischen Regimes betraf rund 2,5 Millionen Heranwachsende, die aus den bombardierten Städten in die sichereren ländlichen Gebiete evakuiert wurden. Michael Ende landete in seinem Geburtsort Garmisch-Partenkirchen, wo er mit seiner Gymnasialklasse und seinen Lehrer*innen in einem rustikalen Pensionat unterkam.[7] Zeuge der alliierten Luftangriffe wurde der Vierzehnjährige dennoch, unter anderem im Juli 1943, als er seine Großeltern und seinen Onkel in Hamburg besuchte, wo im Rahmen der »Operation Gomorrha« Hunderte Bomben über der Stadt abgeworfen wurden. In den letzten Kriegstagen, mit nur fünfzehn Jahren, erhielt Ende seinen Einberufungsbefehl. Er zerriss ihn und schloss sich der bürgerlich-konservativen Freiheitsaktion Bayern[8] an, die in einem Zehn-Punkte-Plan unter anderem zum Widerstand gegen das nationalsozialistische Regime und zur bedingungslosen Kapitulation aufrief. Als die Aktion am 28. April scheiterte, wurden fast sechzig der Beteiligten erschossen oder erhängt.

Michael Ende teilte nur wenige Details darüber mit, wie er diese Zeit erlebte, zumindest in der Öffentlichkeit. Um dem Kind, für das Ende seine Bücher schrieb, ein wenig näherzukommen, hilft es also vielleicht, die Beschreibungen anderer zu lesen, etwa des im selben Jahr wie Ende geborenen SPD-Politikers Hans Koschnik: »Es war eine Zeit, in der ein Miteinander in der Familie mehr Gastspiel als wirkliche Gemeinsamkeit bedeutete. [...] Fern von der Familie, gemäß dem Prinzip: Jugend soll durch Jugend geführt werden, nunmehr ganzheitlich in der Schule wie im Lageralltag der NS-Ideologie preisgegeben, haben dann fast bis zum Kriegsende Hunderttausende von Jungen und Mädchen diese verordnete Trennung von der Familie in der Regel klaglos hingenommen. [...] Es wurde im Allgemeinen als kriegsbedingtes Schicksal verbucht, über das nicht viel zu klagen war. Verdrängt wurde dabei aber gar zu häufig, dass zumindest die Jungen ab 14 Jahren immer stärker im Rahmen ihrer KLV-Zeit mit vormilitärischen Ausbildungen auf ihr Ziel, in absehbarer Zeit zum Wehrdienst einberufen zu werden, vorbereitet wurden.«[9]

Als radikalen Kontrast zu diesen Indoktrinationsversuchen erlebte Michael Ende wohl seine letzten beiden Schuljahre, die er ab 1947 in der Freien Waldorfschule in Stuttgart verbrachte. Die vom Begründer der Anthroposophie und Waldorfpädagogik Rudolf Steiner geprägten Vorstellungen, die ihm dort vermittelt wurden, sollten ihn tief beeindrucken. Für Ende wurde Steiners Weltanschauung ein Gegenmodell zum Todeskult der Nationalsozialisten – etwas, was heute allein aufgrund der rassistischen Aspekte der anthroposophischen Lehre zumindest differenzierter zu betrachten ist.[10]

Endes Erfahrungen als Heranwachsender sind für die Journalistin und Kunsthistorikerin Julia Voss jedenfalls grundlegend für ein Verständnis seiner Geschichte rund um Jim Knopf und Lukas den Lokomotivführer, die ihrer Ansicht nach fälschlicherweise als weniger politisch und gesellschaftskritisch als Endes spätere Werke aufgenommen wurde. Während nämlich seine beiden folgenden Fantasy-Romane *Momo* (1973) und *Die Unendliche Geschichte* (1979) als kritische Auseinandersetzungen mit Rationalismus und Kapitalismus gelten, wird Endes Erstlingswerk aus dem Jahr 1960 je nach Perspektive entweder als mitreißende Kinderversion der *Odyssee* oder als eskapistischer Quatsch betrachtet. Voss argumentiert in ihrer 2009 erschienenen Recherchearbeit *Darwins Jim Knopf* jedoch überzeugend, dass Ende nicht bloß eine Abenteuergeschichte aufschreiben wollte, sondern um seine gesellschaftlichen Anliegen herum eine fantasiereiche Erzählung baute, die auf Unterhaltung statt Didaktik zu setzen versucht. Für sie ist Endes Erzählung »gespickt mit Details, die auf den ersten Blick phantastisch anmuten, sich aber bei näherem Hinsehen auf die Lebenswirklichkeit im Dritten Reich beziehen«.[11]

Die Erzählung beginnt mit einem Postpaket, das auf der winzigen Insel Lummerland ankommt. Die Insel wird regiert von einem ulkig wirkenden König namens Alfons der Viertel-vor-Zwölfte, der das Paket gemeinsam mit seinen drei einzigen Untertanen Frau Waas, Herr Ärmel und Lukas entgegennimmt. Als sie es öffnen, finden sie zu ihrem Erstaunen ein Baby, dessen sie sich unverzüglich annehmen. Die Ladenbesitzerin Frau Waas schlüpft in die Mutterrolle, der Lokomotivführer Lukas wird zum Freund und Mentor. Als das Findelkind, das sie Jim Knopf nennen, »schon fast ein halber Untertan«[12] ist, sorgt sich der König, dass die Insel bald zu klein für alle werden könnte. Er ruft Lukas zu sich, dem er erklärt: »Siehst du [...], unser Land leidet jetzt einfach an Überbevölkerung. Fast alle Länder der Welt leiden daran, aber Lummerland besonders. Ich mache mir schreckliche Sorgen.« Sein Fazit ist, dass Lukas sich von seiner geliebten Lokomotive Emma trennen muss, damit die Menschen auf der Insel ausreichend Platz haben. Weil Lukas seine Emma und Jim seinen Lukas nicht hergeben möchten, brechen die drei gemeinsam auf, um einen anderen Ort für sich zu finden. Sie landen in einem Land namens Mandala, dessen Prinzessin sie nach einigen Abenteuern aus den Fängen eines bösartigen Drachen namens Frau Mahlzahn aus der schrecklichen Drachenstadt Kummerland befreien. Unterwegs begegnen sie kuriosen Kreaturen, lösen herausfordernde physikalische und technische Probleme und entdecken nach vielen Herausforderungen im zweiten Buch der Reihe *Jim Knopf und die Wilde 13* schließlich, woher Jim tatsächlich kommt.

Spätestens hier wird es wichtig zu erwähnen, dass es sich bei Jim Knopf um ein Schwarzes Kind handelt, das ohne Hinweise zu seiner Herkunft bei den *weißen* Lummerländern gelandet ist. Hinter diesem Zufall steckt eine dramatische, jahrhundertealte Geschichte, von der Jim aus einem wiederentdeckten Brief erfährt, der ursprünglich in seinem Babykörbchen hätte liegen sollen. Darin steht, dass er direkter Nachfahre der biblischen Figur König Kaspar und damit ein Prinz sei, allerdings ohne Land: »Das große und herrliche Reich dieses Königs mit dem dunklen Antlitz ging verloren und ward nicht mehr gefunden. Seit jener Zeit ziehen die Nachkommen König Kaspars heimatlos durch die Länder und über die Meere der Erde.«[13] Im Brief wird darüber hinaus erläutert, Jim sei »das dreiunddreißigste Glied in der Kette, der letzte Nachfolger des heiligen Dreikönigs Kaspar, und ihm ist verheißen Jamballa wiederzufinden«.[14]

Selbstverständlich ist bereits von Anfang an klar, dass Jim ein Schwarzer Junge ist. Dafür muss man noch nicht einmal das Buch aufschlagen, da er und Lukas uns bereits vom Cover aus anlächeln. Die beiden gezeichneten Figuren haben quer gelegte ovale Köpfe, große runde Augen, tragen blaue Schirmmützen und haben Pfeifen in ihren Mündern. Beides sind überzeichnete Figuren, doch die Darstellung des Kindes ist zweifellos angelehnt an die stereotypen Parodien, die aus den Minstrel Shows und anderen Kontexten des Blackfacings bekannt sind – inklusive breitem, rosarot hervorgehobenem Mund. Eine abwertende Darstellungsform, die inzwischen auch in Deutschland als rassistisch erkannt wird. Es sind allerdings nicht bloß die wenigen begleitenden Illustrationen von Franz Josef Tripp oder gar Formulierungen wie »dunkles Antlitz«, die wiederholt zu Kritik an dem Buch geführt haben.

Nähert man sich Jim Knopf über seine Anhänger*innen, fällt einem sehr bald auf, dass die Intention des Autors im Zentrum der Verteidigung steht. Auf der Internetseite von Endes Stuttgarter Verlag Thienemann findet man sogar eine FAQ[15] zur Frage, ob Jim Knopf rassistisch sei. Dort werden von der Verlagsleiterin Bärbel Dorweiler auch Tripps Illustrationen kommentiert: »Natürlich ist Tripp darin Kind seiner Zeit; er zeigt Jim Knopf aber nie als ausgegrenzt: Jim Knopf steht als Held des Buches mitten im Geschehen und zumeist an der Seite seines Freundes Lukas, der ihn liebevoll beschützt.« Zu einem ähnlichen Urteil kommt sie im Falle Michael Endes, der, »wie jeder Autor, in seinem Sprachgebrauch auch Kind seiner Zeit« sei. Damit meint sie unter anderem die Verwendung des N-Wortes direkt zu Anfang des Buches, als die Lummerländer das Paket öffnen und auf den Anblick des Schwarzen Babys reagieren.[16] Ende legt es Herrn Ärmel in den Mund, was sich für Dorweiler aus dem Text heraus als legitim erklärt: »Mit diesem Satz charakterisiert Michael Ende die Figur von Herrn Ärmel; der Satz gehört zu seiner Figurenzeichnung als Prototyp des (Spieß-)Bürgers, des ›Untertans‹ in dieser Geschichte, der alles richtig machen will – und es doch so falsch macht.« Alles in allem sei für den Verlag vorrangig, welche Gesamtaussage ein Autor mit seinem Werk treffen wolle, die Dorweiler im Falle von Endes Kinderbuch wie folgt zusammenfasst: »*Jim Knopf und Lukas der Lokomotivführer* ist eine märchenhafte Abenteuererzählung, in der Michael Ende einen kleinen schwarzen Jungen zu seinem Helden macht. Gemeinsam mit seinem väterlichen Freund, Lukas dem Lokomotivführer, befreit er eine bunte Gruppe von Kindern unterschiedlichster Herkunft aus der Herrschaft des bösen Drachen Frau Mahlzahn. Damit schreibt Michael Ende auch eine Gegengeschichte zur nationalsozialistischen Rassenideologie, wie Julia Voss in *Darwins Jim Knopf* überzeugend dargelegt hat.«

Julia Voss gelingt es in der Tat, die Ursprünge und Inspirationsquellen für Endes Gegengeschichte herauszuarbeiten. Insbesondere im Falle der Drachenstadt Kummerland wird durch ihre Lesart ersichtlich, wie präsent die Zeit seiner Kindheit für Ende gewesen sein muss: »Inmitten eines Kinderbuchs tauchen plötzlich die Begriffe ›Todesstrafe‹ und ›reinrassig‹ auf, das Bühnenbild für diese Sprache ist ein in einen rauchenden Ofen einfahrender Zug. Der Leser befindet sich in diesem Augenblick nicht mehr in einer Fiktion, sondern in einer Vergangenheit, die nur fünfzehn Jahre zurücklag.«[17]

Aus heutiger Sicht erscheint es zwar kaum nachvollziehbar, aber doch symptomatisch für die öffentlichen Ausblendungen der Nachkriegszeit, dass dies nicht aufgefallen oder 1961 gar zentral zur Auszeichnung von *Jim Knopf und Lukas der Lokomotivführer* mit dem Deutschen Jugendbuchpreis beigetragen haben soll. Statt in seinem Buch einen Versuch der kindergerechten Aufarbeitung der nationalsozialistischen Geschichte zu erkennen, wurde schlicht der Einfallsreichtum gelobt. Kritiker*innen sahen im Werk wiederum das eskapistische Verlangen, sich gemütlich in einer »geschichtslosen Welt« einzurichten.[18] Dieser Vorwurf, der ihn auch bei seinen anderen Werken einholte, verärgerte Ende sehr, sah er doch gerade in der Darstellung des Schönen und Guten einen Weg, Werte zu vermitteln und zu stabilisieren. Für ihn geschah das eben nicht durch einen erzieherischen Impetus, der das Schlechte und Hässliche zur Abschreckung in den Fokus nahm. Dies unterstrich er ebenfalls in der bereits zitierten Tokioer Rede: »Besonders in meinem Land, in Deutschland, war das gesamte literarische Leben während der dreißig Jahre nach dem Ende des Zweiten Weltkrieges von dem geradezu krampfhaften Bemühen geprägt, alles, aber auch alles unter einem gesellschaftskritischen, politischen, emanzipatorischen oder sonst wie aufklärerischen Aspekt zu sehen.«[19]

Sicher ist es kein Zufall, dass der bösartige Drache Frau Mahlzahn eine Lehrerin ist, die vor allem demütigen und schikanieren möchte und dabei Regeln verschiebt, wie es ihr beliebt. Sie lässt Kinder aus aller Welt entführen, kommandiert sie mit rollendem R herum, schreit »Rrrrrruhe!« oder »Antworrrrrrrte, wenn man dich frrrrragt«. Heute fühlt man sich unweigerlich an filmische Hitler-Darstellungen von Bruno Ganz in *Der Untergang* bis hin zu Helge Schneider in *Mein Führer – Die wirklich wahrste Wahrheit* erinnert. Die Drachenstadt symbolisiert die rohe und brutale Welt des Totalitarismus, in der das individuelle Leben keinen Wert hat und die Ideologie alles bestimmt.

Darauf werden Lukas und Jim bereits vorbereitet, als sie auf ihrem Weg zur Drachenstadt auf ein anderes Wesen treffen. Sie hören das Jammern und Klagen des untröstlichen Nepomuk, der sehr darunter leidet, verbannt worden zu sein: »Die reinrassigen Drachen lassen mich nicht in die Drachenstadt hinein. Sie behaupten, ich wäre bloß ein Halbdrache. Nur weil meine Mutter ein Nilpferd war! Aber mein Vater war ein richtiger Drache.« Als Ungerechtigkeit scheint er dies nicht zu empfinden, er möchte bloß als vollwertiger Drache gelten, der große Angst einflößt und ein anständiges Feuer entfachen kann. Zumindest ist er Drache genug, um später, als er gemeinsam mit Lukas und Jim als Gast bei dem Scheinriesen Herrn TurTur auftaucht, von diesem zurechtgewiesen zu werden: »Da Sie nun bei uns sind, mein lieber Nepomuk, und nicht mehr unter Ihresgleichen, bitte ich Sie, sich unseren Sitten anzupassen.«[20]

Voss lässt sich durch die deutlichen Bezugnahmen auf die von den Nationalsozialisten propagierte »Rassenlehre« zu der Formulierung hinreißen, dass »ein Kinderbuchautor das Vokabular und die Verbrechensorte der Nationalsozialisten zitierte und zwei Abenteurer losschickte, um die deutsche Vergangenheit zu überwinden.«[21] Das leitet sie in erster Linie aus dem Schluss des Buches ab, bei dem alles – der anthroposophischen Lehre folgend – vereint und versöhnt wird: »Statt zu trennen, wird verschmolzen, die Gegensätze werden aufgehoben, anstelle der Strafe tritt die Versöhnung.«[22] Nicht nur Feuer und Wasser, Metall und Glas sind nun eins, auch die Menschen finden alle ihren Platz in diesem neuen Land, das von Jim, der inzwischen seinen ursprünglichen Namen Prinz Myrrhe kennt, regiert wird: »Die meisten Kinder blieben mit ihren zahlreichen Familien für immer da. Sie hatten Samenkörner aus ihren Heimatländern mitgebracht und säten sie in den fruchtbaren Boden. So gab es bald eine Gegend mit Prärie und Wäldern für die I*, eine mit großen Tulpenfeldern und saftigen Wiesen für die Holländer, eine mit Dschungeln für die braunen Kinder mit Turbanen und sogar für die E* gab es am Nordende des Landes ein passendes Gebiet, wo es ihnen kalt genug war und wo im Winter viel Schnee lag. Kurz und gut, für jeden fand sich das Richtige.«[23]

Sich das Richtige für jeden zu wünschen ist wohl die knappste und solidarischste Form, eine demokratische Haltung auszudrücken. Die Frage bleibt nur, ob es das richtige Mittel ist, dieses Richtige aus essentialistischen Zuschreibungen zu rekurrieren. Die gesamte Erzählung ist durchzogen von Figuren, die vor allem »das Andere« repräsentieren. So tragen die mit Fremdbezeichnungen gekennzeichneten, namenlosen Kinder bekannte folkloristische Kostüme mit Federn oder Fell, essen »am Spieß gebratene Büffelscheiben« oder »Walfischschnitten«[24] und träumen von ihrem »heimatlichen Wigwam« oder »kugeligem Schneehaus«[25] – Kinder aus aller Welt, wie sie aus einer *weißen* Perspektive erdacht werden. Sie bleiben durchweg Objekte einer Fantasie, die sich als friedlich, harmonisch und bunt versteht, es allerdings nicht schafft, die alten Bilder und Normsetzungen aufzulösen. Hier zeigt sich, was die Historikerin Fatima El-Tayeb einen »internistischen Diskurs« nennt, »der keine durchlässigen Grenzen akzeptieren kann und stattdessen klar abgrenzbare und in sich homogene Gruppen produzieren muss«.[26]

Augenfällig wird dies am Beispiel von Li Si, der Prinzessin Mandalas. Sie ist eines der von Frau Mahlzahn entführten Kinder, die von Lukas und Jim befreit werden. Beschrieben wird sie als »ganz entzückendes kleines Mädchen mit zwei schwarzen Zöpfen und einem zarten Gesicht wie eine mandalanische Porzellanpuppe«,[27] das eine »liebliche Vogelstimme«[28] hat und unglaublich klug ist. Letzteres ärgert Jim, der sich nämlich entschieden hat, weder lesen noch schreiben lernen zu wollen: »Er mochte Li Si wirklich sehr gern, aber noch lieber hätte er sie gemocht, wenn sie nicht immer so gescheit gewesen wäre.«[29] Auch hier treffen zwei gängige und schädliche Klischees aufeinander: das der klugen und fleißigen (ost)asiatischen Menschen und der vermeintlich lernfaulen

Schwarzen Menschen. Sie sind beide schädlich, weil sie Minderheiten an stereotype Vorstellungen binden und bis heute gegeneinander auszuspielen versuchen.[30]

Interessant ist übrigens, dass das Reich, aus dem Li Si stammt, anfangs noch China hieß und erst in späteren Auflagen den fiktiven Namen Mandala erhielt. Der Rest blieb beim Alten: Die unzähligen teilweise sehr kleinen Bewohner*innen haben allesamt »Mandelaugen und Zöpfe«,[31] zählen ständig ihre Haare und wuseln immerfort schnatternd und gestikulierend durch die Straßen.[32] Sie tragen Namen wie Ping Pong, Pi Pa Po und Schu Fu Li Pi Plu und mögen besonders gern »hundertjährige Eier auf einem zarten Salat aus Eichhörnchenohren« oder »Baumrindenpüree mit geraspelten Pferdehufen überstreut«.[33] Bei den Essensangeboten fragt Lukas dann bald, ob es denn »nicht irgendwas Vernünftiges«[34] gebe. Vernünftig ist selbstverständlich das, was Lukas gewohnt ist. Durchweg werden die Menschen von Mandala als putzig, skurril und – wie alles andere, das in Endes Kosmos fremd ist – als unüberwindbar anders dargestellt.

Anhand der Figur Li Si kann man übrigens auch sehr gut illustrieren, was gemeinhin mit Intersektionalität gemeint ist. Denn hier greifen rassistische und sexistische Vorstellungen ineinander, denen sich als asiatisch wahrgenommene Frauen auch in der Gegenwart ausgesetzt sehen. Li Si ist nämlich ein kluges, aber auch ein stets liebliches und fügsames Geschöpf. Bloß einmal möchte sie ihren Willen durchsetzen, nämlich als Jim versucht, sie von einer Abenteuerreise abzubringen, weil sie »ein kleines Mädchen und noch dazu eine Prinzessin«[35] sei: »Wenn es vielleicht schlimm wird, dann können wir uns nicht um dich kümmern. Und wir können auch nicht wegen dir wieder heimfahren, weil du vielleicht zu empfindlich bist. Das musst du schon einsehen, Li Si.« Lukas sieht es ähnlich und besiegelt die Entscheidung: »Hör mal zu, kleines Fräulein [...]. Für kleine zarte Mädchen ist ein Kampf mit Seeräubern bestimmt nicht das Geeignete.«[36] Sie sollen beide recht behalten, denn obgleich sich Li Si auf das Boot schmuggelt, das den Seeräubern, genannt die Wilde 13, hinterhersegelt, überkommt sie bei der ersten Andeutung von Gefahr unglaubliche Angst. Sie weint und schluchzt, zittert und bebt und muss in Sicherheit gebracht werden. Immerhin fällt ihr im Anschluss, als Jim die Wilde 13 besiegt hat, ein, sich bei ihm »mit ihrer zarten Vogelstimme« zu entschuldigen: »Jim, bitte verzeih mir, was ich gesagt und getan habe. Das war furchtbar dumm von mir.«[37] Die bereits als verlobt geltenden Kinder werden also zum Schluss des Buches in harmonischer Zweisamkeit und in Anwesenheit aller heiraten – ungeachtet ihres Alters. Li Si, die von Jim bereits zur Verlobung ein »kleines, zierliches Rubbelbrett zum Wäschewaschen«[38] geschenkt bekommen hat, lernt nun »bei Frau Waas kochen und den Haushalt führen«.[39] Ein wahrlich fantastisches Happy End für eine Prinzessin der 1960er Jahre!

Es ist nicht so, dass jene, die diese Geschichte lieben und verteidigen, all dies unterschlagen. So schreibt etwa die Journalistin Katja Iken zu Jim Knopfs sechzigstem Jubiläum im August 2020, wie sehr sie die Bücher ins Herz geschlossen habe, auch wenn sie geprägt seien von Klischees. Sie zählt sowohl sexistische wie auch rassistische Elemente auf und zitiert sogar ein Interview mit der Schwarzen Pädagogin Christiane Kassama, die sich in einem *Zeit-Online*-Interview kritisch zu Jim Knopf geäußert hatte.[40] Doch für Iken handelt es sich bloß um eine »Kitaleiterin aus Hamburg« und keine Expertin für diskriminierungssensible und rassismuskritische Frühbildung von Kindern, weshalb ihre eigenen Kindheitseindrücke für sie schwerer wiegen. Ebenso wie für die Verlegerin Dorweiler zählt für Iken, dass Ende keine rassistischen oder sexistischen Absichten hatte: »Wer Deinen Schöpfer Michael Ende allen Ernstes des Rassismus bezichtigt, hat weder Autor noch Buch verstanden.«[41] Zu seiner Verteidigung spickt sie ihren Brief an Jim mit rassistischen Ausdrücken, die sie zwar als rassistisch erkennt, aber dennoch ausschreibt: »Sogar das böse N-Wort steht in *Jim Knopf und Lukas der Lokomotivführer*, ein einziges Mal. Bei Deiner Geburt 1960 war es noch in Gebrauch. Stell Dir vor, lieber Jim, ich verspeiste als Kindergartenkind kiloweise ›N*küsse‹ und besaß eine wunderschöne schwarze Puppe, die ich tatsächlich ›N*-Dolly‹ taufte – niemand hielt mich davon ab, nicht einmal meine aufgeschlossenen Hippie-Eltern, mit denen ich als Kleinkind in den USA lebte. Damit habe ich mich mitsamt meiner Familie offiziell als Rassistenbande geoutet.« Warum Iken sich entscheidet, dieses niemals wertfreie Wort auszuschreiben, erklärt sie nicht. Ihr Text erschien jedenfalls zu einem Zeitpunkt im *Spiegel*, als die US-amerikanische Bewegung Black Lives Matter auch in Deutschland große Aufmerksamkeit erlangte und den Blick auch für afrodeutsche Lebenswirklichkeiten eröffnete. Er erschien drei Monate nach George Floyds Ermordung und viele Debattenrunden zum N-Wort später. Beim Argument, es tauche im Buch bloß ein einziges Mal auf, sollte man sich die Mühe machen, an die Schwarzen Leser*innen zu denken. Wie alltäglich und herabwürdigend die Konfrontation mit dem Begriff ist, liest man beispielsweise auf fast jeder Seite der Veröffentlichung *Sichtbar anders*,[42] die afrodeutsche Kinder und Jugendliche zu Wort kommen lässt. Wäre es nicht ein Zeichen der Fürsorge und Inklusion, ihnen zumindest in Situationen, in denen sie bloß Kinder beim Lesen einer Geschichte sein sollten, diese Belastung zu ersparen? Und wäre es nicht vernünftig, alle Kinder vor diesen Stereotypen zu schützen?

Doch das Problem liegt tatsächlich nicht nur in einzelnen Begriffen oder Passagen. Insofern haben Endes Verteidiger*innen recht damit, den Fokus auf die Gesamtaussage zu legen. Die Frage dabei ist, aus welcher Perspektive man willens ist, darauf zu schauen. Hier lohnt sich der Blick auf eine andere von Julia Voss hergeleitete Verbindung zwischen Geschichte und Erzählung, die ohne historisches Vorwissen vermutlich nur wenigen ins Auge springt, aber doch schlüssig klingt. Voss, die zu Charles Darwin promoviert hat, ist im Zuge ihrer Recherchen auf einen realen Jungen gestoßen, der bis hin zum Namen interessante Parallelen zur Kinderbuchfigur Jim Knopf aufweist: Jemmy Button. Darwin widmete Jemmy ein paar Zeilen in seinem 1839 veröffentlichten Reisebericht *Die Fahrt der Beagle*, einem Schiff, auf dem sie zeitweilig gemeinsam reisten. Der Junge war vermutlich um die sechzehn Jahre alt und auf dem Weg zurück nach Feuerland, wo er zwei Jahre zuvor gemeinsam mit drei weiteren aus Patagonien stammenden jungen Menschen entführt und nach England gebracht worden war. Ursprünglich hieß er Orundellico, wurde aber von seinen Entführern umbenannt, in westliche Kleidung gesteckt und britischen Vorstellungen nach unterrichtet. Wie der Junge diese sicher traumatische Erfahrung erlebte, wissen wir nicht aus erster Hand. Was bleibt, ist, dass er drei Jahrzehnte später an der Ermordung von acht *weißen* anglikanischen Missionar*innen in Feuerland beteiligt gewesen sein soll und 1864 in seiner Heimat starb. Für Voss (und vermutlich auch Ende) gelingt die Verbindung zwischen Jemmy und Jim – einem indigenen Jugendlichen aus Lateinamerika und dem fiktiven Nachfahren eines Schwarzen »morgenländischen« Königs – vor allem, weil sie für ihn einen Begriff verwendet, der ebenfalls als rassistische Fremdbezeichnung gilt. So schreibt sie über Jemmy, er sei »ein f* Junge, der, wie ein Findling ohne Wurzeln und Herkunft, in einer neuen Welt die Augen aufschlägt«,[43] obgleich sie wenige Zeilen später angibt, wo seine Wurzeln und somit auch seine Herkunft lagen. Auch hier zeigt sich die Wirkmächtigkeit des kolonialen Denksystems, dem zufolge Menschen außerhalb Europas keine Geschichte besaßen, bevor die Weißen in ihren Territorien auftauchten. So erhellend die Interpretation von Voss auch ist, weist sie doch Leerstellen und Fehler auf, die einem widerfahren, wenn man rassistische Muster nicht erkennt.

Die Verknüpfung von Jim und Jemmy erscheint vor dem Hintergrund der europäischen Kolonialgeschichte dennoch nicht falsch. Nicht nur war Jemmy kein Einzelfall, sondern es wurden auch Kinder anderer Kolonien dieser brutalen Praxis ausgesetzt. Sehr eindrückliche literarische Verarbeitungen solcher Entführungen auf dem afrikanischen Kontinent findet man beispielsweise in den aktuellen Romanen *Adas Raum* der Bachmann-Preisträgerin Sharon Dodua Otoo oder *Nachleben* des Nobelpreisträgers Abdulrazak Gurnah. Ein passendes Vorbild für Jim wäre im Übrigen auch Martin Dibobe gewesen, der als Neunzehnjähriger aus Kamerun nach Berlin kam, um dort erst in einem sogenannten Menschenzoo zu landen und später als Zugführer der Berliner Hochbahn und politischer Aktivist zu Berühmtheit aufzusteigen. Er setzte sich in der Weimarer Republik für die Selbstbestimmung von Menschen in und aus den Kolonien ein, was ihn bis heute zu einer Ikone des afrodeutschen Kampfes für Gleichstellung macht.

Abgesehen von historischen Inspirationsquellen kommt Voss auch auf die Zeit der Entstehung von Jim Knopf zu sprechen. Sie zieht eine Verbindung zu den Kindern »f* amerikanischer Soldaten in Deutschland«, die ihrer Beschreibung nach »rassistischen Vorurteilen«[44] ausgesetzt gewesen seien. Voss versäumt jedoch, den Umfang der Diskriminierung zu benennen, die medial äußerst drastisch ausfiel und es sogar bis ins Parlament schaffte. In einer im März 1952 geführten Bundestagsdebatte zum Umgang mit »unehelichen Besatzungskindern« erklärte etwa die CDU-Abgeordnete Luise Rehling, im Falle der Schwarzen Kinder handele es sich um ein »menschliches und rassisches Problem besonderer Art«, weil ihnen »schon allein die klimatischen Bedingungen in unserem Land nicht gemäß« seien. In der Folge wurden viele der Kinder zur Zwangsadoption freigegeben, die meisten landeten in den USA.

Die Kontinuität, die sich hier zeigt, wäre sichtbar geworden, hätte Voss an dieser Stelle auf die mehrere Jahrhunderte umfassende afrodeutsche Geschichte[45] geblickt, die eben nicht erst mit der Präsenz von US-Soldaten beginnt. Michael Ende kann nämlich sehr wohl von den zwischen den Weltkriegen geborenen, sogenannten Rheinlandkindern[46] gewusst haben – schließlich waren sie Teil seiner Generation. Diese Kinder waren bereits vor der Machtübernahme der Nationalsozialisten massiver Diskriminierung ausgesetzt und wurden ab 1937 zu Hunderten zwangssterilisiert. Darüber hinaus erhielten Afrodeutsche einen Fremdenpass,[47] wurden also wie der 1925 in Berlin geborene Autor und Schauspieler Theodor Wonja Michael ausgebürgert. Michael überlebte, erst als Kind in den rassistischen Völkerschauen, dann als Komparse in propagandistischen Kolonialfilmen und später als Zwangsarbeiter. In seiner Autobiografie schildert er die Erniedrigung und Ausbeutung dieser Zeit. Er ist einer der wenigen Schwarzen Zeitzeugen – etwa zweitausend Schwarze Menschen wurden in deutschen Konzentrationslagern ermordet.

Diese kaum aufgearbeitete Gewaltgeschichte kann nicht ausgeblendet werden, wenn man über *weiße* Darstellungsformen Schwarzer Menschen spricht. Selbst wenn Bilder in einem humoristischen oder gar wohlmeinenden Kontext auftauchen, können ihre Ursprünge und Wirkungsweisen nicht ungeschehen gemacht werden. So auch nicht im Falle von Jim, der sich nicht waschen mag, weil er, wie es im Buch heißt, »ja sowieso schwarz war und man gar nicht sehen konnte, ob sein Hals sauber war oder nicht«.[48] Auch entscheidet er sich, Lokomotivführer wie sein Freund Lukas zu werden, »weil dieser Beruf so gut zu seiner Haut passte«.[49] So wird auch zwischen Jim und Lukas' rußverschmiertem Gesicht eine Parallele gezogen, etwa direkt am Anfang, als das gerade gefundene Baby zu weinen beginnt: »Außerdem war es erschrocken vor dem großen schwarzen Gesicht von Lukas, denn es wusste ja noch nicht, dass es selber auch ein schwarzes Gesicht hatte.«[50] Grundsätzlich sind alle entzückt von Jim, vor allem Frau Waas: »Und dass das Baby schwarz war, fand sie ganz besonders nett, weil das zu rosa Stoff so hübsch aussah und Rosa war ihre Lieblingsfarbe.«[51]

Die kolonialen Bilder und Denkmuster, die in diesen Zeilen stecken, sind sehr rasch erkennbar, insbesondere wenn man mit afrodeutscher Wissenschaft und Literatur vertraut ist. Aber auch ohne solch ein Wissen wird schnell deutlich, dass Vorurteile über vermeintlich dreckige Schwarze Menschen, die so bedrohlich wirken, dass selbst (Schwarze) Babys instinktiv Angst vor ihnen kriegen, nicht mit ein paar drolligen Witzchen ins Positive gewendet werden können. Darüber hinaus führt die Reduzierung des Babys auf die Farbe seiner Haut als dekoratives Element direkt zurück zur traumatischen Geschichte jener Schwarzen Menschen, die ab dem 18. Jahrhundert meist aus afrikanischen Ländern entführt und als Hausdiener*innen missbraucht wurden. Zu ihnen gehörte etwa der afrodeutsche Philosoph Anton Wilhelm Amo, der Anfang des 18. Jahrhunderts als Kind von Westafrika aus in Europa landete und mehrere Jahre in Braunschweig-Wolfenbüttel dienen musste. Er und andere hierfür missbrauchte Personen wurden luxuriös gekleidet und galten als exotische Prestigeobjekte – Menschen als lebende Dekoration. Und so fragt man sich beim Ausspruch von Frau Waas, ob jemals ein *weißes* Kind aufgrund der Kompatibilität mit geliebten Stofffarben willkommen geheißen wurde. Wie gängig auch dieses Diskriminierungsmuster ist, zeigt der Bericht einer *weißen* Zollbeamtin, die sich nach der Geburt ihres Kindes unter anderem anhören musste: »Das N*baby steht dir aber gut!«[52]

Belastet ist auch das Thema der Berufswahl, wie man exemplarisch anhand der Berichte der Frauenärztin Gabriela Willbold und der als Fremdsprachensekretärin ausgebildeten Abenaa Adomako in der Fernsehdokumentation *Schwarz und deutsch* sehen kann. Beide erlebten, dass ihr jeweiliger Berufswunsch mit dem Argument abgeschmettert wurde, für Schwarze Menschen sei das nichts.[53] Adomako schreibt in der bahnbrechenden Veröffentlichung *Farbe bekennen* auch, wie sehr ihre Mutter und Großmutter von den hier auftauchenden Stereotypen geprägt wurden: »Um Vorurteilen gegen Afrikaner zu entgehen, haben sie mich stets zu besonderer Reinlichkeit und Sauberkeit sowie zu besonderen Leistungen in der Schule und im Beruf erzogen.«[54]

Theodor Michael, Gabriela Willbold, Abenaa Adomako – sie alle hatten deutsche Kindheiten. Sie wuchsen als Schwarze Kinder in einer Gesellschaft der *weißen* Dominanz auf, in der sie entweder als fremd oder zumindest als Ausnahme betrachtet wurden. Ihnen begegneten durchweg Narrative und Repräsentationen, die einer, wie die Kommunikationssoziologin Natasha A. Kelly so schön schreibt, »monokulturellen Grammatik«[55] folgten, die sich auch durch *Jim Knopf* zieht. Endes Absicht mag eine andere gewesen sein, aber sein Buch verflacht nicht-weiße Kinder zu drolligen Versionen des immerwährenden Anderen, womit Diskriminierung nicht aufgelöst, sondern verfestigt wird. Selbstverständlich sind Vereinfachungen und Überzeichnungen gängig in der Kinderliteratur – doch es sollte gerade hier nach der Wirkung gefragt werden, weil insbesondere Kindern die Einblicke in politische und gesellschaftliche Kontexte fehlen.[56]

Als Autorin möchte ich selbstverständlich an die Kraft der Intention glauben, daran, dass das, was ich in meine Texte lege, Menschen auf die von mir erhoffte Weise erreicht. Das eingangs erwähnte Beispiel der Konferenz der faschistischen Partei Fratelli d'Italia zeigt jedoch, dass es sich hierbei um einen frommen Wunsch handelt. Mit der Rezeption werden Werke in die Öffentlichkeit getragen, treffen auf andere Vorstellungen und Wirklichkeiten, entfalten eine Wirkung, die nicht immer vorhersehbar ist. Man mag sagen, dass Ende nur Menschenfreundliches im Sinn gehabt habe, letztendlich wird anhand der oben aufgeführten Zitate aber deutlich, dass man mit den alten Bildern keine neuen Welten erschaffen kann. Ende wollte das Schöne und Gute, nicht die didaktische Abschreckung. Allerdings kann man sein Kinderbuch in unserer Zeit ohne Erklärungen und Einbettungen nicht mehr vorlesen. Das geben selbst seine Verteidiger*innen zu, die in Ende ein »Kind seiner Zeit« sehen. So einfach ist es allerdings nicht, denn es gab immer Menschen, die Widerstand gegen die Diskriminierungen und Brutalitäten ihrer Zeit leisteten und damit beweisen, dass es immer auch eine Entscheidung ist, dies nicht zu tun.[57]

Die Intentionen des Autors mögen aufrichtig gewesen sein, doch was tun, wenn man nicht, wie Dorweiler über Herrn Ärmel urteilt, alles richtig machen will – und es doch so falsch macht? Meines Erachtens ist es weder verantwortungsvoll noch vernünftig, sich an seinem eigenen inneren Kind festzuhalten und dabei die vielen realen Kinder in unserer Gesellschaft und unserem Leben zu vergessen. Wer fragt nach ihrer »Innenweltsanierung«, geschweige denn der Sanierung der Welt, in der sie auf alltäglichen, sogar wohlmeinenden Rassismus stoßen? Ein Rassismus, der doch bloß kurz die Haare anfassen, das Gesicht wischen, die Herkunft erfragen möchte? Für mich ist die abschließende Frage also nicht, ob man *Jim Knopf* heute noch lesen darf, sondern weshalb man es überhaupt wollen würde, wenn man sich eine pluralistische Gesellschaft wünscht, in der unsere Kinder als Subjekte ernst genommen und ins Leben mit anderen als Gleiche geschickt werden sollen.

1 Joseph Beuys und Michael Ende, Auszüge aus einem Gespräch vom 8. Februar 1985 in der Freien Volkshochschule Argental-Wangen im Allgäu, *taz* vom 11.10.1989, https://taz.de/Joseph-Beuys-und-Michael-Ende/!1795358/
2 Roberto Saviano, »Liberiamo Atrejú!«, Video auf Facebook: https://www.facebook.com/watch/?v=3261382114148276
3 Roberto Saviano, »Befreit Atrejú!«, *Die Zeit* 52/2021, https://www.zeit.de/2021/52/fratelli-d-italia-die-unendliche-geschichte-atreju
4 Michael Ende, *Zettelkasten*, überarbeitete Neuausgabe, München 2020, S. 155.
5 Ende, »Über das Ewig-Kindliche«, in *Zettelkasten*, S. 144–162, hier S. 146.
6 Webseite Michael Ende, http://michaelende.de/autor/biographie/die-schulzeit)
7 Vgl. die Biografie von Peter Boccarius, *Michael Ende, Der Anfang der Geschichte*, Frankfurt a. M./Berlin 1995.
8 Christoph Gunkel, »Jagd auf Goldfasene«, *Spiegel Online*, 27.04.2020. https://www.spiegel.de/geschichte/widerstand-zum-kriegsende-1945-muenchner-freiheit-die-freiheitsaktion-bayern-a-ef0cace2-7070-4290-bf9d-ef2739bbed67
9 Vorwort von Hans Koschnick zu Hilke Lorenz, *Kriegskinder, Das Schicksal einer Generation*, Berlin 2005, S. 12.
10 Vgl. hierzu die Biografie von Helmut Zander, *Rudolph Steiner*, München 2011.
11 Julia Voss, *Darwins Jim Knopf*, Frankfurt a. M. 2018, S. 104.
12 Ende, *Jim Knopf und Lukas der Lokomotivführer* in 3 Bänden, Stuttgart 2008, 1. Teil, S. 39.
13 Ende, *Jim Knopf und die Wilde 13*, Stuttgart 2004, S. 218f.
14 Ebd., S. 219.
15 FAQs zu Jim Knopf des Thienemann Verlags, https://www.thienemann-esslinger.de/presse/faqs-jim-knopf
16 Begriffe, die als rassistische Fremdzuschreibungen gelten, werden in diesem Text nicht ausgeschrieben und mit dem Symbol * abgekürzt.
17 Voss, S. 16.
18 Otto F. Gmelin, *Böses kommt aus Kinderbüchern*, München 1972, S. 111.
19 Ende, Zettelkasten, S. 150.
20 Ende, *Jim Knopf und Lukas der Lokomotivführer*, 3. Teil, S. 117.
21 Voss, S. 16f.
22 Ebd., S. 117.
23 Ende, *Jim Knopf und die Wilde 13*, S. 271.

24 Ende, *Jim Knopf und Lukas der Lokomotivführer*, 3. Teil, S. 117
25 Ebd., S. 47.
26 Fatima El-Tayeb, *Undeutsch, Die Konstruktion des Anderen in der postmigrantischen Gesellschaft*, Bielefeld 2016, S. 42.
27 Ende, *Jim Knopf und Lukas der Lokomotivführer*, 3. Teil, S. 15.
28 Ende, *Jim Knopf und die Wilde 13*, S. 8.
29 Ebd., S. 12.
30 Vgl. hierzu K. Suda, S. Mayer, C. Nguyen, »Anti-Asiatischer Rassismus in Deutschland«, für *Politik und Zeitgeschichte*: »Asiatisch gelesene Menschen in Deutschland sind in widersprüchlicher Weise sowohl von positivem als auch negativem Rassismus betroffen. Einerseits werden sie vielfach als ›Vorzeigemigrant*innen‹ beschrieben und gegen andere (post)migrantische Gruppen ausgespielt; andererseits werden sie als homogene Masse dargestellt, von der eine Gefahr für die Weiße Mehrheitsgesellschaft ausgehe.« https://www.bpb.de/shop/zeitschriften/apuz/antirassismus-2020/316771/antiasiatischer-rassismus-in-deutschland/
31 Ende, *Jim Knopf und Lukas der Lokomotivführer*, 1. Teil, S. 86.
32 Ebd., S. 87.
33 Ebd., S. 112.
34 Ebd., S. 113.
35 Ebd., S. 177.
36 Ebd., S. 179.
37 Ebd., S. 215.
38 Ebd., S. 194.
39 Ende, *Jim Knopf und die Wilde 13*, S. 271.
40 Christiane Kassama im Interview mit Moritz Herrmann, *Zeit Online*, 23.06.2020, https://www.zeit.de/hamburg/2020-07/rassismus-fruehbildung-kita-vorschule-paedagogik-christiane-kassama/komplettansicht
41 Katja Iken, »Happy birthday, Hoheit!«, *Spiegel Online*, 9.08.20202, https://www.spiegel.de/geschichte/kinderbuch-von-michael-ende-happy-birthday-jim-knopf-a-4648cf94-0264-4fec-90f7-926dc2115c0e
42 Verband binationaler Familien und Partnerschaften, iaf e.V. (Hrsg.): *Sichtbar anders – Aus dem Leben afrodeutscher Kinder und Jugendlicher*, 2. Auflage, Frankfurt a.M. 2010.
43 Voss, S. 60.
44 Voss, S. 79.
45 S. etwa Katharina Oguntoye: *Schwarze Wurzeln, Afro-deutsche Familiengeschichten von 1884 bis 1950*, Berlin 2020.
46 Vgl. hierzu Natasha A. Kelly, *Rassismus: Strukturelle Probleme brauchen*

strukturelle Lösungen, Zürich 2021, S. 27: »... seit Ende des Ersten Weltkriegs [wurden] die Nachkommen von Schwarzen, meist französischen Soldaten und *weißen* deutschen Frauen*, als »Rheinlandbastarde« herabgewürdigt«.

47 S. Theodor Michael: *Deutsch sein und Schwarz dazu, Erinnerungen eines Afro-Deutschen*, München 2013.

48 Ende, *Jim Knopf und Lukas der Lokomotivführer*, 1. Teil, S. 35.

49 Ebd., S. 37.

50 Ebd., S. 30.

51 Ebd., S. 31.

52 iaf e. V., S. 50.

53 Vgl. hierzu auch Ayim, Oguntoye, Schultz (Hrsg.), *Farbe bekennen, Afrodeutsche Frauen auf den Spuren ihrer Geschichte*, 3. Auflage, Berlin 2021, S. 137: »... dann versuchten manche Lehrer, Eltern und Ausbildungsberater mit Rücksicht auf zu erwartende Schwierigkeiten, die schwarzen Kinder für die Berufe zu begeistern, in denen ihre Hautfarbe gefragt oder zumindest kein Problem war.«

54 Ayim, Oguntoye, Schultz, S. 255.

55 Natasha A. Kelly, *Afrokultur*, 2. Auflage, Münster 2018, S. 59.

56 Vgl. hierzu: Olaolu Fajembola, Tebogo Nimindé-Dundadengar: *Gib mir mal die Hautfarbe, mit Kindern über Rassismus sprechen*, Weinheim 2021.

57 Vgl. hierzu: Lilian Thuram, *Das weiße Denken*, Hamburg 2022.

EIN SCHWARZER FREMDKÖRPER ODER REFLEKTIERTER RASSISMUS

JÜRGEN KAUBE

I think this play is racist, and I think it is not.[1]

Shakespeares *Othello* hat viele Merkmale, die das Stück von 1604 heute verdächtig machen. Schon im Untertitel wird sein Protagonist als »Mohr von Venedig« bezeichnet. Müsste eine Zeit dagegen nicht Reserven entwickeln, in der aus Joseph Conrads Roman *The Nigger of the »Narzissus«* in der jüngsten deutschen Übersetzung *Der Niemand von der Narzissus* wurde, um Einwände zu vermeiden? Müsste sie, in der vom »N-Wort« gesprochen wird, als hingen, *You know who*, an seiner vollständigen Aussprache sogar im Zitat magische Wirkungen, nicht auch diesen Untertitel löschen? Wenn Mohrenstraßen und Mohren-Apotheken als unerträgliche Namensgebungen erscheinen, muss dann nicht auch der »Mohr von Venedig« fallen? Ließen sich denn, um ein jüngeres Stück aufzurufen, heute noch Jean Genets *Die Neger* unwidersprochen mit diesem Namen auf die Bühne bringen? 1964 wollte Genet die deutsche Uraufführung verbieten, weil in Darmstadt nicht mit Schwarzen besetzt wurde. Heute gelten die Proteste einzelnen Wörtern. Zöge darum ein Theater, das solche Titel und Untertitel beibehielte, weil es nun einmal die historischen Titel und Untertitel der Stücke sind, nicht sogleich den Vorwurf auf sich, durch die Verwendung der N- und M-Worte rassistische Stereotype zu bekräftigen und jemanden zu beleidigen?

Mit der Löschung des Untertitels wäre bei *Othello* aber nur ein Anfang gemacht. Der Mohr steht auch im Text: achtundfünfzig Mal.[2] Bis zur dritten Szene des ersten Akts ist von Othello überhaupt nur als dem Mohren die Rede. Erst der Doge von Venedig spricht ihn als »valiant Othello« mit seinem Namen an. Bis dahin wurde er als »old black ram« (alter schwarzer Schafbock) bezeichnet, als »Teufel«, »Berberhengst« und »üppiger Mohr« mit einer »sooty bosom« (rußigen Brust), als »lüsterner Mohr«, als Zauberer, Volksbetörer und »Dicklippe«, als »extravagant and wheeling stranger / Of here and everywhere«. Eine ganze Skala rassistischer Unterstellungen nehmen die Gegner Othellos in Anspruch: Der Mohr ist triebhaft, geil, ein Tier, er ist ein böser Zauberer, hässlich und fremd. Sollte man seine Bezeichnung deshalb aus dem Stück tilgen?

Von Schauspielschulen wird berichtet, die Schüler weigerten sich inzwischen aus diesen Gründen, *Othello* einzuüben. Die Übernahme der Hauptrolle durch einen Schauspieler, der nicht schwarz ist, scheint ebenso unmöglich wie die Übernahme der Hauptrolle durch einen schwarzen Schauspieler, der sich im Stück dann alle möglichen Aussagen über die Eigenschaften von Mohren anhören muss. Wie also kann *Othello* noch gespielt werden?

An dieser Stelle meldet sich die Frage, ob ein Stück über Rassismus darauf verzichten kann, den handelnden Personen rassistische Äußerungen in den Mund zu legen. Muss also nicht doch auf der Bühne ausgesprochen werden, was im Alltag auszusprechen als Beleidigung und Missachtung aufgenommen würde? Wie anders sollte sonst die Bühne das alltäglich Schlimme und im Fall von Iago, dem Gegenspieler Othellos, sogar das Böse darstellen? Müssen wir also nicht zwischen einem rassistischen Stück und einem Stück über Rassismus unterscheiden? Die Geschichte von *Othello* gibt darauf die Antwort: Wenn es nur so einfach wäre. Denn es ist nicht einfach, es ist Shakespeare.

Für die Zeitgenossen Shakespeares konnte »Moor«, das sich von

»Maure« (heute: Mauretanier) herleitet, ganz unterschiedliche Herkünfte bezeichnen: Nordafrikaner, Araber, subsaharischer Afrikaner, Muslim. Gemeinsam bleibt allen diesen Verwendungen der Hinweis auf die dunklere Hautfarbe als Zeichen von Fremdheit und dass aus ihr Schlüsse gezogen werden. Othello ist in Venedig, dessen Kriegsflotte er anführt, ein Fremder, und er ist eine Singularität, denn andernfalls könnte er nicht »der« Mohr von Venedig sein. Es gab dort, so legt das Stück nahe, damals nur einen.

Seine Kriegskunst wird besonders in der Metropole der Händler und Bankiers anerkannt. Als General ist er, der seit Kindertagen (»since these arms of mine had seven years' pith«) ein Soldat war, in Venedig vor allem im Augenblick des anstehenden Krieges mit dem Osmanischen Reich unentbehrlich. Er kann, wie es in der Geschichte der Fremden oft der Fall war, eine hochrangige Leistungsrolle in einer Gesellschaft einnehmen, die gleichwohl Reserven gegen ihn zu mobilisieren vermag. So wird Othellos Verbindung mit Desdemona, der Tochter aus patrizischer Familie, von ihrem Vater, der Othello zuvor als geehrten Gast in seinem Hause hatte (»Her father loved me, oft invited me«), als widernatürlich abgelehnt. Unterstellt wird, die Attraktion könne nur auf von Othello ausgeübter Hexerei beruhen. Als Schwiegersohn erscheint er, erscheint vor allem die Vorstellung sexueller Liebe zwischen ihm und Desdemona manchen unerträglich. Othello zieht Phantasien animalischer Natur auf sich. Er sei ein Schafbock über einem weißen Lamm.

So sehen es allerdings nicht alle Personen im Stück. Es beginnt nicht mit dem Helden, sondern mit seinem Widerpart, Iago, und also beginnt es mit dessen herabsetzenden Beschreibungen des Mohren, die versuchen, venezianische Mitbürger gegen ihn aufzustacheln. Wir begegnen zunächst dem abfälligen Vorurteil, danach erst der Wirklichkeit, die nicht zu ihm passt. Othello ist in seinen ersten Auftritten alles andere als unbeherrscht, wild oder wollüstig, sondern der Inbegriff eines Edelmanns, der allen Normen der höfischen Gesellschaft gehorcht. Weder beim Dogen noch bei den Senatoren Venedigs lösen denn auch die rassistischen Schmähreden gegen Othello ein Echo aus. Der Satz des Stadtoberhaupts an den empörten Vater – »If virtue no delighted beauty lack / Your son-in-law is far more fair than black« (Wenn man die Tugend muss als schön erkennen / Dürft ihr den Schwiegersohn nicht hässlich nennen«) – ist vielmehr eine Zurückweisung der entsprechenden Redensarten. Sie wird zusätzlich durch den Umstand hervorgehoben, dass Othello kein Muslim, sondern ein Christ ist und dass er keinen Akzent hat, sondern gegen die eigene rhetorische Selbstbeschreibung (»Rude am I in my speech«) das stilvollste Englisch im Drama spricht, weswegen man von der »Othello-Musik« gesprochen hat.[3]

Es gibt also keinerlei religiöse, politische, professionelle, höfische oder ökonomische Vorbehalte gegen ihn. Shakespeare hält alles von der Figur fern, was eine Aversion gegen sie begründen könnte. Es gibt nur das Ressentiment weniger gegen seinen fremden Körper. In ihm liegt alles, wodurch er Feindseligkeit auf sich zieht. Er gehört, findet sein Feind Iago, einfach nicht hierher, und es steht ihm, findet auch der Vater Desdemonas, nicht zu, das Bett mit einer weißen adligen Frau aus Venedig zu teilen. Der Schwarze sei nur äußerlich zivilisiert, in Wahrheit aber ein Monster. Die Tragödie ist, dass es dieser unwahren Sicht auf Othello gelingt, nicht nur die Handlung zu bestimmen, sondern sich ins Herz ihres Opfers einzupflanzen.

Woher kommt das Vorurteil? Es ist oft notiert worden, wie viele Gründe Iagos Hass auf Othello hat: Fremdenfeindlichkeit, der missgünstige Blick auf seine militärischen Erfolge, der Verdacht, er habe einst Iago Hörner aufgesetzt, dessen berufliche Zurücksetzung durch Othello gegenüber dem Florentiner Cassio, den Othello zu seinem Vizekommandanten macht. Das hat Samuel Taylor Coleridge dazu bewegt, Iago eine »motivlose Bösartigkeit« zuzuschreiben.[4] Wer tausend Gründe hat, hat keinen. Doch jene Bösartigkeit konzentriert sich durchaus in einem Motiv: dem Widerwillen gegen die Vorstellung vom Liebesglück des Schwarzen und dagegen, dass »so einer« einen bedeutenden Platz einnimmt, in der Stadtgesellschaft Venedigs wie im Bett der weißen Frau. Iago ist abgrundtief neidisch, das Glück der anderen ist ihm, dem Unglücklichen, zuwider. Er zerstört es deshalb mit Lust, auch wenn er selbst davon gar nichts hat außer seinem Zerstörungsvergnügen. Neid ist nicht Habgier, er strebt nicht danach, etwas zu besitzen. Neid ist die Freude daran, den anderen etwas zu nehmen, nur damit es ihnen schlechter geht. Sie kommt vor allem in dem auf, der sich herabgesetzt, zerrissen und leer fühlt. Kein Zufall, dass Iago im Stück die meisten Monologe hat, die Sprechform der Zerrissenen, und Othellos Monologe zunehmen, sobald er in die Fänge Iagos geraten ist.[5]

Von dieser Art ist der Rassismus. Er besteht darauf, dass es anderen schlecht zu gehen hat, nur weil sie anders sind. Und er besteht darauf, dass sie anders sind, auch wenn sie alle Züge der Zugehörigkeit tragen. Sexualität spielt darum in vielen rassistischen Argumentationen die Rolle eines letzten Widerstands gegen die Gleichheit der Menschen, der sich an sichtbaren Merkmalen ihres Körpers festmacht. Iago fixiert sich auf den schwarzen Körper des Abgelehnten und auf die Angst, die »eigenen« Frauen könnten ihn attraktiv finden. »If she be fair and wise: fairness and wit, / The one's for use, the other useth it« (O II.1, 129f.), sagt er wortspielerisch zu Desdemona: Wenn die Frau schön ist und klug, dann wird sie ihre Schönheit zu verzinsen wissen, also sich für Geld hingeben. Daraufhin Desdemona: »Well praised! How if she black and witty?« Schwarz ist hier also ein Gegensatz zu »fair«, schön, und bezieht sich auf die Haut- und Haarfarbe. Iago: »If she be black and thereto have a wit, / She'll find a white that shall her blackness hit.« Fast unübersetzbar, heißt das: Wenn sie schwarz ist und dafür einen Sinn hat, findet sie einen Weißen/einen Kerl (wight), der genau in ihre Schwärze (ihr Geschlechtsorgan) trifft.

Der Geschlechtsverkehr ist die Obsession des Rassisten. Das ist von Shakespeare bis zum Lynchmord an Emmett Tillett und der Geschichte von *To kill a mockingbird* (Wer die Nachtigall stört) von Harper Lee so. Das Drama von *Othello* ist, dass der traurige Held in einer Aufwallung von Verletztheit, Eifersucht und verblendeter Wut die weiße Frau tatsächlich tötet. Iago, den Othello vorher um Gift gebeten hat, um das zu tun, schlägt dagegen vor, das Ehebett als Schauplatz zu wählen und das Erwürgen als Methode: »Do it not with poison, strangle her in her bed, even the bed she hath contaminated« (O IV.1, 196–198). Sex zwischen Schwarz und Weiß ist kontaminiert und kontaminiert alles.

Haben wir es also mit einem Drama über Rassismus in seiner ganz auf die soziobiologische Konstitution einer Person gerichteten Form zu tun? Oder könnte Othello auch ein anderer Fremder sein, ein Katholik unter Protestanten, Ire unter Engländern, Weißer unter Schwarzen? Die Forschung zu *Othello* ist gespalten.[6] Einerseits ist »Rasse« ein Konzept, das dem sechzehnten Jahrhundert noch nicht verfügbar war. Es gab zu Shakespeares Zeiten keine Kataloge, die sortierten, wodurch bestimmte Menschen anderen unterlegen seien. Ein britischer Sklavenhandel existierte während Shakespeares Leben nicht. Auf die Ausarbeitung einer rassistischen Anthropologie ist erst das achtzehnte Jahrhundert gekommen. Wenn Shakespeare von »race« spricht, meint er Abstammung. Im Stück sehen wir ein Individuum, nicht ein Exemplar.

Andererseits ist deutlich, dass es in *Othello* um die Fremdheit des Titelhelden geht, die für diejenigen, die sich an ihm stören, aber auch für ihn selbst sichtbar an seiner Hautfarbe wird. Über deren Auftreten an Menschen hatte die Frühneuzeit eigene Theorien, die auf der angeblichen Abstammung aller Schwarzen von Noahs Sohn Ham beruhte, der ein Verbot von Sexualität während der Sintflut übertreten und deshalb zur Strafe einen dunkelhäutigen Sohn bekommen habe. So wurde die Hautfarbe zum Zeichen einer mit religiösem Ungehorsam verbundenen Wollust, ganz so, wie man auch an Juden körperliche Merkmale ihrer Ungläubigkeit meinte erkennen zu können.[7] Brabantino, der Vater von Desdemona, malt in diesem Sinne die Befürchtung an die Wand, »Bondslaves and pagans« würden zu Herrschern in Venedig, wenn Othello seine Tochter heiraten dürfe. Seine Verbindung mit Desdemona ist nach den Maßstäben der Epoche tatsächlich unerhört und wurde von Kritikern auch bald beanstandet; umso mehr, als der Sklavenhandel allmählich auch in Großbritannien in Schwung kam und mit rassistischen Begründungen versehen wurde. Schon vor *Othello* hatten englische Theaterstücke die Figur des Schwarzen verlässlich mit sexueller Gefahr und Gewalttätigkeit verbunden, etwa in George Peeles *Schlacht von Alkazar* (1594), wo der illegitime Herrscher Muly Mahmet sein satanisches Unwesen treibt, und in Thomas Dekkers *Reich der Lust* (1600), wo Eleazar ein schwarzer Intrigant ist, der eine sexuelle Beziehung zur spanischen Königin unterhält. Der Urtext dieser mit Angstlust besetzten Phantasie, die Einleitung zu den *Geschichten aus 1001 Nacht*, in der das gesamte Erzählgeschehen aus einem Ehebruch von hohen Frauen mit Schwarzen hergeleitet wird, wurde allerdings erst 1706 ins Englische übersetzt.

Seit dem neunzehnten Jahrhundert wurde viel darüber gestritten, wie schwarz Othello sei und welches Schwarz mit dem von Shakespeare verwendeten Wort »black« gemeint war. War der »moor« auch ein »negro«? Diese Diskussion steht schon im Schatten des Sklavenhandels, der zwischen versklavbaren und nicht versklavbaren Einwohnern Afrikas unterschied. Im romantischen Schauspiel wurde Othello heller, orientalischer, arabischer. Das erleichterte nicht zuletzt weißen Darstellern, die Rolle zu übernehmen, ohne allzu dick aufzutragen. In einer kritischen Ausgabe des Stücks von 1907 gibt es einen ganzen Anhang »Othello's Colour«, der diese Debatte dokumentiert.[8] Komplementär dazu ist eine Tradition, die beispielsweise abstritt, dass in einem anderen Stück

Shakespeares der Titelheld Antonius sich in eine dunkelhäutige Cleopatra hätte verlieben können, weswegen die dortige Bezeichnung ihres Gesichts als »tawny front« eine hellere Farbe meinen müsse.

In Shakespeares Theater existierten solche Empfindlichkeiten nicht. Alle Rollen wurden von weißen Männern gespielt, auch die weiblichen, auch die schwarzen, und zwar nicht, weil es an den entsprechenden Personen gemangelt hätte.[9] Aus der Aufführungsgeschichte des Stückes wird aber seit dem siebzehnten Jahrhundert von Reaktionen des Publikums berichtet, die nicht zwischen dem Spiel, den Spielern und dem unterschieden haben, was gespielt wird. *Othello* war Kino. Es wird von Zwischenrufen – »Würg den Teufel! Würg ihn!« – aus Anlass von Iagos Bosheit berichtet sowie von Weinkrämpfen und Ohnmachten aus Anlass der Mordszene.[10] Wobei betont werden muss, dass es nach den Regieanweisungen des Stücks nur zwei Berührungen zwischen Othello und Desdemona gibt: einen Kuss im zweiten Akt, nachdem sie sich auf Zypern wiederbegegnet sind, und einen Kuss zu Beginn der Schlussszene, den Othello der Schlafenden gibt, um sie kurz darauf zu erwürgen und sich selbst zu erdolchen. Für das Stück und den Vorwurf, Othello sei lüstern, ist es vielmehr charakteristisch, dass es der Kriegsumstände halber zu keiner Hochzeitsnacht kommt. »You must away tonight«, sagt ein Senator, weil der Krieg drängt, und Desdemona fragt, »Tonight, my lord?«, weil sie weiß, was dann verschoben werden muss. Zuvor hatte sie sich erbeten, Othello nach Zypern begleiten zu dürfen, woraufhin dieser sogleich versichert, dies geschehe nicht zu seiner Lust und er werde deshalb gewiss nicht seine Aufgaben vernachlässigen. Später verhindert die Schlägerei, die Iago in Zypern angezettelt hat, dass Desdemona und Othello eine ungestörte Nacht miteinander verbringen können. Woran alle ständig denken, dazu kommt es nicht.

Umso aufgeregter war von jeher das Publikum. Spektakulär ist die Zeitungsberichten folgende Notiz Stendhals von einer amerikanischen Aufführung des *Othello* 1822, bei der ein Zuschauer in Baltimore auf den Schauspieler des tragischen Helden mit dem Ausruf geschossen hatte, er werde es niemals erlauben, dass ein Schwarzer eine weiße Frau ermorde.[11] In St. Petersburg spielte 1858 der afroamerikanische Schauspieler Ira Aldrige den Othello und versetzte die Schauspielerin der Desdemona in der Mordszene des letzten Aktes so sehr in Schrecken, dass sie von der Bühne rannte und nur mühsam zur Wiederaufnahme des Spiels zu bewegen war.[12] Auch dies ist ein Hereinfallen auf eine Fiktion, ist die Aufgabe ästhetischer und kognitiver Distanz, nicht unähnlich der Bereitschaft Desdemonas, sich in den Helden der Geschichten zu verlieben, die Othello von seinen Kriegsabenteuern und Begegnungen mit Menschenfressern erzählt. Shakespeare spielt im ganzen Stück mit der menschlichen Bereitschaft, eindrücklichen Erzählungen zu folgen. Die Begriffe »Hörensagen« und »Leichtgläubigkeit« stehen in so gut wie jeder Szene über der dramatischen Handlung.

So dauerte es bis zu den Londoner Aufführungen des *Othello* von 1930, mit dem afroamerikanischen Schauspieler Paul Robeson in der Titelrolle, bis niemand im Publikum mehr aufstöhnte, als Othello Desdemona küsste und tötete. Ein Rezensent schrieb damals, kein weißer Mann solle es von nun an mehr wagen, die Rolle zu spielen.[13] Vergebens – es dauerte dreißig Jahre, bis sie erneut in London oder Stratford von einem schwarzen Schauspieler übernommen wurde. Der Jamaikaner Willard White spielte dann 1989 als erster Schwarzer den Othello in einer Inszenierung der Royal Shakespeare Company. Im selben Jahr setzte die Regie von Sue Dunderdale und Hugh Quarshie am Greenwich Theatre dem von Quarshie gespielten schwarzen Othello einen ebenfalls schwarzen, von Paul Barber gespielten Iago entgegen, um vom Stück den Eindruck zu nehmen, es sei Othellos Fremdheit, die sein Verhalten bestimme, und der Rassismus sei selbst an eine Hautfarbe gebunden.

Bei Shakespeare wird die Wirklichkeit der rassistischen Zuschreibungen aus der Dynamik des Stücks entwickelt. Othello beginnt als tugendhafte Person, der selbst Iago eine »constant, loving, noble nature« (O II.1, 280) attestiert, um dann durch die von Eifersucht und Beleidigtsein genährte Intrige mehr und mehr Züge anzunehmen, die zu besitzen ihn die Hassrede bezichtigt. Er wird schwankend – »These Moors are changeable in their wills« (O I.3, 340), »The Moor already changes with my poison« (O III.3, 327) –, wird von einer Minute auf die nächste eifersüchtig, fürchtet, »when I love thee not / Chaos is come again« (O III.3, 93–94), und wird kurz darauf tatsächlich vom inneren Chaos erfasst, zweifelt zuletzt wie seine rassistischen Gegenüber daran, als schwarzer, alter Krieger überhaupt liebenswert zu sein. Er wird durch die Machenschaften des Rassisten zu einem scheinbaren Beleg für dessen Prämissen. »I see, sir, you are eaten up with passion«, sagt Iago (O III.3, 392): Ich sehe, wie Euch Leidenschaft verzehrt; jene Passion, die dem Mohren zuvor als Charaktermerkmal zugeschrieben worden war. Othellos Klage, der Gehörnte sei ein Monster und eine Bestie (O IV.1, 58), ist ein Echo seiner Beschreibung als Tier durch Iago.

Der Rassismus erscheint so als sich selbst erfüllende Prophezeiung über sein Objekt. Othello entwürdigt sich selbst durch die atemberaubende Geschwindigkeit, in der er die Rolle annimmt, die ihm Iago zuschreibt, und die »bloody thoughts«, denen er sich überlässt.[14] Die hämische Bemerkung Iagos, der Mohr sei von so freier und offener Art, dass er den für ehrlich halte, der so scheine, und darum könne er wie ein Esel an der Nase herumgeführt werden (O I.3, 388–390), erweist sich als gute Prognose der Bereitschaft Othellos, gegen alle Wahrscheinlichkeit auf die gespielte Aufrichtigkeit Iagos hereinzufallen und sich auf geradezu lächerliche Weise seiner rasenden Eifersucht hinzugeben. Das Taschentuch, das Othello einst Desdemona schenkte, wird ihr entwendet und dem vermeintlichen Liebhaber Cassio zugestellt. Hieraus zieht

Othello den ausschlaggebenden Impuls, seine Frau zu töten. Kritiker haben früh von einer »Taschentuchtragödie« gesprochen. Aber das weiße Taschentuch als Impulsgeber des Mordes ist so absurd wie die schwarze Hautfarbe als Impulsgeber des Hasses. Wenn es nicht so fatal und tödlich wäre, könnte man lachen. *Othello* ist, vom Anfang bis zum grausamen Ende, immer nur eine Handbreit von der Komödie entfernt.

Was schließen wir daraus? Das Stück zeigt uns, wohin wir kommen, wenn wir auf die körperlichen Eigenschaften von Personen fixiert sind. Wenn wir darauf bestehen, ihr Inneres kennen zu wollen, das ihrem äußerlichen Wohlverhalten nicht entsprechen könnte. Wenn wir aus der Fremdheit ihres Äußeren auf die Fremdheit ihres Inneren schließen, auch wenn sie sich eigentlich so verhalten wie wir. Wenn wir also Vorbehalte allein deshalb haben, weil uns die Erscheinung einer Person nicht gefällt.

»Wir«, das meint hier aber auch jene Personen selbst. Die Rassisten und ihre Objekte sind bei Shakespeare weniger klar getrennt, als es sich die moralischen Unterscheidungen zwischen Gut und Böse wünschen. Denn das Böse färbt hier auf das Gute ab. Zwischen den Rassisten und ihren Opfern zu unterscheiden, sagt Shakespeares Drama, erzählt nicht die ganze Geschichte. Das Opfer übernimmt im Stück nämlich allzu leicht die Unterscheidung des Täters. Die Pointe von *Othello* ist, dass der Protagonist unter dem Druck der Intrige Eigenschaften entwickelt, die ihm zuvor rassistischerweise und mithin fälschlicherweise zugeschrieben worden waren. Er geht unter nicht, weil er ein Schwarzer *ist*, sondern weil menschliche Irrtümer in ihm entzündet werden können, indem er als Schwarzer behandelt wird.

Der britische Schauspieler Hugh Quarshie hat 1998 in Stratford-upon-Avon einen Vortrag unter dem schönen Titel »Hesitations on Othello«, Zögerlichkeiten gegenüber Othello, gehalten.[15] Sein Zögern betrifft die Ansicht, ein schwarzer Schauspieler habe die Rolle zu spielen. Denn ein schwarzer Schauspieler verstehe das Stück nicht besser als ein Däne *Hamlet*. Will sagen: Schauspieler spielen fast immer jemanden, der sie nicht sind, Königinnen, Gelehrte, Diener, und sie spielen fast immer etwas, was in jedem steckt, Eifersucht, Komik, Mordlust. Die Rolle Othellos, so Quarshie, sei von Shakespeare für einen weißen Schauspieler geschrieben worden, der sich schwarz geschminkt habe. Übernehme sie nun ein Schwarzer, wie es Quarshie getan hatte, riskiere man damit den Eindruck, die rassistischen Stereotype hätten einen wahren Kern. Wenn umgekehrt ein Weißer einen Schwarzen spielt, wäre das, so gesehen, kein anmaßendes Blackfacing, sondern enthielte den Hinweis auf die Grenze des Rassismus: dass ein Weißer einen Schwarzen verkörpern *kann*.

Kunstwerke, so eine Bemerkung von Theodor W. Adorno, sind wie Schlösser, die sich durch eine Deutung kurz öffnen lassen, um dann sogleich wieder zuzuschnappen. Für *Othello* gilt das gewiss, die Diskussion dessen, was im Stück geschieht, ist nicht abgeschlossen. Das Stück vom Spielplan zu nehmen setzte die Anmaßung voraus, das Schloss geöffnet und die Rätsel Othellos gelöst zu haben.

1 Virginia Mason Vaughan: *Othello. A contextual history,* Cambridge 1996, S. 70.

2 William Shakespeare: *Othello, the Moor of Venice*, ed. Michael Neill, Oxford 2006 (O).

3 G. Wilson Knight: *The Wheel of Fire. Interpretations of Shakespearian Tragedy* (1930), Reprint London 2001, S. 109ff.; Erin Minear: »Music and the Crisis of Meaning in Othello«, *Studies in English Literature 1500–1900*, 49 (2009), S. 355–370.

4 In seiner Handausgabe der Werke Shakespeares, London 1807, S. 1050f.

5 Vgl. für eine psychoanalytische Deutung Janet Adelman: »Iago's Alter Ego: Race as Projection in *Othello*«, *Shakespeare Quarterly* 48 (1997), S. 125–144.

6 Umfassend die Einleitung von Ayanna Thompson in dies. (Hrsg.): *The Cambridge Companion to Shakespeare and Race*, Cambridge 2021, S. 1–16; sowie a.a.O. Adrian Lester: »Othello. A Performance Perspective«, S. 223–236.

7 Virginia Mason Vaughan, a.a.O., S. 53–56; und Kwame Anthony Appiah: »Race«, in: Frank Lentricchia/Thomas McLaughlin (Hrsg.): *Critical Terms for Literary Study*, Chicago 1995, S. 274–287.

8 Horace Howard Furness (Hrsg.): *Othello*, Philadelphia 1907, S. 389–396.

9 Dympna Callaghan: »›Othello was a white man‹: properties of race on Shakespeare's stage«, in: Terence Hawkes (Hrsg.): *Alternative Shakespeares*, Band 2, London 1996, S. 192–215.

10 Michael Neill: »Introduction«, in: Neill, a.a.O., S. 1–179 (hier S. 9f.).

11 Stendhal: *Racine et Shakespeare* (1823–1825), Les Édition de Londres, Paris 2013, S. 298. Stendhal war kein Augenzeuge dieses Vorgangs.

12 Neill, a.a.O., S. 51.

13 Neill, a.a.O., S. 56f.

14 Jack D'Amico: *The Moor in English Renaissance Drama*, Tampa 1991, S. 177.

15 Hugh Quarshie: *Second Thoughts about ›Othello‹*, Chipping, Camden 1999.

EIN JEDER ÜBERSETZT NUR NOCH SICH SELBST? DIE DEBATTE UM DIE ÜBERSETZUNGEN VON AMANDA GORMANS *THE HILL WE CLIMB*

DANIELA STRIGL

I

Amanda Gormans aufsehenerregende Performance im Rahmen der Inaugurationsfeier von Joe Biden am 20. Jänner 2021 hatte zur Folge, dass die damals 22-jährige Dichterin mit einem Schlag weltberühmt und ihr Gedicht »The Hill We Climb« in aller Munde war. Mit den ersten »wilden« Übersetzungen im Netz setzte ein internationaler Wettlauf um die Übersetzungsrechte ein. Insgesamt siebzehn Übersetzerinnen und Übersetzer wurden nominiert und von der Autorin oder ihren Vertretern gebilligt. Für die Niederlande machte der Verlag Meulenhoff das Rennen und beauftragte die Lyrikerin und Erzählerin Marieke Lucas Rijneveld, 29, die ein Jahr zuvor als jüngste Preisträgerin überhaupt den International Booker Prize erhalten hatte. (Rijneveld bezeichnet sich als non-binär, benutzt aber erst seit Anfang 2022 grammatikalisch für sich das männliche Geschlecht.) Gorman zeigte sich erfreut – bis die schwarze Spoken-Word-Poetin Zaïre Krieger, Nom de guerre »Dea Ex Machina«, auf Twitter eine Debatte entzündete. Mit der Frage, wie »salty« es klingen würde, wenn sie sagte, dass Dutzende niederländische Spoken-Word-Künstlerinnen »of Colour« diese Übersetzung besser zustande gebracht hätten.

Das war am 23. Februar, zwei Tage später erschien in der Amsterdamer Zeitung *De Volkskrant* ein Kommentar der Journalistin und Modeexpertin Janice Deul mit der Überschrift »Eine weiße Übersetzerin für Amanda Gormans Gedicht: unbegreiflich« (deutsch von mir, nach einer englischen Version). Amanda Gorman beschreibe sich selbst als »a skinny Black girl«, ihre Arbeit und ihr Leben seien gefärbt von ihren Erfahrungen und ihrer Identität als schwarze Frau. Da sei es gelinde gesagt eine verpasste Gelegenheit, Marieke Lucas Rijneveld mit diesem Job zu betrauen.

Noch am selben Tag legte Rijneveld den Auftrag nieder. Sie sei schockiert von dem Aufruhr, den ihre Wahl verursacht habe, und sie verstehe, dass Menschen sich deshalb verletzt fühlten. Der Meulenhoff-Verlag, der sie zuvor noch als die »ideale Übersetzerin« bezeichnet, die Ähnlichkeit zwischen Gorman und Rijneveld hervorgehoben und überdies eine begleitende Lektüre durch »sensitivity readers« versprochen hatte, bekundete nun die Hoffnung, aus der Geschichte zu lernen. Man werde ein Team mit der Übersetzung beauftragen.

Zwei Wochen nach ihrem Rücktritt meldete sich Marieke Lucas Rijneveld mit einem Gedicht zu Wort, das unter dem Titel »Alles bewohnbar« in Form eines Selbstgesprächs die eigene Querköpfigkeit ebenso betont wie die Demut gegenüber der unvermuteten Konkurrenz: »Den Widerstand nie aufgegeben, und dennoch einsehen müssen, wenn / es nicht an dir ist, wenn du vor einem Gedicht auf die Knie gehst, / weil ein anderer es besser bewohnbar macht« (deutsch von Ruth Löbner). Rijneveld versucht sichtlich, gute Miene zum bösen Spiel der öffentlichen Aberkennung zu machen, und schließt mit rechtschaffenem Pathos: »und vielleicht ist jetzt / deine Hand einfach noch nicht stark genug, vielleicht musst du zuerst die des / anderen zur Versöhnung ergreifen, musst wirklich die

Hoffnung spüren, / dass du etwas tust, was die Welt verbessert, nur darfst du eins nicht / vergessen: nach dem Knien wieder aufzustehen und gemeinsam das Haupt zu erheben.«

Wenige Tage nach der Publikation dieses Gedichts in mehreren europäischen Zeitungen wird bekannt, dass der Verlag Univers in Barcelona auf Verlangen von Gormans Agenten dem katalanischen Übersetzer Victor Obiols den Auftrag entzogen habe. Genauer gesagt: dessen auftragsgemäß angefertigte Übersetzung von »The Hill We Climb« zwar bezahlen, aber nicht publizieren und stattdessen eine neue in Auftrag geben wolle. Man suche jemanden »mit einem anderen Profil«, eine junge, im Idealfall schwarze Aktivistin. Obiols' Reaktion fiel weniger verhalten und schon gar nicht zerknirscht aus: »Wenn ich eine Dichterin nicht übersetzen kann, weil sie eine junge, schwarze Frau ist, eine Amerikanerin des 21. Jahrhunderts, kann ich Homer auch nicht übersetzen, weil ich kein Grieche des 8. Jahrhunderts vor Christus bin. Oder hätte Shakespeare nicht übersetzen können, weil ich kein Engländer des 16. Jahrhunderts bin.« In einem Interview mit dem *Spiegel* zeigt Obiols zwar Verständnis dafür, dass er für den Verlag nicht mehr tragbar war, weil er »die falsche Hautfarbe und das falsche Geschlecht« habe, er hält die Entscheidung jedoch für »diskutabel«. Der darauf folgende Auftrag für die schwarze Lyrikerin María Cabrera sei eine »symbolische Geste«, wie auch der Auftritt Gormans bei Bidens Amtseinführung eine gewesen sei, seine Kompetenz als Übersetzer sei nicht angezweifelt worden. Knapp vor Bekanntwerden der Absage für Obiols kritisierte die spanische Übersetzerin Nuria Barrios, bei deren Gorman-Engagement durch den Verlag Lumen es trotz falscher Hautfarbe (»our skin has become a straitjacket«) blieb, in *El Pais* Janine Deuls Appell und das Einknicken des Meulenhoff-Verlags scharf. Deuls Triumph bedeute den Sieg der Identitätspolitik über die künstlerische Freiheit.

Bereits Anfang März kündigte der Leiter von Hoffmann und

Campe an, die deutsche Übersetzung von Gormans 99 Verse umfassendem Poem werde von einem Konsortium dreier Expertinnen besorgt: der schwarzen Politologin Hadija Haruna-Oelker, der muslimischen Fachfrau für politisch korrekte Sprache Kübra Gümüşay und der literarischen Übersetzerin Uda Strätling. Dabei legte der Verlagschef Wert auf die Feststellung, dass die drei schon vor den Angriffen gegen Marieke Lucas Rijneveld engagiert worden seien. Anfang Juni 2021 ist schließlich bei Meulenhoff die Katze aus dem Sack: Man beauftragt nicht, wie angekündigt, ein Team, sondern mit Zaïre Krieger just jene Autorin, die die Empörungswelle auf Twitter losgetreten hatte.

II

In ihrer Stellungnahme konstatiert die spanische Übersetzerin Nuria Barrios, in Wahrheit gehe es in der Debatte nicht um Übersetzung, sondern um Politik. Ja, darf man sich wundern, worum denn sonst? Natürlich geht es hier in erster Linie um Politik. So weit, so banal. Interessant daran scheint mir, wie das Politische mit der Frage der Moral und diese wiederum mit jener der Übersetzung verquickt wird.

Die politische Relevanz des Gegenstands ergibt sich zunächst aus dem Anlass für den Originaltext. »The Hill We Climb« ist nicht allein die jüngste Perle in der traditionsreichen Kette US-amerikanischer Inaugurationsdichtungen. Es repräsentiert mit dem Standpunkt seiner Autorin auch das junge, gebildete, schwarze Amerika, das sich die Freiheit nimmt, nicht nur die Geschichte, sondern auch die gegenwärtige Lage der Nation zu interpretieren. Und es tut das in einem dramatischen Moment der doppelten Peripetie, in dem in weiten Teilen der Öffentlichkeit in den USA – und in der Welt – die Erleichterung über den Abgang Donald Trumps in den Schock über den von ihm angestifteten Sturm aufs Kapitol und dieser wiederum in Erleichterung über dessen für die amerikanische Demokratie glimpflichen Ausgang umschlug. Angesichts der noch sehr frischen Vereitelung eines rechtsextremen Putschversuches zwei Wochen zuvor war die Wahl Amanda Gormans ein Signal des »anderen Amerika«, ein Zeichen der Hoffnung und der Umkehrung der von Trump und seinen Anhängern propagierten Werte. Auftritt und Auftreten der strahlend selbstbewussten Dichterin unterstrichen diesen Anspruch ebenso wie die Formulierung eines inklusiven kollektiven Subjekts im Gedicht. Gormans »Wir« war eine rhetorische Geste der Versöhnung wie der Ermutigung, der Text präsentierte sich als Appell und Hymne zugleich, mit allen Erscheinungsformen eines patriotischen Pathos, wie es namentlich in europäischen demokratischen Feier-Kontexten tatsächlich der Übersetzung bedarf.

»The Hill We Climb« ist ein politisches Stück Poesie, dessen Stärken gewiss nicht in seiner Subtilität, sondern in seiner effektvollen Rhetorik liegen. Die Anforderungen an Übersetzer(innen) mussten also dahin gehen, einerseits möglichst viel von der rhythmischen Verve und klanglichen Eigenart des Textes zu transportieren, seine ästhetische Wirkung zu übersetzen und andererseits die spezifischen politischen Voraussetzungen dem nichtamerikanischen Publikum begreiflich zu machen. Mit der Intervention Zaïre Kriegers und der niederländischen Twitter-Gemeinde verschob sich der Fokus auf die Person der Übersetzerin als Repräsentantin des Politischen. Nicht die individuelle Fähigkeit, das Gedicht der Stunde inhaltlich und formal angemessen zu übertragen, war nunmehr ausschlaggebend, sondern der Grad der Verwandtschaft mit der Dichterin in Herkunft und Habitus. Nicht ob ein Gedicht in amerikanischem Englisch in seinem einmaligen historischen Kontext für das Niederländische, Katalanische, Deutsche etc. passend gemacht werden könne, war von Interesse, sondern nur noch, ob seine Übersetzerin, sein Übersetzer zur Autorin passt. Das Bild der deklamierenden Dichterin gab plötzlich das Bild der Übersetzerin vor, der man die im Text vertretenen Anliegen ebenfalls zutrauen können musste. Die Logik der kongruenten Identität hat Auswirkungen auf das Rollenverständnis des Übersetzers. Sie macht, so Nuria Barrios, die Übersetzer sichtbar, wo es doch deren bestimmender Wesenszug sei, unsichtbar zu sein.

Die politische Bedeutung der Causa geht aber über die Situation des angeheizten Lager-Konflikts in den USA und die Notwendigkeit, sich gegen Rassismus und gesellschaftlichen Rückschritt zu positionieren, hinaus: Sozusagen im Kielwasser von Amanda Gormans poetischer Intervention segeln in internationalen Gewässern Aktivistinnen, die im Namen von Partizipation, Emanzipation und Diversität die Möglichkeit einer angemessenen Teilhabe am kulturellen Leben, also auch am literarischen Markt fordern. Dass schwarze oder: nichtweiße Gruppen unter den literarisch Schreibenden deutlich unterrepräsentiert sind, wird man für den deutschsprachigen Raum nicht mehr glattweg behaupten können: Da ist die »besondere« Herkunft, die exotische Biographie im Verlagsprospekt längst zum Atout geworden, schwarze Autorinnen werden gern in die Auslage gestellt, andere Schreibende mit nichtdeutschen Wurzeln sind breit vertreten. Blickt man hingegen auf die zweite und dritte Reihe im Literaturbetrieb, nämlich auf die Kritik, in die Verlage und Agenturen, auf Übersetzerinnen und Übersetzer, so scheint durchaus Nachholbedarf zu bestehen. Solcherart werden in einem kapitalistischen System legitime ökonomische Interessen zum Motor gesellschaftlicher Prozesse, die Politik der Identität dient als Vehikel der Umverteilung. Denn diese wird nicht unverblümt gefordert, vielmehr wird die Sorge, ob manche Herkünfte und Erfahrungen für das tiefe Verständnis eines literarischen Textes ausreichen, vorgeschoben. Hinter der Frage »Wer darf wen übersetzen?« und der Behauptung »Der oder die ist aufgrund von Geburt, Hautfarbe, Geschlecht, Religion nicht qualifiziert!« steckt die Forderung: »Lasst uns das übersetzen!« Geht es zunächst scheinbar um die beste Lösung im Dienste des Kunstwerks – bestmögliches Verstehen vor dem Horizont möglichst gleichgearteten Erlebens –, so verschiebt sich der Blick, sobald die Aufmerksamkeit vom Produkt zum Produzenten wandert: Mit dem Argument ästhetischer Qualität lässt sich dann nicht mehr punkten. Was jetzt zählt, ist die Optik. Die sorgsame Beobachtung der Optik kommt einer Anerkennung der ihr zugrunde liegenden moralischen Bewertung gleich. Einen Übersetzungsauftrag zu canceln und anderweitig zu vergeben wird als Korrektiv zu einer bestehenden Ungleichheit oder besser: Ungerechtigkeit verstanden. Nicht ein individuelles Manko soll beseitigt werden, sondern das der Gruppe. Der Gruppenegoismus bezieht seine moralische Rechtfertigung aus einem historischen oder historisch gewachsenen System der Unterdrückung, etwa der Sklaverei oder Rassentrennung, das die heutige besondere Förderung aufgrund der Hautfarbe (des Geschlechts, der Queerness, der sozialen Marginalisierung) bedingt. Andere moralische Kriterien fallen dabei interessanterweise nicht weiter ins Gewicht.

III

In unserem Anlassfall führt Janice Deul gegen Marieke Lucas Rijneveld im Einzelnen ins Treffen, sie sei weiß, nicht-binär und habe keine Übersetzungserfahrung, sei somit alles andere als die »ideale Übersetzerin«. Das heißt, zur Alterität in puncto »Rasse« resp. »Race« und Fachkompetenz (über die allerdings auch die meisten von Deul genannten Personen nicht verfügen) kommt noch die geschlechtliche Orientierung resp. Desorientierung. Man stelle sich vor, jemand, der oder die nicht dem fortschrittlichen Lager zugerechnet wird, sagen wir, ein katholischer Bischof oder eine Politikerin der Rechten, hätte die Eignung einer Übersetzerin für einen bestimmten Job in Zweifel gezogen, weil diese sich als »nicht-binär« definiert! Janice Deul aber hatte offenbar keine Bedenken, Rijneveld in diesem Zusammenhang ihr Nicht-Frau-Sein vorzuhalten. Deuls identitätspolitisches Foul löste keine merklichen Reaktionen aus, auch nicht in jenen Kreisen, die sonst Phänomene der Intersektionalität, also sich überschneidender Benachteiligungen, penibel beobachten.

Dass es ganz grundsätzlich unsolidarisch und daher unmoralisch sein könnte, einer Kollegin, einem Kollegen die berufliche Befähigung abzusprechen und sie oder ihn so dazu zu nötigen, auf die Ansprüche aus einem rechtsgültigen Vertrag zu verzichten, damit andere (oder man selbst) zum Zug kommen, spielte in der öffentlichen Diskussion ebenfalls kaum eine Rolle.

Die Kampagne in sozialen und herkömmlichen Medien funktioniert durch ein Ineinandergreifen von moralischer Diskreditierung und symbolischem Ausschluss: Nein, niemand bezweifelt, dass Rijneveld oder Obiols von Rechts wegen ihre Verträge erfüllen dürfen. Es wäre aber, so wird ihnen vermittelt, unehrenhaft, auf dem individuellen Recht zu beharren, wo doch überindividuell bedeutsame Güter auf dem Spiel stehen. Wenn sie sich dem Druck der Erkenntnis nicht beugen, gerät der Verlag unter Druck, der um sein Renommee fürchten muss. Entscheidet er, wie Univers, den Übersetzer für seine Leistung zu bezahlen und eine zweite Bestellung bei jemand anderem aufzugeben, hat der um die Publikation seiner Arbeit Gebrachte keinerlei Handhabe dagegen. Die gewöhnlich praktizierte Methode ist eine des umfassenden Absprechens: Der gecancelten Person wird das Können ebenso abgesprochen wie das moralische Recht, die Vertragssicherheit, der Opfer- oder Minderheitenstatus, die Förderungswürdigkeit und Integrität. Die moralische Disqualifikation strebt stets den absoluten Ausschluss im Namen der Inklusion an. Denn damit die Fahne der Inklusion hochgehalten werden kann, müssen einzelne exkludiert, muss ein Exempel statuiert werden. Das ist nicht selbstverständlich: Denkbar wäre auch gewesen, dass Rijnevelds oder Obiols' Verlag die Berechtigung der Intervention (»verpasste Gelegenheit«) grundsätzlich anerkennt, sich für die Anregung bedankt, auf bestehende Verträge hinweist und Besserung bei nächster Gelegenheit gelobt. Die soziale Kontrolle einer solchen Ankündigung wäre durch die allgemeine Aufmerksamkeit gewährleistet gewesen.

Die Kampagne unter dem Banner der Moral begnügt sich aber nicht mit der Benennung des Problems, sie ist auf Kenntlichmachung und »Bestrafung« des Individuums aus, die aus öffentlich bekundeter Einsicht und Reue und entsprechenden Konsequenzen – Entschuldigung, Rückzug, Verzicht – besteht. Die Kampagne ist ergebnisorientiert, weil es dabei nicht einfach um Kritik, um sachliche Auseinandersetzung geht. Deul sagt nicht, viele in ihrer Community hätten die Vergabe des Übersetzungsauftrags an eine weiße, nicht-binäre Dichterin *kritisiert*. Nein, inkriminiert werden Verletzung, Verwundung, seelische Gewalt. Viele hätten, so Deul, »ihren Schmerz, ihre Frustration, ihren Ärger und ihre Enttäuschung« über die Entscheidung für Rijneveld via soziale Medien ausgedrückt. Wenn die Nominierung einer preisgekrönten, wiewohl weißen Lyrikerin als Übersetzerin Aktivistinnen und »woken« Menschen *Schmerz* bereitet, als hätte man ihnen eine persönliche Kränkung zugefügt, dann ist das ein Vorgang, den man bedauern und für den man jemanden bestrafen muss.

Was sich hier vollzieht, ist nicht allein eine gezielte Emotionalisierung, sondern auch eine Infantilisierung der Debattenkultur. In der kindlichen Psyche gibt es keine Hierarchie eigenen und fremden Schmerzes. Das gekränkte Kind kann und muss nicht bedenken, wen es wiederum mit seinen Tränen kränkt. Weil es weint, ist es im Recht. Es kann gar nicht unmoralisch handeln.

Die Verurteilung der falschen Übersetzerin, die weder eine richtige Frau noch »un-verschämt schwarz« ist, funktioniert nach dem Shakespeare'schen Muster »Brutus ist ein ehrenwerter Mann«: Janice Deul betont in ihrem Artikel, nichts gegen Rijnevelds Fähigkeiten sagen zu wollen, und Zaïre Krieger twittert, sie habe gar nichts gegen sie. Die Kränkung und Verwirrung Marieke Lucas Rijnevelds, die deutlich aus dem Gedicht »Alles bewohnbar« spricht, war im weiteren Verlauf der Auseinandersetzung nicht der Rede wert. Weder für die Aktivistinnen noch für den Meulenhoff-Verlag. Dabei war und ist Rijnevelds psychische Labilität (sie hatte wegen starker Depressionen Lesereisen abgesagt) in den Niederlanden ein offenes Geheimnis. Das Individuum, das dem Fortschritt des öffentlichen Bewusstseins im Wege steht, muss es aushalten können, dass man ihm das vermittelt. Es kann sich nicht auf Schmerz, Frustration, Ärger oder Enttäuschung berufen, es kann sich weder über Verletzung noch über Ausgrenzung beklagen und versucht das meist auch gar nicht. Schließlich hat es aus freien Stücken gehandelt, es hat seine Lektion gelernt, es hat sich selbst gecancelt.

IV

Die Reaktionen auf die Argumente der schwarzen Aktivistinnen waren durchaus heftig. Ein Aufschrei angesichts der Forderung einer Identitätsübersetzung statt Literaturübersetzung kam naturgemäß aus dem Lager der Übersetzer(innen). Victor Obiols spricht von einer neuen Inquisition und fragt, ob er sich künftig Schuhpasta ins Gesicht schmieren müsse – ein Scherz, der naturgemäß im Lager der Sprachsensiblen nicht sonderlich gut ankommt und einmal mehr zeigt, dass der einschlägige Diskurs sich in zwei Parallelwelten abspielt. Nuria Barrios spricht von einer neuen Zensur und entgegnet das Naheliegende, dass nämlich nach jener Logik nur Weiße Weiße übersetzen könnten und Frauen Frauen und Transmenschen Transmenschen. Und natürlich sei an eine Übersetzung von Proust nicht zu denken, wenn man nicht homosexuell ist und noch nie eine Madeleine gekostet hat.

Ganz ohne Ironie bündelt die indischstämmige US-Autorin Jhumpa Lahiri, die auch Übersetzung in Princeton lehrt, ihre Argumente gegen die identitäre Übersetzungslogik gegenüber dem *TIME Magazine*: Übersetzen bedeute im Kern das Zusammenführen von Unterschiedlichem. Das Schöne und Wertvolle daran sei die intensive Aufmerksamkeit für den anderen, eine Identifikation, ja sogar eine Art von Übertragung. Als Schriftstellerin wünsche sie sich den Übersetzer nicht als ihr Abziehbild: »I don't look for the person to be like me. I look for the person who's going to be able to read me, and that can be anybody. That should be anybody. If we want to reduce the equation to ›like, like, like‹, we're losing sight of the incredible strides that we have made (...) as a human race.«

Janice Deul beklagte sich darüber, dass die Reaktionen auf ihren Kommentar vor allem dem Colour-Aspekt gegolten hätten, obwohl sie mehrere wichtige Punkte angesprochen habe. Nie habe sie verlangt, nur Schwarze dürften Schwarze übersetzen. Immerhin hat Deul aber die Frage gestellt, warum denn nicht eine Frau das Gedicht übersetzen könne, die »un-verschämt schwarz« sei. Ähnlich argumentiert auch die afrodeutsche Literaturwissenschaftlerin und Übersetzerin Marion Kraft, die im vehementen Widerspruch ein Zeichen für eine »white fragility« (Robin DiAngelo) ortet: Weiße seien es eben nicht gewohnt, aufgrund ihrer Hautfarbe anders wahrgenommen zu werden, und würden bei Kritik überreagieren. Natürlich dürften alle grundsätzlich alles übersetzen, aber es sei eben eine gewisse Sensibilität, auch der Sprache, erforderlich. Wie in vielen Cancel-Debatten wird auch hier von den Kritikerinnen des Status quo versichert, es gehe keineswegs ums *Dürfen* oder *Verbieten*, sondern allein um das Bewusstmachen von Missständen. In letzter Konsequenz geht es aber sehr wohl um Restriktionen, weil das für moralisch fragwürdig Erklärte abgeschafft und ausgemerzt werden soll.

Denen, die in der Auseinandersetzung um angemessenes Übersetzen beschwichtigen, sei außerdem gesagt: Alle Forderungen gemäß einem identitären Reinheitsgebot, die hier in einem zweiten Schritt dementiert werden, nachdem sie in einem ersten ventiliert worden sind, sollte man tunlich ernst nehmen: Es wird genauso heiß gegessen wie gekocht. Tatsächlich ist kein Argument zu abstrus, als dass es nicht in einer weiteren Spiralbewegung der Debatte als ernsthaftes ein- und durchgesetzt werden könnte. Wer daran zweifelt, möge die Diskussion um Rollenbesetzungen in Film und Theater zurückverfolgen: Hat man zunächst darüber gescherzt, dass bald nur noch Schwarze Schwarze, Lesben Lesben und Transgender Transgender spielen dürfen, so hat dieser Triumph der Selbstidentität längst die Realität der Besetzungspraxis erreicht. Caroline Fourest mutmaßt in *Generation Beleidigt*, »dass Rollenspiel prinzipiell nicht mehr erlaubt ist«, seit, in ihrer zugespitzten Formulierung, »Castings auf der Grundlage von DNA-Tests« durchgeführt werden. Das Metier des Übersetzens, das ebenfalls nach dem Prinzip der Einfühlung in Fremdes funktioniert, muss eher früher als später mit denselben restriktiven Vorgaben durch Meinungsproduzenten rechnen.

V

Und wo bleibt da die Kunst? Das ist eine Frage, die gar nicht ernsthaft gestellt wird. Für Nuria Barrios bedeutet die Gorman-Debatte den Sieg der Gegebenheiten über die Phantasie und letztlich das Ende der Übersetzung. An den konkreten Resultaten der Debatte bestand denn auch kein gesteigertes Interesse mehr. Zaïre Kriegers

Übertragung von »The Hill We Climb« etwa stieß in den Niederlanden und in Flandern – laut der österreichischen Schriftstellerin und Übersetzerin Andrea Grill – auf geteilte Zustimmung. Lobten die einen, dass der niederländische Text gerade als *spoken word poetry* gut funktioniere, kritisierten die anderen, dass Krieger mit dem Original allzu frei verfahren sei. Auch war die Mutmaßung zu hören, im Falle des Engagements von Marieke Lucas Rijneveld hätte der übersetzte Text dem ursprünglichen literarisch wahrscheinlich den Rang abgelaufen. Wesentlich harscher fiel die Kritik der deutschen Dreier-Übersetzung aus. Der Verleger war weitum der Einzige, der das Resultat für »brillant« und »fantastisch« hielt. Er hat allerdings mit der Feststellung, »natürlich geht es *immer auch* (Hervorhebung D. S.) um sprachliches Vermögen, kulturelles Wissen, Recherche und Empathie«, klargemacht, dass es ihm in erster Linie um anderes ging. Offensichtlich war die Angst, mit der Wahl von Übersetzer(inne)n »falscher« Identität auf Ablehnung zu stoßen, größer als die Angst vor einer literarischen Blamage. So ist die deutsche Übersetzung auf spektakuläre Weise misslungen, weil hier die Ungenauigkeit oder grammatikalische Inkorrektheit nicht der Preis für poetische Schönheit war: Der deutsche Text ist weder wortgetreu noch wohlklingend, er wirkt holprig und stellenweise unbeholfen. Ob das Ergebnis mit dem Engagement einer einzelnen, professionellen Übersetzerin anders ausgefallen wäre, steht in den Sternen. Für Gormans in der Folge publizierten zweisprachigen Gedichtband *Call Us What We Carry / Was wir mit uns tragen* hat der Verlag jedenfalls zwei neue Übersetzerinnen gewählt: die Lyrikerin Daniela Seel und Marion Kraft, Janice Deuls Sekundantin.

VI

Janice Deul beklagt sich in ihrem Resümee der Reaktionen auf ihren Artikel darüber, dass sich viele Leute zu Wort gemeldet hätten, ohne ihn überhaupt gelesen zu haben. Die Meinungsäußerung ohne Kenntnis der Materie ist freilich erst recht ein Kennzeichen des Social-Media-Milieus. Wie viele, die Zaïre Krieger auf Twitter »geliked« oder »retweeted« haben, waren wohl einschlägig informiert? Auch im Fall der Gorman-Übersetzungen haben die sozialen Medien sich als untaugliche Mittel zur profunden Auseinandersetzung erwiesen und maßgeblich zur allgemeinen Hysterisierung beigetragen. Die negative Beurteilung von Rijnevelds Eignung zur Übersetzerin erfolgte bei vielen offenkundig nach dem Reiz-Reaktions-Schema.

Elias Canetti hat in seiner großen Studie *Masse und Macht* die »Hetzmasse« durch Zielgerichtetheit, Wachstum, Dichte (Explosivität) und Gleichheit ihrer Mitglieder definiert. Der Vergleich scheint unpassend, weil das Ziel der Hetzmasse das Töten ist. Aber Canetti selbst hat auch Karl Kraus unterstellt, er habe mit seiner *Fackel* eine »Hetzmasse aus Intellektuellen« gebildet. Canetti spricht von einer Diktatur, deren Maßstäben er sich freiwillig unterworfen habe: Ein »Feind von Karl Kraus war ein verwerfliches, ein unmoralisches Wesen«. Auch er selbst – Canetti war Jude – habe als Krausianer seine »Juden« gehabt, Menschen, denen er ihr intellektuelles Existenzrecht absprach. Ebenjene »Unsitte des Anklagens«, die Kraus in der *Fackel* praktizierte, wirkt heute durch die Beschleunigung und multiplikatorische Funktion des Internets über den Kreis der Eingeweihten hinaus ungleich rascher und effizienter.

In der Debatte um die Gorman-Übersetzungen zeigen sich hier einmal mehr Formen der Nötigung und Erpressung im Namen des Guten und Richtigen. Die Kulturwissenschaftlerin Andrea Geier hat in einem Artikel in der Wiener *Presse* den Begriff der Cancel

Culture als irreführend abgelehnt, das Wort »cancel« lege nahe, es gebe »tatsächliche Konsequenzen«. Die Frage, »was man denn noch sagen dürfe«, sei »falsch gestellt, weil sie suggeriert, dass Verbote drohten, während es tatsächlich um einen deutlich erhöhten Begründungsbedarf geht«. Unsere Debatte zeigt jedoch: Es gibt tatsächliche Konsequenzen für Übersetzerinnen und Übersetzer, und diese lassen sich für sie nicht abwenden, wenn sie den »deutlich erhöhten Begründungsbedarf« decken. Canceln funktioniert, auch wenn es nicht expressis verbis erfolgt. Dabei erscheinen Konkurrenzdenken und Missgunst im Gewand politisch wacher Besorgnis. Identitätspolitische Vorwürfe dienen als Waffe in einem Verteilungskampf, der ab nun nach anderen Regeln verläuft.

Nun könnte man sagen, die Umverteilung der Übersetzungsaufträge war höchst an der Zeit. Antje Rávik Strubel, die literarische Texte aus dem Englischen und aus dem Schwedischen übersetzt, hat in einer Diskussion gemeint, der Identitätsdiskurs sei auch in diesem Metier so etwas wie eine historische Notwendigkeit, um gerechtere Verhältnisse herzustellen. Da müsse man eben in Kauf nehmen, dass da und dort übers Ziel hinausgeschossen werde. Und wenn einmal der Zustand erreicht sei, dass wirklich alle alles übersetzen können – also etwa auch schwarze Übersetzer(innen) für *Moby-Dick* oder *Ulysses* engagiert werden –, dann sei das Kriterium der Ähnlichkeit obsolet.

Das hat einiges für sich, und doch ist mir nicht wohl bei dem Gedanken, eine Kampagne oder gar Hetze gegen Einzelne damit zu rechtfertigen, dass ihr guter Name, ihre Integrität dem geistigen Fortschritt der Zeit zum Opfer zu bringen sei, zumal damit grundsätzlich auch der literarische Anspruch der Übertragung auf dem Spiel steht.

Im aktuellen Spannungsfeld wird die Übersetzung als jener Akt kultureller Appropriation angesehen, den sie in idealtypischer Weise tatsächlich darstellt. Wer übersetzt, der versucht, sich ein

Stück fremder Sprache, fremder Kultur, fremder Identität anzueignen. In seinem Essay *Ethik der Appropriation* unternimmt Jens Balzer den diplomatischen Versuch der Unterscheidung zwischen einer »falschen« und einer »richtigen« Appropriation; er richtet den Blick auf ihre »schöpferische, kulturstiftende Kraft *und* ihre Verstrickung in Macht- und Ausbeutungsverhältnisse« und sieht in dieser dialektischen Verschränkung immer schon eine »Kritik des Begriffs der Authentizität«: Keine Kultur ist ganz mit sich selbst identisch, eine jede bedarf der Übersetzung. Die Tätigkeit des Übersetzens wiederum ist geradezu ein Bild für den kreativen Aspekt der Aneignung, die das Nichtselbstverständliche und Gemachte feiert. Sie böte Gelegenheit, Diversität wirklich erlebbar zu machen und nicht unter Kaskaden hierarchisierten Opfertums und ausgefeilter Intersektionalität zu begraben.

Was sich in den Kommunikationskanälen der sozialen Medien abspielt, kommt jedoch einer Gesprächsverweigerung gleich. Als verletzend, traumatisierend, unsensibel, inkorrekt, strukturell sexistisch und rassistisch gebrandmarkte Texte sollen eben nicht zur Diskussion gestellt und einer öffentlichen Kritik unterzogen werden: Man will sie weghaben, sie sollen gar nicht publik werden, sie sollen schlicht verschwinden – als gäbe es einen Konsumzwang für umstrittene Kunsterzeugnisse. Diese Denkweise ist paternalistisch, undemokratisch, ja mittelalterlich. Das Revival des Index macht es mir unmöglich, gegenüber dieser Entwicklung ambivalent zu bleiben.

Was tun? Ich glaube, dass auf dem Gebiet der Übersetzung, wie auf allen anderen zurzeit umkämpften auch, die Offensive der Defensive vorzuziehen ist. Einerseits täte ein wenig Gelassenheit gut, andererseits gilt es, autoritäre und denunziatorische Tendenzen als solche zu bezeichnen, selbst wenn sie einem erhabenen Zweck dienen. »du bist gegen Schädelvermessung, / gegen Knechtschaft, gegen jede Form menschlicher Kantigkeit«, heißt es in Marieke

Lucas Rijnevelds Gedicht »Alles bewohnbar«. Rassismus, Redeverbote und Diskriminierung sind ebendieses, auch wenn sie mit umgekehrten Vorzeichen versehen sind. »Kantigkeit« wiederum ließe sich in Zeiten eines alles mit sich reißenden Mainstreams der Meinungen auch als Tugend begreifen. Wie wäre es, wenn ein Verlag dem Gegenwind standhielte, zur Autorin, zum Autor seines Vertrauens stünde und die im Netz tobenden Krawallmacher weder mit seinem Lesepublikum noch mit der stillen Mehrheit verwechselte? Er wäre dann nicht länger moralisch erpressbar, und seine Unbeirrbarkeit käme bei vielen besser an als intellektueller Opportunismus und Kleinmut.

Vielleicht könnte man auch, ausgehend vom Metier des literarischen Übersetzens, der Identifikation um jeden Preis ein Ethos der Differenz entgegensetzen. Franz Grillparzer sah etwa die Eliminierung der Distanz als Nachteil der Übersetzungen klassischer Texte an: »Sie werden uns zu nahe gerückt.« So würden wir vergessen, »dass die Denk- und Empfindungsweise des Autors die einer fremden Zeit und eines fremden Volkes sind, nehmen sie als unsere an und verlieren dadurch die richtige Empfindung der Gegenwart«. Vielleicht wäre es auch für die kleinen und großen Übersetzungsprojekte unserer Gegenwart heilsam, ein Quäntchen Fremdheit zuzulassen.

CANCEL CULTURE: EINE HERMENEUTISCHE FIGUR. DER STREIT UM DIE FREIHEIT DER WISSENSCHAFT

ANNA-LENA SCHOLZ

ZWISCHEN DEN ZEILEN VON ARTIKEL 5, ABSATZ 3

An der Universität sind die Gedanken frei – zumindest sollen sie es sein. Im Grundgesetz der Bundesrepublik Deutschland heißt es: »Kunst und Wissenschaft, Forschung und Lehre sind frei.«[1] Diese Freiheit aber ist nicht nur durch ein (vergleichsweise junges) Gesetz normativ gesichert – historisch gesehen wurzelt sie tief im Selbstverständnis der europäischen Universität. Diese hat sich nie allein utilitaristisch als Ort der Ausbildung verstanden, sondern auch als Sphäre der Kritik, des Dissenses, der Infragestellung. Das gilt insbesondere für die philosophischen Fakultäten. Ihnen obliegt in besonderer Weise die Aufgabe, als kritische Instanz für epistemische, politische und gesellschaftliche Grundsätze zu wirken. Die philosophische Fakultät, so formuliert es Immanuel Kant in seinem Text *Der Streit der Fakultäten*, sei jenes »Gehege«, das der Autorität anderer Wissensbereiche »alle glänzende von jeher geborgte Feder ohne Verschonen abzieht«.[2] Jacques Derrida schließt daran an, wenn er zweihundert Jahre später – mit nicht geringerer Emphase – von einer »unbedingten Universität« spricht, die eine Gegenmacht zum Staat, zur Religion, zum Kapital sei, zu jenen Mächten also, die die Demokratie einschränken: Die Universität solle der Ort sein, »an dem nichts außer Frage steht«, an dem das Recht gelte, »alles zu sagen, sei es auch im Zeichen der Fiktion und der Erprobung des Wissens«.[3]

Wer sich auf die akademische Freiheit beruft, meint immer zweierlei – sie ist ein historisch und kulturell gewachsener Wert sowie eine rechtliche Norm. Nicht immer sind diese beiden Bedeutungen deckungsgleich, denn ein Wert kann verletzt werden, gleichwohl das Gesetz gilt. In dieser Hinsicht scheint der Begriff »Cancel Culture« sehr präzise: Er verschleiert nicht, dass es ihm um die Verletzung eines *kulturellen* Wertes und um eine *kulturelle Praxis* geht – und eben nicht zwangsläufig um die Missachtung oder das Außerkraftsetzen eines Gesetzes. Die Debatten um Cancel Culture an deutschen Universitäten jedoch sind nicht besonders trennscharf, vielmehr verwischt der aufgeladene Begriff der »Wissenschaftsfreiheit« meist, worum es eigentlich genau geht, und suggeriert gleichzeitig, das verfassungsrechtlich große Ganze stehe auf dem Spiel.

Entsprechend schwierig ist es, etwas über den Stand der Wissenschaftsfreiheit in Deutschland zu sagen. Sie gilt unverbrüchlich – und ist dennoch prekär. Eine Forscherin kann sie vor Gericht einklagen – und sich zugleich in ihrer Freiheit beschnitten fühlen. Eine akademische Institution kann unabhängig agieren – und dennoch getrieben sein. Deutschland mag im Academic Freedom Index, der weltweit den Freiheitsgrad wissenschaftlicher Einrichtungen misst, auf Platz 1 stehen – und dennoch kann in der Öffentlichkeit der Eindruck entstehen, an den Universitäten halte ein unfreier Geist Einzug.[4]

Wie es wirklich um die akademische Freiheit steht, ist also auch eine Frage der Deutung. An der Universität sind die Gedanken frei. Und sie sind es nicht. Doch war das je anders? Ist nicht diese Spannung sogar konstitutiv für die Wissenschaft, die den gesellschaftlichen, politischen, kulturellen, ökonomischen Prägungen ihrer sich stets wandelnden Gegenwart nie enthoben war, sie vielmehr begleitet und prägt, in all ihrer Widersprüchlichkeit? Und könnte es nicht sogar sein, dass sich der Raum des Sag- und Denkbaren heute weitet – heute, wo die Wissenschaft zugänglich ist für Menschen aller Geschlechter, aller kulturellen und sozialen Herkünfte, wo also in Hörsälen, Bibliotheken und Laboren bislang ausgeschlossene Stimmen hörbar werden?

Eines vorweg: Die Frage, ob die Wissenschaftsfreiheit durch eine um sich greifende Cancel Culture in Gefahr sei, ist bislang nicht empirisch zu beantworten. Eine Reihe einzelner Ereignisse, die ohne eine mediale Begleitung kaum über den jeweiligen Hörsaal hinausgereicht hätten, können keinen Aufschluss über das große wissenschaftliche Feld im Ganzen geben, bestehend aus Hunderten Hochschulen und Forschungseinrichtungen, Hunderttausenden Personen in Forschung und Lehre, drei Millionen Studierenden.

Eine belastbare Studie liegt zu diesem Sachverhalt bedauerlicherweise bislang nicht vor.[5] Darüber hinaus müsste man aber kulturelle oder gar staatliche Sanktionierungen wissenschaftlicher Arbeit auch historisch untersuchen, um eine fundierte Aussage treffen zu können, ob und inwiefern sich Freiheitsgrade im akademischen Raum derzeit verändern – und was mögliche Gründe dafür sind.

Worum also geht es mir hier stattdessen? Ich möchte das Schlagwort »Cancel Culture« als eine hermeneutische Figur verstehen, mit der auf einen historischen Wandel im Verhältnis von Wissenschaft und Gesellschaft reagiert wird: Der Terminus »Cancel Culture« fungiert dabei in einer uneindeutigen Kommunikationssituation als Deutungsinstrument, als eine Art Label. Es bewirkt zweierlei: Erstens ist es komplexitätsreduzierend. Zweitens artikuliert es die Sehnsucht nach einem Wert, über dessen Gültigkeit offenbar Verwirrung herrscht – nämlich die Offenheit akademischer Institutionen.

KEIN ELFENBEINTURM

In den letzten Jahren hat sich die Wissenschaft zunehmend mit sich selbst befasst. Diese Debatten kreisen darum, welche Sichtbarkeit sie in der Gesellschaft hat, wie gut sie ihre Forschungsergebnisse und Methoden an Politik, Medien und Öffentlichkeit kommuniziert, wie zugänglich und divers sie ist (oder eben nicht ist).[6] Der alte Vorwurf, ein Elfenbeinturm zu sein, und die mangelnde Diversität des wissenschaftlichen Personals (es ist überwiegend weiß, männlich, westdeutsch, akademisch sozialisiert), hat die akademische Gemeinschaft in die Defensive getrieben.[7] Die Versuche, darauf zu reagieren – mit Regenbogenflaggen, Diversity-Managerinnen, zahllosen Podiumsdiskussionen und Bekenntnissen zu den eigenen Werten: Freiheit, Vielfalt, Weltoffenheit –, können die fundamentale Verunsicherung wissenschaftlicher Institutionen nicht verbergen. Das spürt man immer dann, wenn »die Wissenschaft« tatsächlich in den Nahkontakt mit »der Gesellschaft« gerät, wenn ebendiese Nähe also nicht nur theoretisch beschworen, sondern in publikumsnahen Formaten praktisch umgesetzt wird. »Die Medien« haben hier in den letzten Jahren eine zunehmend gespannte Beobachterperspektive eingenommen. Während hochschul- und wissenschaftspolitische Themen gemeinhin nur eine kleine Community interessieren und medial kaum begleitet werden, reagieren Journalistinnen und Journalisten in den letzten Jahren mit großen Schlagzeilen auf jedes Ereignis, das die akademische Freiheit zur Disposition zu stellen scheint: Dazu gehören etwa die studentischen Proteste gegen Herfried Münkler an der Humboldt-Universität zu Berlin in Form des anonymen Blogs »Münkler-Watch«,[8] die Einladung Thilo Sarrazins in ein Seminar zum Thema Meinungsfreiheit an der Universität Siegen,[9] die Störungen einer Vorlesung des ehemaligen AfD-Mitgründers Bernd Lucke an der Universität Hamburg[10] oder die Absage eines Vortrags über das biologische Geschlecht wegen des Vorwurfs angeblicher Transfeindlichkeit an der HU Berlin.[11] Im Februar 2021 gründete sich mit dem »Netzwerk Wissenschaftsfreiheit« ein Bündnis, dem zufolge an den Universitäten »ein Klima« entstanden sei, »in dem abweichende Positionen und Meinungen an den Rand gedrängt und moralisch sanktioniert werden«, wobei diese Einschränkungen »einer ideologischen oder politischen Agenda« folgten.[12] Darum ist eine lebhafte Debatte entstanden, die innerhalb der Wissenschaft deutlich differenzierter, sachlicher und produktiver geführt wird als in den Medien.[13]

Unabhängig davon, wie man jene Ereignisse (etwa abgesagte Veranstaltungen oder Störungen von Vorlesungen) im Einzelnen bewertet, belegen diese Debatten etwas, über das sich die akademische Gemeinschaft freuen darf, nämlich ihre Relevanz. Bedauerlicherweise kennzeichnen sich die immer wieder neu aufwallenden Cancel-Culture-Debatten häufig durch einen defätistischen, kulturpessimistischen Tonfall. Dabei hätten sie im Kern das Potenzial, produktiv zu verlaufen, gar gemeinschaftsstiftend und versöhnend zu wirken. Denn es scheint, dass dem Land an seinen Universitäten und einer freien Wissenschaft gelegen ist.

Ich möchte das an einem paradigmatischen Einzelfall beispielhaft analysieren – dem Fall »Dieter Nuhr und die DFG«. Zunächst eine knappe Beschreibung der Ereignisse: Im Jahr 2020 feierte die Deutsche Forschungsgemeinschaft (DFG) ihren hundertsten Geburtstag.[14] Zu ihrem Jubiläum setzte sie unter der Überschrift »DFG2020 – Für das Wissen entscheiden« eine Kampagne auf. Das ganze Jahr über sollten in Veranstaltungen und Formaten »die Prinzipien einer freien und unabhängigen Wissenschaft sowie deren Wert für eine offene und informierte Gesellschaft« sichtbar gemacht werden, wie es in der Selbstbeschreibung heißt.[15] Dazu gehörte auch die digitale Online-Aktion *#fürdasWissen* – unter diesem Hashtag sollten Prominente in kurzen Statements schildern, was sie mit der Wissenschaft verbindet und warum sie sich für sie einsetzen. Diese Statements wurden auf einer Website und auf Youtube, wenige Tage später auch über den Twitter-Account @dfg_public veröffentlicht.[16] Eines dieser Statements kam vom Kabarettisten Dieter Nuhr. Sein im Juli 2020 veröffentlichter Text, eingesprochen als Sprachnachricht, lautete:

»Wissen bedeutet nicht, dass man sich zu 100% sicher ist, sondern dass man über genügend Fakten verfügt, um eine begründete Meinung zu haben. Weil viele Menschen beleidigt sind, wenn Wissenschaftler ihre Meinung ändern: Nein, nein! Das ist normal! Wissenschaft ist gerade, DASS sich die Meinung ändert, wenn sich die Faktenlage ändert. Wissenschaft ist nämlich keine Heilslehre, keine Religion, die absolute Wahrheiten verkündet. Und wer ständig ruft, ›Folgt der Wissenschaft!‹, hat das offensichtlich nicht begriffen. Wissenschaft weiß nicht alles, ist aber die einzige vernünftige Wissensbasis, die wir haben. Deshalb ist sie so wichtig.«

Die DFG verlinkte auf diesen Beitrag mit folgendem Tweet: »#Wissenschaft weiß nicht alles – ist aber die einzige vernünftige Wissensbasis, die wir haben. Deshalb ist sie so wichtig!;-) Kurz und bündig kommentiert Kabarettist & Moderator Dieter #Nuhr @dieternuhr die Relevanz von Wissenschaft anlässlich #DFG2020 – #fürdasWissen.«[17] Einige hundert Twitter-Nutzerinnen und -Nutzer reagierten sogleich auf das Statement. Empörung und Kritik äußerten sie nicht wegen der Botschaft als solcher, sondern wegen des Absenders: Sie stellten in Abrede, dass Dieter Nuhr ein geeigneter Botschafter für die DFG sei, weil er sich satirisch über die Klimabewegung Fridays for Future, die Aktivistin Greta Thunberg sowie die wissenschaftsgetriebene Corona-Politik geäußert hatte.[18] Später berichtete die DFG-Präsidentin Katja Becker, dass diese Kritik innerhalb eines kurzen Zeitraums auch per E-Mail und Telefon in der Geschäftsstelle der Forschungsorganisation einging: »Es war eine Art Sturm.«[19] Einen Tag später löschte die DFG Dieter Nuhrs Beitrag von ihrer Website und kommentierte auf Twitter: »Liebe Community, wir nehmen die Kritik, die vielen Kommentare und Hinweise ernst und haben den Beitrag von Dieter #Nuhr von der Kampagnenwebsite dfg2020.de entfernt.«[20] Nun folgte eine zweite Welle der Kritik, die sich wiederum an die DFG richtete, weil sie vor einer Gruppe Twitter-User eingeknickt sei. Nächste Volte: Die DFG stellte den Beitrag von Dieter Nuhr erneut online. Der wiederum hatte den ganzen Vorgang seinerseits begleitet. In einem langen Facebook-Post schrieb er, er sehe die »Freiheit des Denkens und der Forschung im Allgemeinen in Gefahr«.[21] Begleitet wurde das Hin und Her von regionalen wie überregionalen Medien – Print, Online, Hörfunk. Der Vorfall zeige, »dass die offene Debatte, die Basis aller Erkenntnis, selbst in der Wissenschaft nicht mehr selbstverständlich ist«, hieß es in der *Welt*; die *BZ* beschrieb die DFG als »verängstigt«, die *WirtschaftsWoche* warf ihr »Zaghaftigkeit und Beliebigkeit« vor. Auch ich selbst habe damals in der *ZEIT* das Vorgehen der DFG kritisiert und kommentiert, die Wissenschaft habe sich hier »von ihrer schwächsten Seite gezeigt: autoritär statt diskursiv, also letztlich unwissenschaftlich«.[22] Kurz darauf rekapitulierte DFG-Präsidentin Katja Becker in einem Interview mit mir die Ereignisse. Ihr Fazit: Im Nachhinein habe sie erkannt, dass »der Sturm« so groß gar nicht war, »verglichen mit dem, was andere Organisationen und Persönlichkeiten schon erlebt haben. Insofern könnte man sagen: Es war ein Fehler, dass wir an dieser Stelle überhaupt reagiert haben.« Ihr sei deutlich geworden, »wie wichtig es ist, in Ruhe miteinander zu sprechen. Denn letztlich waren beide Seiten verunsichert, die DFG wie Dieter Nuhr.«[23]

ANDERS DENKEN

Die institutionelle Selbstkritik und Aufarbeitung der Deutschen Forschungsgemeinschaft dürfte die breite Öffentlichkeit schon kaum mehr mitbekommen haben. So schnell der Sturm aufbrauste, so schnell legte er sich. Wenige Jahre später ist das ganze Ereignis nur noch mühsam zusammengoogelbar – hier ein paar Tweets, dort ein paar Kommentare, wer hat noch mal wann, was und wo geschrieben und auf wen reagiert? An der Geschwindigkeit, mit der ein vermeintlicher Diskussionszusammenhang in diskursive Fetzen zerfallen ist, zeigt sich, was jede Debatte um Cancel Culture in der Wissenschaft prägt: Ihr geht es nur vordergründig um Inhalte. Eigentlich wird eine Kommunikationssituation verhandelt: Wer spricht, wessen Wort hat Gewicht, wessen Stimme findet Gehör? (Diese drei Dinge sind nicht zwangsläufig deckungsgleich.)

Ich komme hier noch mal zurück auf meine These, dass der Terminus »Cancel Culture« in Wahrheit weniger eine Löschung oder Zensur beschreibt, sondern eine hermeneutische Figur ist – ein Instrument der Deutung, dem zufolge eine Löschung oder Zensur eine *mögliche institutionelle Handlung* ist. Wo Cancel Culture diagnostiziert wird, artikuliert sich eine Angst vor dieser Möglichkeit. Diese Unterscheidung scheint spitzfindig, ist aber kategorial. Denn natürlich gab es in diesem Fall keine *tatsächliche* Tilgung: Der Beitrag von Dieter Nuhr war – selbst nachdem die DFG ihn zwischenzeitlich von der eigenen Website genommen hatte, wozu sie juristisch berechtigt ist – vielfach zugänglich, durch Screenshots, die in den sozialen Medien kursierten, durch Re-Posts, durch Zitierungen in den Medien. So vervielfachte sich die Reichweite des Beitrags genau in dem Augenblick, in dem es hieß, er sei gecancelt worden. Doch die Empörung gründet sich eben nicht darin, dass Journalisten, Wissenschaftlerinnen, Bürger, eine gesellschaftliche Öffentlichkeit also, den Text von Dieter Nuhr nicht rezipieren konnten. Sondern in der Tatsache, dass eine wissenschaftliche Institution über die Existenz, Sichtbarkeit und Reichweite eines solchen Beitrages verfügt. Die DFG ist aufgetreten als eine wissenschaftliche Institution, die entscheiden kann, wessen Botschaft sie für vertretbar hält. Dass die Öffentlichkeit darauf empfindlich reagiert, hat einen einfachen Grund: Die DFG ist kein Privatunternehmen. Sie ist erstens von Steuergeldern finanziert und zweitens durch das Grundgesetz mit einem großen Freiheitsversprechen ausgestattet. Beides bildet einen gesellschaftlichen Identifikationsrahmen, aus dem ein impliziter Auftrag an die Wissenschaft erwächst und der erst im Augenblick der öffentlichen Krise als solcher hervortritt. Doch worin genau besteht dieser Auftrag, was erwartet die Gesellschaft von »ihrer« Wissenschaft?

Dieter Nuhr selbst gibt darauf eine Antwort. In seinem Facebook-Post schreibt er, an Universitäten werde »massiv darauf hingearbeitet, dass Andersdenkende gar nicht mehr hineingelassen werden«; die DFG habe sich daran beteiligt, »Kritik als Ketzerei zu verfolgen und Andersdenkende mundtot zu machen«. Paradoxerweise war natürlich Dieter Nuhr gar nicht als »Andersdenkender«

im inhaltlichen Sinne aufgetreten, vielmehr fasste sein ursprüngliches Statement floskelige Grundsätze wissenschaftlichen Arbeitens zusammen, die aus der Feder der DFG-Geschäftsstelle hätten stammen können. Auch der Vorwurf, an den Universitäten würde darauf »hingearbeitet«, dass ebenjene »Andersdenkenden« nicht mehr »hineingelassen« werden, mutet – mangels Belegen, wer genau wo und wie etwas erarbeite – eher wie eine Verschwörungstheorie an. Doch ex negativo ist hier formuliert, wie eine Universität aus seiner Sicht sein sollte: offen für jene, die »anders« denken, sie soll Kritik nicht ausschließen und bewerten (»Ketzerei«), sondern als Rede eigenen Werts begreifen. Interessant ist Nuhrs Metapher des »Hineingelassen-Werdens«, weil sie die Wissenschaft als einen Ort entwirft, der offenbar über regulierte Zugänge verfügt – an diesem Ort scheint es Türen und Türhüter zu geben. Von hier ist es nicht weit zur Elfenbeintopik, die neben dem Bild, die Wissenschaft sei ein in sich abgeschlossener Raum, immer auch den Vorwurf des Elitarismus beinhaltet.

Die DFG hat ihrerseits in ihren Beiträgen etwas darüber kommuniziert, wer sie ist – oder sein möchte. Besonders anschaulich wird das in dem Tweet, in dem es heißt: »Liebe Community, wir nehmen die Kritik, die vielen Kommentare und Hinweise ernst.« Vielsagend ist die Ansprache der Öffentlichkeit als »Liebe Community«. Damit mögen im engeren Sinne diejenigen gemeint gewesen sein, die auf Twitter Kritik an Dieter Nuhr formuliert hatten. Zu diesem Zeitpunkt gab es allerdings bereits eine Beobachtung durch eine breitere, mediale Öffentlichkeit; längst bestand ja die »Gemeinschaft« aus einer heterogenen Menge an Beobachtern, Journalistinnen, gesellschaftspolitisch Interessierten, sodass die Fokussierung auf eine »Community« zu klein geraten erscheint und auf eine Verkennung der Kommunikationssituation durch die DFG schließen lässt: Offensichtlich war ihr unklar, mit wem sie es eigentlich zu tun hat und wem gegenüber sie versucht, Rechenschaft abzulegen. Deutlich spürbar ist dabei das Bemühen, eben nicht als elfenbeinerne Institution aufzutreten, sondern als nahbares Gegenüber, das seine Gesprächspartner kennt und wertschätzt. Doch wieso benötigt dieses Gegenüber überhaupt eine Versicherung, von der DFG »ernst« genommen zu werden? Bedeutet das nicht, genau dieser Wert – das Ernstnehmen von Kritik – könnte zur Disposition stehen, also verhandelbar sein? Aus der bemühten Nähe und dem defensiven Ton spricht eine enorme Verunsicherung über die eigene Autorität. Die Deutsche Forschungsgemeinschaft will hier zweierlei zugleich: selbstbewusst für ihre Werte einstehen und demütig gegenüber ihrem wichtigsten Anteilseigner auftreten, der Gesellschaft.

Das Ganze ist im Rückblick nicht ohne Ironie. Mit ihrem reaktionshaften Hin und Her (Publizieren eines Beitrags, Löschen eines Beitrags, Re-Publizieren eines Beitrags), ihrem Zweifeln, Scheitern und womöglich sogar Erkenntnisgewinn am Ende hat die DFG fast musterhaft vorgeführt, wie Wissenschaft funktioniert: »Wissenschaft ist gerade, DASS sich die Meinung ändert, wenn sich die Faktenlage ändert« (Dieter Nuhr).

MÖGLICHKEITEN

Offensichtlich existierte damals keinerlei medialer, intellektueller und gesellschaftlicher Resonanzraum, die Situation in diesem Sinne zu deuten. Der Stempel »Cancel Culture« war schnell erteilt – und entlastete von der Aufgabe, das Kommunikationsknäuel zu entwickeln und den Kern des Problems freizulegen, nämlich ebenjene Frage nach der gesellschaftlichen Rolle und Autorität einer staatlich finanzierten, der Gesellschaft verpflichteten, aber letztlich eben frei agierenden Wissenschaft. (Genau genommen hat die DFG von ihrer Freiheit allumfassenden Gebrauch gemacht.) Ich glaube, dass sich das breite Publikum und die Medien für die Dialektik dieser Fragen in Wahrheit nicht interessieren. Das heißt aber nicht, dass sie nicht relevant sind. Und es bedeutet auch nicht, dass die deutsche Gesellschaft, historisch sensibilisiert für institutionellen Autoritarismus, nicht einen sehr feinen Sinn dafür hat, wenn staatliche Organisationen ein ungeklärtes Verhältnis zu ihrer eigenen Macht haben.

Es sind die wissenschaftlichen Einrichtungen selbst, die auf diese Gemengelage eine Antwort finden müssen. Nur so kann es ihnen in aufgeheizten Situationen gelingen, der Deutungsfigur »Cancel Culture« eine andere, bessere Interpretation der Gegenwart entgegenzusetzen. Dafür braucht es professionellere Presse- und Kommunikationsabteilungen, als Wissenschaftsorganisationen und Universitäten sie bislang haben. Zentral aber ist, dass die Wissenschaft eine Haltung zu der Rolle findet, die sie heute innehat: Sie ist in einer Zeit, die wissenschaftliche Expertise und Beratung mehr denn je einfordert (Stichwort Corona-Pandemie und Klimakrise), eine Autorität für Politik und Öffentlichkeit – ihre Stimme hat Gewicht und Einfluss auf die öffentliche Meinungsbildung. Dieses Gewicht speist sich daraus, dass wissenschaftliche Erkenntnisse auf methodisch gesichertem Arbeiten beruhen, sie also mehr bieten als bloße Meinung. Gerade deswegen aber ist die Wissenschaft auch verpflichtet, ihre Erkenntnisgewinnung, ihre Methoden, ihre institutionellen Binnenlogiken und fachlichen Kontroversen transparent zu machen. Diese beiden Anforderungen sind nicht immer gleichzeitig zu erfüllen, sie benötigen eine je andere Sprache und Kommunikationshaltung. Vor allem muss die Universität, müssen der Wissenschaft verpflichtete Institutionen und Akteure erklären können, dass ihr höchster Wert, die Freiheit, nicht gleichzusetzen ist mit der Fiktion, in diesem freien und offenen Raum könnten jederzeit alle alles sagen. Eva von Redecker hat das anhand des Beispiels einer typischen wissenschaftlichen Fachtagung, für die Geld eingeworben und eine kleine Zahl an Gästen eingeladen wird, sehr treffend formuliert: »Draußen bleiben müssen also nahezu alle.«[24] Die Universität ist immer schon ein kuratierter Raum gewesen, ein Ort, an dem wenige Personen arbeiten und sprechen können. Wenn dieser Ort zunehmend seine Türen öffnet für Menschen jenseits akademischer Qualifikation und fachlicher Expertise – Menschen aus Politik, Wirtschaft, Kunst, Satire oder einfach Bürgerinnen und Bürger –, dann ist das eine historisch gesehen neue Situation, die insbesondere die Wissenschaftlerinnen und Wissenschaftler durch ihre neue Exponierung unter Druck setzt. Bislang fehlt ihnen häufig das Wissen, die Zeit, das Vokabular oder die Reflexion, auf diesen Druck so zu reagieren, dass Medien und Öffentlichkeit dem folgen können. Letztere wiederum trägt ihrerseits häufig zu einer enervierenden Verzerrung der Vorgänge bei, indem sie zwar proklamieren, Teil der Wissensgesellschaft zu sein, meist aber wenig über institutionelle Zusammenhänge des akademischen Betriebs wissen oder ein simplizistisches Wissenschaftsverständnis pflegen. Doch liegt gerade im Irrlichternden, Chaotischen dieses Diskurses eine Chance. All jene Fälle, die in den letzten Jahren als Cancel Culture gerahmt wurden, stehen aus meiner Sicht nicht für einen Niedergang der akademischen Freiheit in Deutschland. Sondern für ein drängendes Interesse daran, dass sie gelten möge. Wenn aber gesellschaftliche Sehnsucht und juristische Norm deckungsgleich sind, dann kann es um die Möglichkeit zur Freiheit und Erkenntnisgewinnung allzu schlecht nicht bestellt sein.

1 Grundgesetz der Bundesrepublik Deutschland [1949], Artikel 5, Absatz 3.

2 Immanuel Kant: *Der Streit der Fakultäten* [1798], Akademieausgabe Abt. 1, Band VII, S. 23; online: https://korpora.zim.uni-duisburg-essen.de/kant/aa07/023.html.

3 Jacques Derrida: *Die unbedingte Universität* [1998], Frankfurt am Main: Suhrkamp 2015, S. 14. Die eurozentrischen Implikationen dieses universalistischen Anspruchs sind ihrerseits diskussionswürdig. Vgl. dazu Joan W. Scott: »Academic Freedom: The Tension between the University and the State«, in: Michael Ignatieff, Stefan Roch (Hg.): *Academic Freedom: The Global Challenge*, Budapest: CEU Press 2018, S. 11–25.

4 Der Academic Freedom Index versucht, mit Hilfe von Länderexperten die akademischen Freiheitsgrade anhand von fünf Indikatoren zu messen. Das Projekt wurde 2019 erstmals von der Universität Erlangen-Nürnberg, dem V-Dem-Institute, Scholars at Risk und dem Global Public Policy Institute durchgeführt; inzwischen wird es von der Volkswagenstiftung gefördert. Vgl. https://www.v-dem.net/vdemds.html

5 Diese Frage müsste am besten in einer größeren empirischen Studie untersucht werden; sie müsste deutschlandweit stattfinden, alle Status- und Fächergruppen, unterschiedliche Hochschulformen und akademische Einrichtungen einbeziehen. So aufwendig eine solche Studie wäre, so verdienstvoll wäre sie, weil sie es Wissenschaftlerinnen und Wissenschaftlern wie auch Medien und Politik ermöglichen würde, ihre je subjektiven Wahrnehmungen akademischer Freiheitsgrade mit einem objektiven Umfrageergebnis abzugleichen.

6 Diese Diskussionen werden auch politisch begleitet und sind mit finanziellen Anreizen hinterlegt; es gibt inzwischen eine Vielzahl an Förderprogrammen und Anforderungen aus dem Bereich Wissenschaftskommunikation, vgl. beispielhaft die Initiative »Factory Wisskomm« des Bundesministeriums für Bildung und Forschung, https://www.bmbf.de/bmbf/shareddocs/pressemitteilungen/de/karliczek-mit-den-handlungsemp--wissenschaft-und-gesellschaft.html

7 Rund 25 Prozent der Professuren sind mit Frauen besetzt; auch mit Blick auf Diversitätskriterien wie eine ostdeutsche Herkunft, einen Migrations- oder Arbeiterhintergrund schneiden die Hochschulen schlecht ab. Vgl. GWK: Chancengleichheit in Wissenschaft und Forschung, 25. Fortschreibung des Datenmaterials (2019/2020) zu Frauen in Hochschulen und außerhochschulischen Forschungseinrichtungen, Bonn 2021, https://www.gwk-bonn.de/fileadmin/Redaktion/Dokumente/Papers/Chancengleichheit_in_Wissenschaft_und_Forschung_-_25._Fortschreibung_des_Datenmaterials__2019_2020_.pdf; sowie CHE: Hochschulleitungen in

Deutschland – Update 2022, https://www.che.de/download/hochschulleitung-deutschland-2022/

8 Vgl. Susanne Arlt: »Offene Diskussion scheint kaum mehr möglich«, in: *Deutschlandfunk* (26.05.2015), https://www.deutschlandfunk.de/muenkler-watch-offene-diskussion-scheint-kaum-mehr-moeglich-100.html

9 Vgl. Mohamed Amjahid: »Denken oder denken lassen?«, in: *DIE ZEIT*, Nr. 51/2018, https://www.zeit.de/2018/51/meinungsfreiheit-demokratie-uni-siegen-rechte-autoren-migration-thilo-sarrazin

10 Vgl. *Spiegel Online*: »Vorlesung von AfD-Mitbegründer Lucke vorzeitig abgebrochen« (23.10.2019), https://www.spiegel.de/lebenundlernen/uni/bernd-lucke-an-der-uni-hamburg-vorlesung-nach-protest-vorzeitig-abgebrochen-a-1292957.html

11 Vgl. Anna-Lena Scholz: »Wir wollen nicht jede Debatte führen«, in: *DIE ZEIT*, Nr. 28/2022, https://www.zeit.de/2022/28/marie-luise-vollbrecht-humboldt-universitaet-debatte

12 Vgl. https://www.netzwerk-wissenschaftsfreiheit.de sowie ein Interview mit den Gründungsmitgliedern Sandra Kostner und Andreas Rödder – Manuel J. Hartung/Anna-Lena Scholz: »Was nicht genehm ist, wird abgelehnt«, in: *DIE ZEIT*, Nr. 6/2021, https://www.zeit.de/2021/06/freiheit-wissenschaft-netzwerk-andreas-roedder-sandra-kostner-forschungsfreiheit

13 Besonders lesenswert ist der von Romy Jaster und Geert Keil kuratierte Austausch verschiedener Akteure in der *Deutschen Zeitschrift für Philosophie*, Bd. 70, Heft 3 (2022); Keil und Jaster verwenden den Begriff der »Intellektuellen Redlichkeit« als Auswahlkriterium für die Einladungspolitik an Universitäten; siehe auch Romy Jaster, Geert Keil: »Wer an der Uni sprechen darf – und wie«, in: *DIE ZEIT*, Nr. 07/2021.

14 Die DFG ist die größte, fachübergreifende Fördereinrichtung der deutschen Wissenschaft. Ihr jährliches Budget, rund drei Milliarden Euro, kommt aus dem Haushalt des Bundesforschungsministeriums, in ihren Entscheidungen für konkrete Personen- und Projektförderung aber agiert die DFG frei und unabhängig. 1920 war die heutige DFG gegründet worden, damals als »Notgemeinschaft der deutschen Wissenschaft«.

15 DFG: Pressemitteilung Nr. 1 vom 13. Januar 2020; https://www.dfg.de/service/presse/pressemitteilungen/2020/pressemitteilung_nr_01/

16 Die Website ist nicht mehr abrufbar, der Link www.dfg2020.de führt heute zur Information über eines der Jubiläumsformate; https://www.dfg.de/dfg_magazin/veranstaltungen/dfg2020_expedition/index.html

17 https://twitter.com/dfg_public/status/1288843533898612745?s=20&t=tN6q61JPU4pN8KmOKhCZRQ. Der Tweet hat bis heute, Stand Juli 2022, 212 Retweets, 273 Zitierte Tweets und 986 Gefällt-mir-Angaben.

18 So kommentierte etwa der Wissenschaftsjournalist Christian Schwägerl, Nuhr »missbraucht seine Position, um die #Klimakrise zu verharmlosen und hat dasselbe mit der #Corona-Pandemie gemacht« (https://twitter.com/chrschwaegerl/status/1288877802905915392?s=20&t=T_hpBEwRsajaTENSgBA8WQ); insgesamt fanden sich unter dem Tweet einige hundert Kommentare.

19 Das Interview mit DFG-Präsidentin Katja Becker und dem Präsidenten der Hochschulrektorenkonferenz, Peter-André Alt, habe ich in der *ZEIT*, Nr. 34/2020 geführt; abrufbar unter https://www.zeit.de/2020/34/krisenkommunikation-dfg-dieter-nuhr-beitrag-wissenschaft

20 https://twitter.com/dfg_public/status/1289115495149568001?s=20&t=iQ44ZrESgwnNKwEo0uqZcA

21 Ein längerer Auszug: »Neu ist, dass nun eine Organisation wie die Deutsche Forschungsgesellschaft, die eigentlich wie keine andere für freies Denken stehen sollte, den Ideologen im Netz nachgibt. Das ist nicht nur erstaunlich, sondern ängstigt mich, da ich inzwischen eine McCarthyartige Stimmung im Land wahrnehme und im Zuge der Cancel culture auch die Freiheit des Denkens und der Forschung im Allgemeinen in Gefahr sehe. [...] Die DFG beteiligt sich somit aktiv daran, Kritik als Ketzerei zu verfolgen und Andersdenkende mundtot zu machen. Ich halte das indessen für ein Phänomen, das die demokratische Diskussion ernsthaft gefährdet, schon weil sie indessen den Wissenschaftsbetrieb weltweit erreicht hat. An Universitäten wird indessen überall massiv darauf hingearbeitet, dass Andersdenkende gar nicht mehr hineingelassen werden. Das ist nicht nur empörend, sondern beängstigend. In was für einem Land wollen wir leben? In einem Land, in dem öffentliches Nachdenken zunehmend durch Denunziation und soziale Ausgrenzung bestraft wird? Mir gruselt es.« Facebook-Post von Dieter Nuhr (31.07.2020), https://www.facebook.com/nuhr.de/posts/pfbid0J6PYLAJ7QcWVRSTeVwQQkVLHakySdnYvChSd4MxsDd66puEiH4af5t37KUAoCX3Pl

22 Axel Bojanowski: »Die Freiheit der Wissenschaft – und ihre Grenzen«, in: *Welt* (10.08.2020); Alexander von Schönburg: »Forschung muss frei sein«, in: *BZ Online* (03.08.2020); Andreas Freytag: »Braucht Wissenschaft Hashtags?«, in: *Wirtschaftswoche Online* (07.08.2020); Anna-Lena Scholz: Von allen guten Geistern verlassen, in: *DIE ZEIT*, Nr. 33 (05.08.2020).

23 Anna-Lena Scholz: »Wir wussten, dass Dieter Nuhr polarisiert«, in: *DIE ZEIT*, Nr. 34/2020.

24 Eva von Redecker: »Replik auf Romy Jaster/Geert Keil«, in: *DZPhil* 2022 (70/3), S. 509.

»YOUR FAVE IS PROBLEMATIC«: DER FALL J. K. ROWLING

ADRIAN DAUB

»Your Fave is Problematic« war ein Blog, der 2013 auf dem Mikroblogging-Dienst Tumblr eingerichtet wurde. Die anonyme Betreiberin (2021 gab sich die mittlerweile in New York lebende Liat Kaplan als Schöpferin des Blogs zu erkennen) sammelte dort »problematische« Aussagen, Handlungen und Meinungen verschiedener Celebrities – vornehmlich frei googelbare Belege für diverse Vergehen, derer sich Taylor Swift, Jennifer Lawrence und viele andere ihrer Ansicht nach schuldig gemacht hatten. Die Liste, die der Blog über die Jahre anlegte, reichte von absoluten Lappalien (kulturelle Aneignung per Tätowierung) bis zu nachweislichen Straftaten (schwere Körperverletzung).

Kaplan erlaubte ihrer Community auf ihrem Blog auch, selbst »problematische« Prominente für eine genauere Betrachtung vorzuschlagen. Obwohl sich unter diesen Nominierten auch die Autorin J. K. Rowling befand, widmete »Your Fave is Problematic« ihr nie einen eigenen Eintrag. Aus heutiger Sicht scheint das angesichts der großen Kontroversen um sie überraschend. Als Kaplan den Blog 2015 einstellte, war J. K. Rowling jedoch noch eine internationale Ikone, gerade für Kaplan und ihre Zielgruppe. Dennoch dürfte die Bühne schon damals bereitet gewesen sein für das, was noch kommen sollte. Denn in den nächsten Jahren vollzog sich jene mysteriöse Verschiebung im Verhältnis zwischen *Harry-Potter*-Fans und J. K. Rowling, die gemeinhin mit dem Terminus »Canceling« belegt wird.

Das Wort »Canceln« kursierte online zwar schon kurz nach dem Ende des Blogs – vor allem in afroamerikanischen Twitter-Bubbles ist seine Verwendung spätestens ab dem Jahr 2016 dokumentiert –, aber den Sprung in den medialen Mainstream schaffte es in den USA erst 2018, in Deutschland dann 2019. Zu dieser Zeit begannen die Kritiker:innen das Wort »Canceln« mit einem Angriff auf die Meinungsfreiheit gleichzusetzen, sodass die Debatten zunehmend eskalierten. Seitdem geistert Rowling als ein Fall von Cancel Culture durch die Medien, ein gewichtiger Name, mit dem man Artikel zum Canceln im Allgemeinen einleitet und die »aggressive Unerbittlichkeit der transgender Aktivist:innen« im Besonderen beklagt.[1] Frauen wie Rowling »wurden zwar nicht auf einen Scheiterhaufen geworfen«, schrieb Bari Weiss in *Die Welt*, »aber sie wurden gedemütigt. Sie wurden bedroht und verleumdet«[2] und, wie der *Spiegel* meldete, »aufs Übelste beschimpft und ausgegrenzt«.[3]

Hätte Kaplan ihren Blog vier Jahre später online gestellt, Rowling wäre wahrscheinlich eines der ersten Themen gewesen. Wer heute von einer Cancel Culture spricht, die distinkt ist von der »politischen Korrektheit« der letzten Jahrzehnte, einer Cancel Culture, die online anfängt, aber auch offline auf den »sozialen Tod« des »Gecancelten« aus ist, der/die wird in »Your Fave is Problematic« eine Art Initialzündung dieses Phänomens sehen. Wenn gefragt wird, wie Jagoda Marinić das im *Stern* tat: »Ist Kunst nur legitim, wenn der Autor das richtige Weltbild hat?«, dann ist Rowling ganz selbstverständlich eine der fraglichen Künstler:innen.

Die Rede von der Cancel Culture aber leistet in diesem Fall, was sie so häufig leistet: Sie blendet Spezifika aus auf der Suche nach der großen Erzählung. Vielleicht sollten wir uns stattdessen zunächst fragen: Welche Form der Analyse praktizierte Kaplans Blog? Und was können diese Analysepraktiken uns über das Canceln sagen?

Kaplan steht ihrer Schöpfung heute mit beträchtlicher Ambivalenz gegenüber – »In den Jahren [seit dem Ende des Blogs] habe ich mit Scham und Bedauern auf meinen Blog zurückgeblickt – über meine Kleinlichkeit, die Wut, die mich antrieb, meine feste Annahme, dass Menschen entweder gut oder schlecht sind«, so schrieb sie in der *New York Times*.[4] Wenn es sich in der Tat um den Beginn der Cancel Culture handelte, vor der das Feuilleton inzwischen fast wöchentlich warnt, dann war der Weg von »Your Fave is Problematic« zur »Zerstörung als moralischem Prinzip, allen imperfekten Helden gegenüber« (Alan Dershowitz) noch ein langer und komplexer.[5]

Zum einen war »Your Fave is Problematic« seinem Selbstverständnis nach marginal: die Schöpfung einer Teenagerin, gerichtet an ein Publikum im selben Alter. Das lässt sich bereits daran erkennen, dass die behandelten »Faves« ziemlich genau dem Horizont eines Teenagers Mitte der 2010er Jahre entstammten: Die wirklich großen Namen jener Jahre finden sich kaum, die »alten weißen Männer«, auf die es die Cancel Culture heute angeblich vor allem abgesehen hat, glänzen mit Abwesenheit. Stattdessen werden vor allem Autor:innen von »Young Adult«-Literatur besprochen, Schauspieler:innen einschlägiger Teenie-Serien und Mitglieder verschiedener in der Altersgruppe beliebter Bands. Weibliche Stars und Autorinnen waren – auch wenn manche der Einträge durchaus wie Vorläufer von #MeToo klingen können – eklatant überrepräsentiert.

Zum anderen: Viele der »Problematic Faves« waren selber auf Tumblr präsent, wo sie mit Fans kommunizierten und ihre Projekte bewarben. Kaplans Blog zielte also nicht auf Menschen ab, die von dem online über sie zu Gericht sitzenden »Gerichtshof der öffentlichen Vernunft« (*Süddeutsche Zeitung*) keine Vorstellung hatten, sondern auf solche, die auf derselben Plattform unterwegs waren und deren Spielregeln genau verstanden, ja, die sogar dasselbe Spiel spielten. »Your Fave is Problematic« war offen einsehbar und kommentierbar. Mehrere Autor:innen beschwerten sich öffentlich bei ihren Fans über ihre Aufnahme in Kaplans Liste; ein Schauspieler nominierte sich selber.

Des Weiteren fällt auf, dass sich das junge Publikum keineswegs an den problematischen Handlungen der Celebrities zu ergötzen schien. Kaplan sagt, dass die Themenvorschläge der Leser:innen häufig von Kommentaren begleitet gewesen seien, in denen die Vorschlagenden ihre Hoffnung zum Ausdruck brachten, dass Kaplan nichts finden möge. Man wollte, bevor man sich emotional zu sehr mit einem/r Celebrity identifizierte, offenbar sicherstellen, dass dieser oder diese jene Identifikation auch verdient hatte. Kaplan lacht heute darüber und sagt, das Projekt sei einer vollkommen kindlichen Vorstellungswelt entsprungen. Vor allem aber sei sie als Weltverbesserin an die Sache herangegangen. Denn die Hoffnung sei eben gewesen, dass die betreffende Identifikationsfigur die Anklage auf Tumblr sehen und sich bessern würde. In diesem Sinne scheint es sich bei »Your Fave is Problematic« in Wahrheit gerade nicht um ein öffentliches, unnahbares Tribunal gehandelt zu haben. Vielmehr war der Blog Folgendes:

1. Ein Diskursraum eines ganz bestimmten Soziotops, in dem ganz bestimmte Verhaltens- und Diskursmuster eingeübt wurden, die in der »Cancel Culture«-Panik seit 2018/19 radikal entgrenzt werden sollten. Dieser Diskursraum verstand sich (genauso wie Black Twitter, jenes Online-Soziotop, in dem sich die Rede vom »Canceln« etablieren sollte) explizit als marginal. Auch wenn Kaplan und ihre Mitstreiter:innen darauf setzten, dass es den Geziehenen moralisch nicht gleichgültig sein würde, konnte es diesen finanziell und professionell eigentlich egal sein, wenn sie auf dem Blog vertreten waren.
2. Allerdings war dieser Diskursraum anders als eine Chatgruppe offen einsehbar, was seine mediale Wirkung natürlich verstärkte. Der »Kontextkollaps«, bei dem die spezifische Situiertheit eines

Online-Diskurses fast zwangsläufig wegfällt und Geschehnisse in irgendeiner Ecke des Internets einem breiteren als dem intendierten Publikum dargeboten wurden, war hier im Vergleich mit z.B. einem Facebook-Diskurs beinahe unausweichlich.
3. Ein Diskursraum, der zwar kleinlich und moralistisch auftreten konnte, der aber weniger der Distanz zu den Abgestraften entsprang, sondern einem eklatanten, vielleicht übertriebenen Gefühl der Nähe. Man muss dazusagen: Dieses Gefühl war damals keine reine Selbsttäuschung. Viele junge Autor:innen und Personen des öffentlichen Interesses waren damals sehr persönlich und relativ ungefiltert auf Tumblr unterwegs. Mehrere auf »Your Fave is Problematic« behandelte Personen veröffentlichten Entgegnungen auf Tumblr oder meldeten sich mit Beanstandungen und Gegendarstellungen bei Kaplan.

Die Tatsache, dass »Your Fave is Problematic« das Wort »Fave« enthält, verweist auf einen Aspekt des Terminus »Cancel Culture«, der im Diskurstransfer nach Deutschland größtenteils weggefallen ist. Als der Begriff im Sommer 2019 zum ersten Mal den Sprung in die deutsche Öffentlichkeit schaffte, ging es um den Comedian Louis C.K., der zugegeben hatte, reihenweise Frauen sexuell belästigt zu haben. Hierzulande wurde der Fall schnell in Beziehung gesetzt zur Causa der österreichischen Comedienne Lisa Eckhart, die insbesondere mit Witzen, die rassistische und antisemitische Klischees bedienten, für Ärger sorgte. In der deutschsprachigen Medienlandschaft wurde immer wieder gefragt, ob Eckhart dieses oder jenes »dürfe«, ob man »das aushalten« müsse. Das aber ist eine völlig andere Debatte und Motivation als die von Kaplans Blog. Die Diskussionen auf Tumblr waren vielmehr ein Ausdruck der Enttäuschung gegenüber Personen, die einmal persönliche Favorit:innen gewesen waren. Die man bewundert und denen man nachgeeifert hatte, die in der eigenen Biografie eine beträchtliche

Rolle gespielt hatten. Wie viele von Eckharts Verteidiger:innen ihrer Comedy wirklich begeistert gegenüberstanden, ja, wie viele, bevor sie für die Kabarettistin in die Bresche sprangen, überhaupt von ihr gehört hatten, ist hingegen einigermaßen unklar.

Genau hierin liegt der Unterschied, denn: Das »Canceling« von Louis C. K. bestand, wie die Kommunikationswissenschaftlerin Meredith Clark schreibt, in einer »Desinvestition« vonseiten vieler Menschen, die vorher Hoffnungen und Sympathie in den Comedian *investiert* hatten. Der erste Text, der das Wort in Deutschland verwendete – ein Bericht über einen Comedy-Abend von Louis C. K. in Mailand –, deckte diese Komponente, ob bewusst oder unbewusst, noch ab: »Der legendäre Comedian Louis C. K. hat vor mehreren Frauen masturbiert und wurde von den Bühnen verbannt. Jetzt plant er sein Comeback. Oliver Polak ist nach Mailand gefahren, um sein Idol zu sehen.« Ebenso wie Liat Kaplans Blogs sich an Fans richtete, die die Objekte ihres Fandoms auf Defekte abklopfen lassen wollten, bestand das Canceling von Louis C. K. darin, dass vormalige Superfans ihr Verhältnis zu ihm überdachten. Manche wollten ihn nicht mehr sehen, andere – wie Oliver Polak von der *Welt* – eben doch. »Problematische Dinge, die deine Lieblingsstars getan haben«, so hatte Kaplan die Sammlungen ihres Blogs beschrieben. Ihr Canceling, wenn man es so nennen möchte, war somit keine eilfertige Aburteilung auf geringer Faktenlage, sondern vielmehr eine persönliche Neubewertung eines äußerst engen parasozialen Verhältnisses. Desinvestition, mit anderen Worten, erforderte eine vorbestehende Investition.

Ob nun die jungen Menschen recht haben, die Rowling online aufs Heftigste kritisieren, oder ob die Autorin im Recht ist, die, wie der bekannte Literaturkritiker Wladimir Putin im März 2022 sagte, »bei Fans sogenannter Genderfreiheiten in Ungnade gefallen ist«: Es ist klar, dass hier zwei konkurrierende Lese- und Rezeptionspraktiken aufeinandertreffen. Und es ist ebenso klar, dass diese

Praktiken auf beiden Seiten des Grabens komplexer, vielschichtiger und in sich widersprüchlicher sind, als die Darstellung im Feuilleton das nahelegt. Das landläufige Klischee von den Canceler:innen als an Kontext und Nuancen uninteressiertem Mob und den Verteidiger:innen (und Cancel-Culture-Warner:innen) als besonnene Aushalter:innen von Schattierungen und Nuancen: Im Rowling-Streit zeigt sich, wie falsch es ist.

Rowlings Kritiker:innen waren äußerst genaue Leser, ebenso wie jene, die sich über Kants Rassismus Gedanken gemacht oder Karl Mays koloniales Denken thematisiert haben. Es sind die Verteidiger:innen der kritisierten Autor:innen und Texte, die eine neue moralisierende Form der Lektüre, oder eher der Nicht-Lektüre, praktizieren. Und das aus gutem Grund: Anders als die Canceler:innen, die sich gemeinhin an »Faves« abarbeiten, also an Objekten, die sie lieben und gut kennen, muss die Gegenseite für Dinge in die Bresche springen, an die sie vielleicht noch ein paar blasse Jugenderinnerungen hat, und manchmal nicht einmal das. Andererseits ist auch diese Naivität vielschichtig: denn sie ist gewissermaßen eine reaktive, weil in Bezug auf etwas naiv, das man eigentlich nicht mehr naiv betrachten kann. Es handelt sich um einen abstrakten Willen zur Naivität: Ich will, oder würde, gerne noch so auf das ästhetische Objekt blicken können, aber ich weiß, dass ich es nicht mehr vermag.

Wie viele der unfreiwilligen Protagonist:innen von »Your Fave is Problematic« pflegte Rowling ein ungewöhnlich unmittelbares Verhältnis zu ihren Fans. Sie reagierte spontan auf Nachfragen über die Welt von *Harry Potter*, sie erweiterte ihre Kreationen ad hoc und schien Neuinterpretationen ihres Werks gegenüber außerordentlich aufgeschlossen zu sein – auch wenn sie andererseits auf totale hermeneutische Kontrolle über ihre Schöpfung pochte. Und, genauso wie z.B. Margaret Atwood, war sie auf Twitter für viele ein wichtiger Teil der *#resistance* in den frühen Tagen der Trump-

Präsidentschaft. Sie hatte viele Menschen als weitaus mehr denn nur als Leser:innen an sich zu binden vermocht. Viele Fans hatten emotional und politisch viel in Rowling investiert – was die darauf folgende Desinvestition (um mit Clark zu sprechen) umso spektakulärer ausfallen ließ.

Was »Canceln« über den einzelnen Fall hinaus bedeutet, ja, ob sich aus den emsig in den Medien gesammelten individuellen Fällen überhaupt ein Paradigma des Cancelns entwickeln lässt, ist einigermaßen unklar. Selbst wenn die Ereignisse rund um Rowling mit »Cancel Culture« falsch benannt sein dürften, ist doch ganz real etwas geschehen, was die Wahrnehmung ihrer Person und ihrer Bücher verändert hat. Teile der Öffentlichkeit sind schier irre geworden an der Kritik, die über ihr Fandom hereinbrach, andere entdeckten Werk und Autorin erst durch die Debatten für sich. Was war geschehen?

In der Rückschau wird die Unmöglichmachung J.K. Rowlings gemeinhin auf den Sommer 2020 datiert: Im Juni twitterte sie wiederholt Unterstützung für Feminist:innen, die in Transfrauen keine Frauen sahen, und erntete dafür online sowohl entrüsteten Widerspruch als auch Beifall. Im Juli erklärten dann sukzessive die jungen Stars der *Harry-Potter*-Filme, allen voran Daniel Radcliffe, dass sie Rowlings Aussagen falsch und verletzend fanden. Und im gleichen Monat erschien ein langer Essay auf Rowlings Blog, in dem sie ihre Position zu »women-only spaces« genauer darlegte und sich nebenbei als Opfer von häuslicher und sexualisierter Gewalt zu erkennen gab. Der Essay war der endgültige Bruch mit vielen ihrer früheren Fans, inklusive dem Personal der *Potter*-Filme.

Es ist schwer, diese Sequenz von Ereignissen neutral nachzuerzählen, und kaum ein Leitartikel machte sich damals die Mühe, es zu versuchen. (Demgegenüber wird es dem Leser vielleicht aufgefallen sein, dass ich auf Floskeln wie »sah sich gezwungen« oder »Shitstorm in den sozialen Netzwerken« in meiner bisherigen Darstellung bewusst verzichtet habe.) Die Debatte um Rowling scheint wie eine Kippfigur zu funktionieren – bei ihrer Betrachtung muss man gleich zu Beginn entscheiden, welche Ansicht man ein- und welche man ausblenden möchte. Wenn das Feuilleton Rowling als Cancel-Opfer darstellt, ging dem also eine Entscheidung für eine bestimmte Ansicht voraus: Rowling hat in dieser Version dann nichts weiter getan, als die Formulierung »Menschen, die menstruieren« ironisch zu hinterfragen, ihren Glauben an das biologische Geschlecht zu bekunden und einen Essay über ihre Erfahrungen mit sexualisierter Gewalt zu schreiben. All das tut sie in dieser Version der Geschichte fast vollkommen kontextfrei. Durch diese Kontextfreiheit erst lässt sich ihre Geschichte dann auf eine bestimmte Weise erzählen: In einem Zeitalter wachsender linker, identitätspolitischer Zensur, in der »Woke« Andersdenkende mobben und »unbarmherzige« Transaktivist:innen keine Debatten mehr zulassen, sind selbst so harmlose Auslassungen wie die Rowlings offenbar bereits ein Grund zur »Vernichtung«, »Demütigung« und »Ausgrenzung«, heißt es auf dieser Seite des Grabens.

Es ist seltsam: Erst dadurch, dass der Kontext von Rowlings Aussagen wegfällt, kann der neue Kontext als Teil einer angeblichen »Cancel Culture« funktionieren. Diese einigermaßen paradoxe Kontextualisierung durch Abstraktion konnte vor über dreißig Jahren bereits während der Panik über »politische Korrektheit« an den Universitäten beobachtet werden, meist verbunden mit einer eröffnenden Anekdote, dass dieses »sehr amerikanische Problem« nun nach Europa herüberzuschwappen drohe. Auch hier begegnete man fast immer einer Figur (Professor:in oder Student:in, Autor:in oder Person des öffentlichen Interesses), über die ob einer einzigen Äußerung eine Welle der Absurdität hereinbrach. Auch hier wurde immer ausgeblendet, ob die betreffende Äußerung eine Vorgeschichte hatte, in welchem größeren Kontext sie stand und in welchem Zusammenhang sie getätigt wurde.

Es geht mir hierbei nicht um die Frage, ob eine bestimmte Person des öffentlichen Interesses eine bestimmte Reaktion »verdient« hätte. Der Punkt ist vielmehr, dass der Warndiskurs gegenüber der vermeintlichen Cancel Culture, den wir zurzeit erleben, zu einer Form von Lektüre führt, bei der die Aussagen der jeweiligen Person fast in vollständiger Isolation verstanden werden – »die Person hat ja ›nichts weiter‹ gesagt als x«, heißt es dann. Der breitere diskursive und gesellschaftliche Kontext wird ausgeblendet: »Wer sonst sagt x? In welchen Teilen der Öffentlichkeit ist vor allem von x die Rede? Was wird gemeinhin impliziert, wenn man von x redet? Warum sprach der/die Betreffende überhaupt von x?« – all das fällt unter den Tisch. Und dies vor allem, damit sich aus dieser naiven Lesart, dass eben »nur x gesagt wurde«, eine eindeutige Geschichte vom sich verengenden Meinungskorridor entspinnen lässt. Es handelt sich um zwei Formen der Lektüre: eine »paranoide« Lesart, die der jeweiligen Aussage vielleicht zu viel Kontext beimisst, und eine »naive«, die sich diesem Kontext ebenso performativ verschließt. Die fast ironische Pointe dabei ist, dass die Naivität in einem zweiten Schritt ihrerseits eine gewisse Paranoia bedient. Und die paranoide Lesart ihrerseits eine gewisse Naivität.

Was also war der Kontext, in dem die Aussagen vom Sommer 2020 standen? Wir befanden uns mitten in einer Auseinandersetzung verschiedener feministischer Gruppen, deren Interpretationen des feministischen Aktivismus sehr unterschiedlich ausfielen. Das Phänomen der »gender-critical feminists« wirkt auf Außenstehende zunächst überraschend: Hinter dem genderkritischen Feminismus verbirgt sich eine Mischung aus einem äußerst resignativen, in seiner Tendenz separatistischen 1970er-Jahre-Feminismus und einer in gewisser Weise imperialen Haltung, die darin besteht, für andere zu definieren, wie Gender und Sexualität »richtig« gelebt werden. Die Genderkritiker:innen haben es geschafft, wie Sophie Lewis schreibt, »die Frage um die Rechte von Transpersonen fast vollständig um ihre eigenen Anliegen herum zu formulieren«.[6] In Großbritannien wurden diese Debatten zur fraglichen Zeit laut geführt. Rowlings Vokabular, ihr Argumentationsstil und ihre Fragestellungen waren für aufmerksame Beobachter:innen daher entsprechend klar vor diesem Hintergrund zu verstehen. Die Vorstellung, dass die Anerkennung von Transpersonen die »Auslöschung von Frauen« bedeute; die Idee, dass Frauen, die die »Commonsense«-Vorstellung von Geschlechteridentität verteidigen, dafür bestraft werden: Rowling bediente in ihren Tweets erkennbar die Topoi der »gender criticals«.

In diesem Kontext darf auch Rowlings Essay nicht unterschlagen werden. Ihre Erfahrungen häuslicher Gewalt sind ein wichtiger Motivator ihrer aktivistischen Arbeit. Man spricht ihr diese traumatischen Erfahrungen allerdings nicht ab, wenn man die Frage stellt, wieso sie diese ausgerechnet dazu heranzieht, ihre Ablehnung von Transfrauen zu begründen. Auch hier liefert der britische Kontext eine zumindest äußerst naheliegende Assoziation: Die Vorstellung, dass Transfrauen sich per Geschlechtsangleichung in Rückzugsräume für Frauen »einschlichen«, um diese zu bedrohen, ist der wohl gefährlichste Argumentationsstrang der »trans exclusiv radical feminists« (TERFS) – und der, der am offensten transphob ist. Rowlings Tweets und Texte exerzierten die Eskalationsstufen der TERF-Argumentation ziemlich genau vor – es bedurfte keiner wirklichen Überinterpretation, sie auch als solche zu identifizieren.

Selbst wenn wir dies zugestehen, ließe sich natürlich ein anderer, aber verwandter Vorwurf der Überinterpretation ins Feld führen. Dass nämlich, selbst wenn die Kritiker:innen mit ihrer Charakterisierung von Rowlings öffentlichen Äußerungen recht haben sollten, man diese Äußerungen doch bitte vom Werk der Autorin trennen solle. Auch hier steht allerdings die Rüge im Raum, dass es sich die Kritiker:innen im Netz zu leicht machen, falsch oder oberflächlich interpretiert würden. Doch in Wahrheit geht der Misskredit, in den Rowlings Auslassungen ihr Werk gebracht haben, nicht auf ein Beiseiteschieben ihres Werks zurück, sondern fußt gerade auf einem äußerst genauen Verständnis von diesem.

Es wird gerne so getan, als machten sich die »woken Mobs« nicht einmal die Mühe, das beanstandete Werk je zu lesen; oder (gerade auch von Rowling selber) als näherten sich die Fans dem Werk zu narzisstisch und könnten dieses vor lauter exzessiver Nähe nicht mehr richtig verstehen. Der Fall Rowling legt allerdings etwas ganz anderes nahe: dass nämlich die Auseinandersetzungen auf Twitter einem gewissen Unbehagen an Rowlings Werk entsprangen und dass sich dieses Unbehagen an einer äußerst genauen Lektüre der *Harry-Potter*-Romane festmachte und nicht etwa an subjektiven Faktoren. Ob man diese Aspekte in den Romanen nun triftig findet oder sie überliest: Sie sind da, und wenn sie einen nicht stören, muss man sie eben überlesen. Genau dieses Überlesen wurde vielen Fans 2020 anscheinend unmöglich.

Als im Juli 2020 die Gender-Frage hochkochte, stellte Harry-Potter-Darsteller Daniel Radcliffe ein langes Statement ins Internet. In diesem betonte er etwas, das schon lange vor der Frage, wie Rowling es mit Gender halte, im Raum stand. Rowling hatte ihre Fans von Anfang an stark einbezogen – sie war äußerst aktiv im Internet und suchte die Interaktion mit ihren Leser:innen. Sie beantwortete bereitwillig Fragen auf Twitter, schrieb sozusagen ihre eigene Fan-Fiction auf der Pottermore-Webseite und spann auch nach dem Ende der *Potter*-Saga selbst die Erzählstränge weiter. Radcliffe sah in Rowlings transphoben Aussagen einen weiteren Faden in diesem weitergesponnenen *Potter*-Universum, nur eben einen mit negativer Konnotation. Er wandte sich in seiner Kritik an all die »Menschen, die jetzt das Gefühl haben, dass ihre Erfahrungen mit den Büchern getrübt oder beschädigt wurden«. Er hoffe, so fuhr er fort, dass die Menschen das, was in diesen Geschichten wertvoll für sie war, nicht vollständig verlieren würden. Und weiter:

»Wenn diese Bücher euch gelehrt haben, dass Liebe die stärkste Kraft im Universum ist, die alles überwinden kann; wenn sie euch beigebracht haben, dass Stärke in der Vielfalt liegt und dass dogmatische Vorstellungen von Reinheit zur Unterdrückung verwundbarer Gruppen führen; wenn ihr glaubt, dass eine bestimmte Figur trans, nicht-binär oder genderfluid, dass sie schwul oder bisexuell ist; wenn ihr in diesen Geschichten irgendetwas gefunden habt, das euch berührt und euch zu irgendeinem Zeitpunkt in eurem Leben geholfen hat – dann ist das eine Sache zwischen euch und dem Buch, das ihr lest, und es ist heilig. Und das kann meiner Meinung nach niemand kaputtmachen.«[7]

Es ist nicht schwer, diese Aussage als einen weiteren Ausdruck exzessiver Fanansprüche zu interpretieren. Der Wert, den das Werk für seine Fans hat, so scheint Radcliffes Statement zu implizieren, ist ein »heiligeres« Anrecht als das der Autorin auf ihr Werk, auf ihre eigene Meinung. Allerdings ignoriert man mit einem solchen Vorwurf, dass Rowling jene Art der Interaktivität und Teilhabe eben immer selbst praktiziert hatte. Hier trafen nicht die verwöhnten Ansprüche narzisstischer Millennials auf das Kunstverständnis einer älteren Generation; Radcliffe bemühte vielmehr Rowlings eigenes Verständnis gegen ihre Rechthaberei. Sie hatte ihre Schöpfung ein Stück weit demokratisiert, und die Fans hatten es ihr gedankt; aber es war eine Scheindemokratisierung gewesen – wer in der »Wizarding World« wie Platz fand, diese Entscheidung sah J.K. Rowling offenbar als ihr Privileg an.

Wer die Bücher genau kennt, der weiß, dass diese Scheindemokratie nicht nur dem Fandom *um Harry Potter* eignet, sondern eben auch den Büchern selbst. Die Diversität der magischen Welt ist eine einigermaßen seltsame Sache. Gewiss, die wahnhaften Ideen von »Reinheit«, denen die Malfoys und Lestranges anhängen, sind eine eindeutige Kritik der faschistischen Menschensortiererei und

Dolores Umbridges Ordnungsfimmel eine nicht eben subtile Kritik an dem, was in den 1970er Jahren »schwarze Pädagogik« hieß. Die Held:innen in Hogwarts sind, was sozioökonomische, ethnische und andere Faktoren angeht, eindeutig eine Regenbogenkoalition im Vergleich zu den realen White Supremacists nachempfundenen Bösewichtern. Nur: Es fällt eben auf, dass die meisten Minderheiten in Hogwarts genau einmal vorkommen und auch nicht viel mehr zu tun bekommen, als ab und an mal folkloristische Tracht zu tragen.

Das muss einem/r Leser:in den Genuss dieser Bücher natürlich nicht verderben. Und Rowlings »Tokenism« schien ihre Fans auch nicht so sehr zu stören – bis sie in ihrem »Fan Service« selbst ein Schlaglicht auf ihn warf. Die Tatsache, dass die einzige ostasiatische Person im *Potter*-Universum Cho Chang hieß, während das weiße Personal Severus Snape und Nymphadora Tonks heißen durfte, war Fans natürlich aufgefallen. Auch dass der einzige Ire an der Schule, Seamus Finnegan, erstaunlich häufig Dinge explodieren lässt. Aber Anthony Goldstein dürften die meisten Leser zunächst nicht registriert haben (er ist eine kleine Nummer in Dumbledores Armee, die Harry zur Vorbereitung auf die Verteidigung von Hogwarts aushebt) – bis Rowling auf eine Nachfrage von einem Fan den Subtext zum Text bereitstellte. »Meine Frau sagt, es gibt keine Juden in Hogwarts«, schrieb Ben Roffman auf Twitter, und Rowling antwortete lapidar: »Anthony Goldstein, Ravenclaw, jüdischer Zauberer«.[8]

Aber Rowling hatte mit der multikulturellen Umdeutung erst in ebenjenem Moment angefangen, an dem die Buchreihe zu Ende war. Am 21. Juli 2007 war *Harry Potter and the Deathly Hallows* auf Englisch erschienen, und Harry, Ron und Hermine verabschiedeten sich von ihren treuen Leser:innen. Im Oktober desselben Jahres stellte Rowling bei einem öffentlichen Auftritt in New York klar, dass es die ganze Zeit eine schwule Figur im *Potter*-Universum gegeben habe – Hogwarts-Schulleiter Albus Dumbledore nämlich. Die Reaktion der Fangemeinde sollte die spätere Entfremdung vorwegnehmen: »Zehn Jahre, sieben Bücher, 4000 Seiten, und es ist ihr noch nie in den Sinn gekommen, das vorher zu erwähnen?«, grummelte Mark Harris im *Entertainment Weekly*.

Je weiter die *Potter*-Bücher im Rückspiegel schrumpften, desto mehr Diversität gönnte ihnen die Autorin. In einem E-Book, das die Autorin 2016 herausgab, erklärte sie, die Lykanthropie der Figur Remus Lupins sei »eine Metapher für jene Krankheiten, die ein Stigma tragen, wie HIV und AIDS«. In *The History of Magic in North America* beschrieb sie die Magie der amerikanischen Ureinwohner. 2016 platzierte sie die Magierschule Uagadou in »Afrika«, ohne zu erklären, in welchem Land die Schule eigentlich liegen sollte. In einem Tweet sagte sie, dass Hermine sehr wohl Schwarz gewesen sein könnte.[9] Dass Fans den Wunsch verspüren, sich im *Potter*-Universum widergespiegelt zu sehen, ist somit kein reiner Narzissmus. Vielmehr entsprang er einem impliziten Abkommen zwischen Autorin und Publikum.

Diese Contretemps stellen den Hintergrund dar für die Auseinandersetzung im Juni/Juli 2020. Dabei spielen gewiss auch generationelle Fragen eine Rolle: Junge Menschen, die mit *Harry Potter* groß geworden waren, gingen mit neuen Fragen an eine Buchreihe heran, deren politische Koordinaten in den 1990er Jahren stecken geblieben schienen. Es ging auch um Fragen der Deutungshoheit: Rowling begab sich in ihren Nachbesserungen in die Untiefen der Fan-Fiction hinab und ging dabei dem Genre entsprechend amateurhafter vor, als sie das bei ihren Bestsellern getan hatte. Und so schienen sich viele Fans vermittels kritischer Rückfragen, vermittels Anklageposts bei Tumblr, vermittels Videoessays, Podcasts und Tweets an eine Art Gretchenfrage heranzutasten. Nämlich die Frage, wie es J. K. Rowling mit der Kategorie Natur hielt.

Denn einerseits war die magische Welt ja eine Fantasiewelt, in der naturgegebene Parameter spielerisch hinweggewischt werden konnten. Gleichzeitig aber waren die Romane erstaunlich stark auf angeblich naturgegebene Tatsachen fixiert und entwickelten aus diesen einigermaßen direkt moralische Parameter von Gut und Böse. Genau diese Fixierung liegt eben auch Rowlings genderkritischen Positionen zugrunde. Rowlings Hogwarts ist divers – es hat Schüler:innen verschiedener Ethnien, aus vielen Ländern, aus verschiedenen sozialen Schichten, und Rowling war im Nachhinein darauf erpicht, auch queere Identitäten an der Schule zu verorten. Die Bösewichter – von Voldemort über die verschiedenen Mobber aus dem Slytherin-Haus bis hin zu Dolores Umbridge – sind nicht nur weniger divers, sie sind besessen von Hierarchie, Privilegien und Ordnung. Gerade deshalb wird Rowlings Fall häufig als Indiz gewertet, dass die identitätspolitische Revolution fast zwangsläufig ihre Kinder fresse. Rowling wollte alles richtig machen, so das Narrativ. Aber die »unerbittlichen« (Deniz Yücel) Transaktivist:innen mussten auch noch dieser um Vielfalt und Pluralismus bemühten Märchenerzählerin ihre rigiden Moralvorstellungen aufoktroyieren.

Die Welt *Harry Potters* kennt verblüffend viele biologistisch verstandene Unterscheidungen. Diese sind keine Kleinigkeiten, sondern strukturieren die magische Welt überhaupt erst. Die »Häuser« in Hogwarts, das naturgegebene magische Talent, Harrys Auserwähltenstatus: Harrys Karriere im Verlauf der sieben Bände besteht eigentlich nur in der Erkenntnis seines eigenen Familienhintergrunds. Sein Status als Auserwählter, sein Haus, sein Zauberstab, die Karte des Rumtreibers, der Tarnumhang, der Hauself Kreacher: Fast alles, was Harry im Laufe der Bücher ansammelt, hat mit seinem familiären Background zu tun. Die Darstellung der Muggel – angefangen mit der Familie Dursley – ist das Gegenstück dieses im Grunde auch biologischen Fatums. Das Gemeine, das Ordinäre an den Dursleys und ihr Nichterwähltsein sind miteinander identisch.

Rowlings Darstellungen der Familie betreiben eine Kritik an einer bestimmten Klasse – einem Kleinbürgertum mit Träumen von Respektabilität. Es ist aber auch eine Kritik, die sich stark an körperlichen und biologischen Faktoren festmacht: dem Exzess, der Sentimentalität, der Fettleibigkeit, dem Konsum. Rowling hat die Darstellung der Dursleys eindeutig den Werken Roald Dahls nachempfunden, und wie bei Figuren wie Tante Zinke und Tante in Schwamm in *James und der Riesenpfirsich* oder Agatha Knüppelkuh in *Matilda* ist die Verderbtheit der Dursleys verkörperlicht. Sie sind Karikaturen, ihre Körper, ihre Emotionen und ihre Beziehungen kennen nur ein Zuviel oder ein Zuwenig: Sie sind zu fett oder zu dünn, lieben zu sehr oder lieben zu wenig, sind herzlos oder gefühlsduselig. Petunia als Muttertyp lässt Harry fast verhungern, aber Dudley übermuttert sie und fügt ihm damit – wie Dumbledore sagt – einen »entsetzlichen Schaden« zu.[10] Die Bücher entwerfen einen Normkörper und laden jegliche Abweichung moralisch auf.

In jedem Buch muss die Physiognomie der Dursleys – ihre Zähne, ihre Hände, ihre Behaarung – noch mal aufs Neue vorexerziert werden. »Onkel Vernon war groß und hatte keinen Hals, dafür aber einen riesigen schwarzen Schnurrbart; Tante Petunia war pferdegesichtig und knochig; Dudley war blond, rosa und fett wie ein Schwein.«[11] Jedes Mal, wenn diese biologischen Markierungen erneut eingeführt werden, dann vermischt mit den hassenswerten Kulturpraktiken der Dursleys: Dudleys »Schweinsaugen« sind auf den Fernseher geheftet, Vernons Schnurrbart schaut hinter der *Daily Mail* hervor, Petunias Tränen fließen im Dienst ihres missratenen Sohnes. Die biologische und die soziale Karikatur, die biologische und die soziale Monstrosität der Dursleys gehören zusammen.

Auch Fragen von Gender werden von diesem Biologismus tangiert, wenngleich nur ab und zu. Die Beschreibung von Vernons Schwester Marge, zum Beispiel, steckt den Onkel sozusagen in ein Kleid: »Sie war Onkel Vernon sehr ähnlich mit ihrem großen, fleischigen, pupurroten Gesicht. Sie hatte sogar einen Schnurrbart, auch wenn er nicht so buschig war wie seiner.«[12] Die Unnatürlichkeit der Dursleys drückt sich bevorzugt auch in Momenten aus, in denen sie Gender falsch leben. Tante Marges Verderbtheit wird sichtbar durch ihre Maskulinität. Der Körper ist in den *Potter*-Romanen immer wieder eine klar lesbare Quelle moralischer und gesellschaftlicher Verortung. Es brauchte nicht viel mehr als das, damit Fans die Gender-Frage stellten; ja, um sie nicht zu stellen, hätte man sich eines Tricks bedienen müssen, dessen vor allem Cancel-Warner:innen und Werksverteidiger:innen sich bedienen: die Bücher nicht oder nicht genau zu lesen.

Auch sonst wird *Harry Potters* Welt dominiert von Institutionen, die auf Schritt und Tritt soziale Konventionen zur Natur verklären: Zugangsbescheide zu Hogwarts werden den »richtigen« Schüler:innen geschickt, ob sie sich beworben haben oder nicht; der Sprechende Hut weist den Eleven das richtige Haus zu und macht entweder bei einem Viertel der Schüler:innen eine böse Gesinnung aus oder muss einfach eine Slytherin-Quote erfüllen und schickt Zehnjährige ins Nazi-Wohnheim. Magie macht die meisten Arbeitsgänge unnötig, aber dennoch gibt es Personen und Kreaturen, die vor allem niedere Arbeiten verrichten (Hausmeister Filch, Gärtner Hagrid, die Hauselfen) und denen Magie verboten ist. Im Falle von Filch und Hagrid wird diese Form der Arbeit (und das Verbot, sie magisch zu erledigen) explizit als Strafe charakterisiert. Fans haben diese Fixierung auf »natürliche« Hierarchien und auf »natürliche« Ortszuweisungen in Rowlings Werk früh bemerkt und zur Sprache gebracht.

Die Konfrontation zwischen Leser:innen und Autorin basiert auf dem langen Leben und der intensiven Beschäftigung mit einem Werk. Die »Desinvestition« bedeutete zunächst keine Distanzierung, sondern eher eine Befragung des Werks auf seine Prinzipien hin. Ebenso wenig distanziert scheint Rowling selber den Prozess begleitet zu haben. Ende August 2022 (bzw. Ende September in Deutschland) erschien *Das tiefschwarze Herz*, das Rowling wie die anderen Bücher der *Cormoran-Strike*-Serie unter dem Namen Robert Galbraith veröffentlichte. Privatdetektiv Cormoran Strike muss hier den Tod einer Cartoonzeichnerin aufklären, die ermordet wurde, nachdem sie jahrelang von Online-Trollen belästigt worden war. Insbesondere der Schöpfer eines Fan-Videospiels, der sich online »Anomie« nennt, schien es auf sie abgesehen zu haben. Der Roman besteht zu großen Teilen aus Chats und Online-Texten – Passagen, die manchmal genau beobachtet wirken und manchmal eine reine Projektion zu sein scheinen. An bestimmten Punkten merkt man, dass Rowling hier verarbeitet, wie sie von ihren Fans behandelt wurde; an anderen stellt man fest, dass sie sich ein negatives Zerrbild einer Fan-Community zurechtlegt, sich vorstellt, wie über sie geredet worden sein *könnte*.

Die ersten Risse in Rowlings Verhältnis zu ihren Fans hatten, wie gesagt, nichts mit Transpersonen und ihren Rechten zu tun, sondern mit der Tendenz der Autorin, ihr Werk ständig neu (und einigermaßen stümperhaft neu) zu interpretieren. Rowling vermischte Demokratisierungsgesten mit einer starken Betonung ihrer Autorinnenfunktion. Will meinen: Obgleich sie sozusagen in Echtzeit Fan-Fiction für ihre eigenen Romane verfasste – häufig mit queerer oder Social-Justice-Thematik, ganz so wie die, die ihre Fans schrieben –, verteidigte sie doch aufs Allergischste ihre Deutungshoheit über ihr Werk und seine Auslegung.

Das tiefschwarze Herz zahlt es den Fan-Fiction-Schreibern gewissermaßen heim, denn hier erfindet die Autorin Fan-Fiction über ihre Fans, stellt sich vor, wie diese sich in ihren Chaträumen verhalten, wie sie sprechen, wie sie sich organisieren. Gewiss, Gus (Online-Identität: Anomie) ist kein Social Justice Warrior. Aber die Selbstverständlichkeit, mit der er vom Werk der Künstlerin Elaine Ledwell Besitz ergreift – immer im Namen der Fan-Community, versteht sich –, ist doch eindeutig an dieser Auseinandersetzung geschult.

ANOMIE: fkn Ledwell wird schon sehen, was sie davon hat. sie scheißt auf ihre fans. sagt, sie wären bescheuert, wenn ihnen unser spiel gefällt.

MOREHOUSE: das hat sie nicht gesagt

ANOMIE: und ob. Wir zwei sind vollidioten, weil wir ihre metaphern nicht kapieren, das hat sie gesagt

ANOMIE: selbst schuld, wenn die fans jetzt gegen sie sind

MOREHOUSE: apropos: es wäre vielleicht schlau, auf twitter einen gang runterzuschalten[13]

Die Nachforschungen Cormoran Strikes und seiner Kollegin Robin Ellacott sind dabei eindeutig dem Wunschdenken einer Autorin entsprungen, die darauf erpicht scheint, den Spieß umzudrehen. In einer Szene schauen die Privatdetektive ihren Hauptverdächtigen beim Twittern zu. Die Fans, die in Ledwells Online-Äußerungen zu viel hineinlesen (»das hat sie nicht gesagt« / »und ob«), finden ihr Pendant in den Detektiven, die sie (nach ungefähr tausend Seiten Nachforschungen) genau richtig zu interpretieren wissen. Die Fans kommen mit der Privatheit des Objekts Elaine Ledwell nicht klar, ihr Verständnis der Autorin läuft ins Leere. Der umgekehrte Blick – jener der Detektive nämlich auf die obsessiven Auslassungen der Fans online, auf die Fans, wie sie am eigenen Smartphone hängen, um zu twittern – hingegen fördert so etwas wie die Wahrheit zutage.

Diese Asymmetrie, nach der eine Seite nur missverstanden werden kann und die andere über jeden Zweifel erhaben ist, finden wir bei vielen Klagen über das Canceln bestimmter Autor:innen. Denn auch die Skandalisierung des Cancelns ist ja eine bestimmte Lektüreform, auch wenn diese weniger in den Blick gerät als die der angeblichen »Canceler:innen«. Es handelt sich um eine Lektüreform, die sich an bestimmten oberflächlichen Ironien orientiert, die genau zwischen Relevantem und angeblich Irrelevantem zu unterscheiden weiß, die sich individualistisch geriert, aber eigentlich nur den *sensus communis* wiedergibt. Und obwohl sie sich den Anschein einer distanzierten Neutralität gibt, ist sie selbst auch stark moralisierend. Denn paradoxerweise sieht diese Lesart ja nicht nur von gewissen Aspekten des Objekts ab, sie will sie überhaupt nicht gesehen wissen.

Die Lesart der Cancel-Kritiker:innen besagt letztlich, dass man im jeweiligen Untersuchungsgegenstand gewisse Dinge nicht sehen *sollte*, dass es »unbarmherzig« (Zitat Yücel) wäre, sie zu sehen. Weil es sich eben »nur« um Kinderliteratur handele, weil es »nur« ein Märchen, fiktiv, eine nette Geschichte sei. Die Moralisierung dieser sekundären Naivität überspielt aber eigentlich ein sehr viel triftigeres Dilemma, nämlich: Wenn man es denn sieht, wie soll man es ungesehen machen, wie soll man es wieder verlernen? Wenn man einem Werk so nahe gekommen ist wie viele der von Rowling Enttäuschten, dann stellt sich eben die Frage, wie man die Distanz, die Rowlings Verteidiger:innen sich von ihren Leser:innen zu wünschen scheinen, überhaupt wiederherstellen soll. Dieser Imperativ sagt etwas aus über das Problem der Nostalgie, das der Klage über die Cancel Culture immer auch innewohnt: eine hermeneutische Nostalgie, die sich eine Zeit zurückwünscht – eine höchstwahrscheinlich fiktive –, in der bestimmte Aspekte von Werken, Personen, Diskursen nicht als rassistisch, sexistisch usw. ins Auge sprangen, eine Ära, in der es noch unproblematische »Faves« geben konnte. Diese Nostalgie äußert sich aber konkret in einer unmöglichen Forderung: dass andere nicht sehen, was sie nicht nicht sehen können.

1 https://www.welt.de/debatte/kommentare/plus239725953/Deniz-Yuecel-zum-Humboldt-Uni-Eklat-Woher-die-Unerbittlichkeit-ruehrt.html

2 https://www.welt.de/debatte/kommentare/plus239997617/Bari-Weiss-ueber-Amerikas-Cancel-Culture-Revolution-Der-Exorzismus.html

3 https://www.spiegel.de/ausland/kathleen-stock-ueber-geschlechts identitaet-transpersonen-und-stonewall-a-efbc21f0-d5f0-42b7-8318-3f5d34ce500e

4 Liat Kaplan, »My Year of Grief and Cancellation«, *The New York Times*, 25. Februar 2021.

5 Alan Dershowitz, *Cancel Culture: The Latest Attack on Free Speech and Due Process*. Simon & Schuster, 2020.

6 https://www.nytimes.com/2019/02/07/opinion/terf-trans-women-britain

7 »Daniel Radcliffe responds to J. K. Rowling's Tweets about Gender Identity«, *The Trevor Project*, 8. Juni 2020.

8 Tweets vom 16. Dezember 2014.

9 Tweet vom 15. Dezember 2015.

10 Rowling, *Harry Potter und der Halbblutprinz*, S. 61.

11 Rowling, *Harry Potter und die Kammer des Schreckens*, S. 8.

12 Rowling, *Harry Potter und der Gefangene von Askaban*, S. 26.

13 Galbraith, *Das tintenschwarze Herz. Ein Fall für Cormoran Strike*, S. 56.

DER BEFLECKTE GEIST
CANCEL CULTURE UND DIE MORALISIERUNG DES GEDANKENS

KONRAD PAUL LIESSMANN

»Ein Gespenst geht um in den Medien – das Gespenst der Cancel Culture.« Mit dieser Marx-Paraphrase beginnt ein Artikel des Bloggers Marko Ković auf der Internetplattform *Medienwoche.ch*, der nachweisen will, dass Klagen über eine Einengung der Diskurs- und Meinungsfreiheit aus der Luft gegriffen und diesbezügliche Befürchtungen »unbegründet und weitgehend haltlos« seien.[1] Gespenstern kommt bekanntlich keine Wirklichkeit zu – die wohlfeile und beliebte Charakterisierung der *Cancel Culture* als Spukgestalt verweist diese in das Reich der Fabeln und entlarvt deren Kritiker als Geisterjäger, die hinter einem Phantom her sind und marginale Vorkommnisse unnötig zu einer Bedrohung aufbauschen. Das waren noch Zeiten, als man mit Gespenstern ganz anderes im Sinne hatte: »Ein Gespenst geht um in Europa – das Gespenst des Kommunismus.« Mit diesem oft zitierten Satz eröffnen Karl Marx und Friedrich Engels 1848 ihr *Manifest der kommunistischen Partei*, allerdings nicht, um die Existenz des Kommunismus zu leugnen, sondern um seine Bedeutung zu unterstreichen: »Der Kommunismus wird bereits von allen europäischen Mächten als eine Macht anerkannt. Es ist hohe Zeit, daß die Kommunisten ihre Anschauungsweise, ihre Zwecke, ihre Tendenzen vor der ganzen Welt offen darlegen.«[2] Zu solch ehrlichem Bekenntnis sind die Proponenten der *Cancel Culture* noch nicht bereit. Während rundum eifrig gecancelt wird, gilt die Kritik daran als Anzeichen einer irrationalen Angst von Menschen, die um ihre Macht fürchten. Immerhin wird damit zugestanden, dass es im Kern um eine Machtfrage geht. Aus dieser Perspektive gewinnen zumindest einige der Phänomene, mit denen der Kultur- und Wissenschaftsbetrieb seit einigen Jahren konfrontiert ist, an Plausibilität.

Tatsächlich ist es unübersehbar: Seit geraumer Zeit wird aufgeräumt und sauber gemacht. Schmutzige Gedanken und Worte werden geächtet, unliebsame Autoren und Wissenschaftler gemobbt, Redner werden am Sprechen gehindert, Denkmäler wie das von Christoph Kolumbus in Chicago werden gestürzt,[3] die Spielpläne von Theater- und Opernhäusern von vermeintlich rassistischen und sexistischen Stücken befreit, die Literatur vergangener Tage wird nach den moralischen Maßstäben der Gegenwart korrigiert und umgeschrieben. Und lebenden Autoren werden von immer mehr Verlagen *Sensitivity Readers* zur Seite gestellt, die dafür sorgen, dass kein falsches Wort das Manuskript verunreinigt. Die Stimmen bislang unterrepräsentierter ethnischer, religiöser und sexueller Minderheiten und Gruppen wollen nicht nur gehört werden, sie wollen andere zum Verstummen bringen. Was in kleinen akademischen Zirkeln als moralisch gut und politisch korrekt gilt, wird zu einem Maßstab verallgemeinert, der keinen Widerspruch, keine Einwände duldet. Die Befindlichkeit und subjektive Betroffenheit von Menschen, die sich diskriminiert fühlen, bestimmen über Verlagsprogramme und die Ausrichtung der Feuilletons, über die Karrieren von Wissenschaftlern und Übersetzern, über den musikalischen und literarischen Kanon, über Straßennamen und Denkmäler im öffentlichen Raum.

Der heftig diskutierte Fall der britischen Philosophin Kathleen Stock an der University of Sussex wurde dafür exemplarisch. Stock, eine deklarierte Feministin, die der eher nüchternen Richtung der analytischen Philosophie zuzurechnen ist, hatte in der emotional aufgeladenen Genderdebatte die Auffassung vertreten, dass das biologisch bestimmte Geschlecht eines Menschen nicht durch einen Akt der Umbenennung einfach außer Kraft gesetzt werden kann. Dadurch geriet die Philosophin unter den Verdacht, transphob zu sein, und es begann eine medial inszenierte und aktionistisch exekutierte Hetzjagd, die dazu führte, dass die Professorin entnervt die Universität verließ.[4]

Vor allem durch die Debatte, wer nun eigentlich das anlässlich der Inauguration Joe Bidens von Amanda Gorman vorgetragene Gedicht »The Hill We Climb« in andere Sprachen übersetzen darf, ist die Frage in den Vordergrund gerückt, ob ethnische Herkunft, Geschlecht oder Hautfarbe nicht wichtiger sind als etwa professionelle Qualifikationen.[5] Ein entscheidendes Argument in dieser Debatte lautete, dass das, was sich in einem Kunstwerk ausdrückt, nur Menschen mit ähnlichen Schicksalen, Identitäten und Leiderfahrungen zugänglich wäre. Diese Überlegung ist ein Angriff auf die Idee von Kultur überhaupt.

Den Bemühungen der *Cancel Culture* ist nicht nur ein zorniger, sondern in ihren sanfteren Varianten ein ausgesprochen besorgt-pädagogischer Ton eingeschrieben. Man möchte die Menschen vor schlimmen Gedanken, bösen Bildern und zweideutigen Texten schützen. Die spektakuläre Verschiebung einer Wanderausstellung des Ku-Klux-Klan-Zyklus des amerikanischen Künstlers Philip Guston, die mehrere Museen geplant hatten, ist dafür signifikant.[6] Der 1980 verstorbene Guston hatte sich in unmissverständlich kritischer Form mit dem Rassismus auseinandergesetzt. Aber der Anblick von gezeichneten Kapuzenmännern ist anscheinend unzumutbar, man traut erwachsenen Menschen nicht mehr zu, die Intention dieser Bilder zu verstehen. Das Argument der Museumsdirektoren, man müsse sich mit dem Werk erst intern auseinandersetzen, bevor man es präsentiere, ist hanebüchen: Die öffentliche Auseinandersetzung liegt im Wesen der Kunst. Warum dürfen an Kunst Interessierte nicht ihre eigenen Schlussfolgerungen ziehen? Es gibt in Kultureinrichtungen und Redaktionsstuben eine Tendenz zur Bevormundung erwachsener Menschen, die in ihrer Penetranz nur schwer zu verkraften ist.

Die Beurteilung von Kunstwerken nach identitäts- und genderpolitischen Kriterien verändert unsere Einstellung zu ästhetischen Fragen überhaupt. »Kunst hat soviel Chance wie die Form und nicht mehr.«[7] Diese zentrale These aus der *Ästhetischen Theorie* Theodor W. Adornos ist unter den aktuellen Gegebenheiten nahezu unverständlich geworden. Alle Erregungen über rassistische oder antisemitische Kunstwerke leben davon, dass diese in einem plakativen Sinn rein nach inhaltlichen Gesichtspunkten beurteilt werden. Die Frage nach der Form, nach der ästhetischen Gelungenheit, nach der inneren Stimmigkeit, nach dem lustvollen Raffinement eines Werkes kann schon als Versuch gewertet werden, etwas zu verteidigen, was nicht mehr verteidigt werden darf. Wer auf dem Eigensinn von Kunst beharrt und diese nicht mit vordergründigen Botschaften und der Gesinnung der Künstler kurzschließt, macht sich rasch der Komplizenschaft mit dem Verwerflichen verdächtig. Dieser Schwund der ästhetischen Urteilskraft schwächt die Vernunft überhaupt.

Ein Furor hat das geistige Leben der westlichen Welt erfasst, der, so scheint es, vor nichts haltmacht. Es geht offensichtlich nicht darum, sich mit fragwürdigen Positionen, unbequemen Denkern, widersprüchlichen Kunstwerken kritisch oder polemisch auseinanderzusetzen, vielmehr will man Menschen zum Schweigen und Dinge zum Verschwinden bringen, man will eliminieren, durchstreichen, beseitigen: Man will canceln.

Der Begriff *Cancel Culture* ist dabei unfreiwillig ironisch: Die »Kultur« des Streichens, Löschens und Ausladens bezieht sich ja nicht auf die Barbarei, sondern auf Aspekte und Erscheinungsformen der Kultur selbst. Bestimmte Formen künstlerischer Äußerungen zu verändern oder dem Publikum zu entziehen hat eine lange Geschichte. Bilderstürmer, Fanatiker und Jakobiner aller Art haben immer wieder versucht, die Kultur vom Bösen zu reinigen und alles zu unterdrücken, was der herrschenden Ideologie widersprach. Im Zuge der Aufklärung und der damit verbundenen Revolten galt es jedoch als Fortschritt, staatliche oder kirchliche Zensurpraktiken zu überwinden. Die Freiheit von Wissenschaft und Kunst ist mittlerweile zumindest pro forma in vielen Verfassungen verankert. Umso erstaunlicher ist es, dass es nun neue Zensurbestrebungen gibt, die nicht von politischen oder religiösen Institutionen ausgehen, sondern aus dem Innersten der Kultur, der Kunst und des Wissenschaftsbetriebs kommen. Es ist paradox, dass diejenigen, deren Arbeitsgrundlage die Freiheit ist, nun Gefallen daran finden, sich dieser Freiheit selbst zu berauben.

Die Beispiele für diesen Prozess sind zahlreich, und jeden Tag kommen neue hinzu. Manchmal mag es sich um Einzelfälle handeln, die medial hochgespielt werden, manchmal mögen sich die Gegner oder Betroffenen dieser *Cancel Culture* selbst mit nicht immer angemessenen Mitteln lautstark zur Wehr setzen, und manchmal wird man angesichts der erbitterten Kulturkämpfe, in denen die Kriterien für das Gute und moralisch Gebotene, die richtigen Begriffe und zulässigen Ausdrucksweisen fast täglich wechseln, den Überblick verlieren und einigermaßen ratlos zurückbleiben. In diesen Kontext gehört auch die gern geübte Praxis, missliebige Personen, die von Universitäten, Literaturhäusern oder anderen Veranstaltern eingeladen wurden, am Sprechen zu hindern, wenn es nicht anders geht, durch physische Attacken. *Deplatforming* nennt sich diese Variante der *Cancel Culture*: Wer einem nicht passt, dem darf keine Plattform geboten werden. Als der ehemalige deutsche Minister Thomas de Maizière beim Göttinger Literaturherbst sein

Buch *Regieren. Innenansichten der Politik* vorstellen wollte, wurde er von linksgerichteten Demonstranten daran gehindert. Was dieser Mann aus erster Hand über deutsche Politik zu sagen hatte, wollte man gar nicht erst hören. Erschreckend: Diese Attacke auf die Freiheit der Rede wurde auch in seriösen Medien enthusiastisch begrüßt, die mehr als berechtigte Kritik daran als »populistische Hetze« verunglimpft.[8] Die Ausladung der Schriftstellerin und Kabarettistin Lisa Eckhart von einem Hamburger Literaturfestival erfolgte unter dem Vorwand, dass angekündigte Proteste die Sicherheit gefährden könnten.[9] Nach dem gleichen Muster sagte die Humboldt-Universität einen Vortrag der Biologin Marie-Luise Vollbrecht zu Fragen von Sex und Gender ab, da eine Aktivistengruppe mit Widerstand gedroht hatte.[10] Immerhin war in diesem Fall die Kritik am Vorgehen der Universitätsleitung so stark, dass der jungen Wissenschaftlerin gnädig erlaubt wurde, den Vortrag nachzuholen.[11]

Selbstverständlich steht es Kulturveranstaltern frei, wen sie einladen wollen. Es muss nicht jedem, der danach giert, eine Bühne geboten werden, und nicht alle, die gerne bei bestimmten Veranstaltungen reden wollen, jedoch nicht zum Zug kommen, sind Opfer der *Cancel Culture*. Das rückgratlose Verhalten von Veranstaltern, geht es darum, in vorauseilendem Gehorsam dem Zeitgeist gegenüber die Freiheit der Rede zu beschneiden, ist dennoch ein beunruhigendes Signal. Dass der Versuch islamfreundlicher Aktivistinnen, eine Veranstaltung mit Alice Schwarzer an der Universität für angewandte Kunst Wien zu canceln, scheiterte, ist dem Rektor dieser Hochschule, der sich nicht erpressen ließ, hoch anzurechnen.[12]

Der Grundgedanke hinter alldem lautet: Bestimmte Begriffe und Meinungen entziehen sich aus moralischen Gründen jeglicher Diskussion. Wie aber stellt man fest und wer befindet darüber, was in einem offenen Diskussionsprozess thematisiert und kritisiert und was diesem entzogen werden muss? Das ist die eigentliche Machtfrage, die von Fall zu Fall entschieden werden muss. Ob sich solche Vorgänge auf der medialen Weltbühne oder in der kulturellen Provinz abspielen, tut dabei wenig zur Sache. Dass es sich um ein Campus-Phänomen handle, das sich im Wesentlichen auf hypersensibilisierte Hochschulräume beschränkt, kann nicht länger behauptet werden. Wie sehr sich Ideologie und Praxis der *Cancel Culture* schon ins alltägliche kulturpolitische Bewusstsein abgesenkt haben, zeigen zahlreiche lokale Vorkommnisse, die vom neuen Umgang mit dem Missliebigen zeugen. Gerade an solchen Fällen, die kaum noch skandalträchtig sind, weil sie inzwischen zur Normalität zählen, lassen sich entscheidende Konturen der *Cancel Culture* nachzeichnen.

Im Programmkatalog des niederösterreichischen Donaufestivals 2022, das sich unter dem Titel »Stealing the Stolen« mit Fragen der kulturellen Aneignung und Gegenaneignung auseinandersetzen wollte,[13] erschien ein Essay von Karl Bruckmaier zur Kulturgeschichte des *Blackfacing* unter dem Titel »Paint it black. Versuch der Ehrenrettung für eine unverschuldet in Not geratene Kulturtechnik« – ein Beitrag, der punktgenau der Intention des Festivals entsprach. Nach Protesten einer ebenfalls an diesem Event beteiligten Künstlergruppe, die dem Text Rassismus vorwarf, wurden die restlichen Kataloge eingestampft und der Essay aus dem Internetauftritt entfernt.[14] Symptomatisch daran ist, dass es gar nicht darum ging, die Thesen des Autors kritisch zu überprüfen, vielleicht zu widerlegen, sondern sie so schnell wie möglich einer Diskussion zu entziehen. Niemand sollte mehr nachlesen können, wie sich die Praxis des *Blackfacing* im Kontext US-amerikanischer Populärkultur seit dem 19. Jahrhundert entwickelt hat und welche – horribile dictu – emanzipatorischen Potenziale darin enthalten waren.[15] Das Urteil über schwarz gefärbte weiße Gesichter ist längst gefällt, und dieses gilt unabhängig von Zeit und Ort, von Motiv und Intention, von Text und Kontext. *Cancel Culture* ist Ausdruck eines kruden Essentialismus, der es nicht zulassen kann, dass Dinge im Fluss sein können und Bedeutungen sich ändern. Auslöser und Maßstab für diese Praxis der Selbstzensur war deshalb keine Analyse, die dem Text historische Fehler oder schiefe Argumentationen vorgeworfen hätte, sondern allein die Tatsache, dass das Künstlerkollektiv Mai Ling diesen Text als rassistisch empfunden hatte. Der Festivalleiter entschuldigte sich schließlich wortreich dafür, diesen Beitrag in den Festival-Reader aufgenommen zu haben.

Woher rührt dieser unduldsame Drang, Wörter, Begriffe, Texte, Bücher, Kunstwerke, Denkmäler zu tabuisieren und nur noch gelten zu lassen, was den eigenen Vorstellungen von politischer Korrektheit und moralischer Sauberkeit genügt? Es geht um die Deutungshoheit über Geschichte und Gegenwart. Der Anspruch auf ideologische Reinheit wird dabei dogmatisch durchgesetzt: Die eigene Wahrheit duldet keine anderen Götter neben sich. Der Furor der *Cancel Culture*, so zumindest die These von John McWhorter, hat schon längst die Züge einer Religion angenommen.[16] Divergente Lesarten, unterschiedliche Interpretationen von Phänomenen, die eindeutig erscheinen, haben keine Daseinsberechtigung. Die Klassifikation einer Äußerung oder einer These als »rassistisch«, die sich in der Folge der Black-Lives-Matter-Bewegung inflationär verbreitet hat, gebietet es geradezu, diese nicht weiter zu diskutieren. In letzter Zeit trifft dies auch renommierte Denker der europäischen Moderne wie David Hume, Immanuel Kant, G.W.F. Hegel oder Hannah Arendt, in deren Werken sich Bemerkungen finden, die man aus heutiger Perspektive als rassistisch verstehen wird. Kaum werden diese der Forschung seit langem bekannten Befunde an die mediale Oberfläche gespült, schwappt eine Welle der Empörung und Entrüstung über die angeklagten Philosophen. Menschen, die keine Zeile von Kant gelesen haben, echauffieren sich nun über dessen vermeintlichen Rassismus, das Feuilleton, das ansonsten diesen schwierigen Denker nicht zu seinen Hausautoren zählt, widmet dessen angeblichem Rassismus Artikel um Artikel, Kommentar um Kommentar, und wer, wie der Berliner Erziehungswissenschaftler Malte Brinkmann, an der Humboldt-Universität mit seinen Studenten klassische Texte von Kant lesen will, bekommt schon vor der Lektüre zu hören, dass man darauf wenig geben könne, sei doch bekannt, dass der Philosoph ein übler Rassist gewesen sei.[17]

Zugegeben: Das Spiel mit dem Vorwurf des Rassismus hat seinen hermeneutischen Reiz, stehen die beanstandeten Sätze meist in einem reflexionsbedürftigen Spannungsverhältnis zur universalistischen Philosophie der Aufklärung, für die die Genannten in der Regel einstehen. Ob sich die europäische Aufklärung selbst aus einem rassistischen Motiv speist, wäre ein ganz anderes Thema, das im Anschluss an die vor vielen Jahrzehnten beschriebene Dialektik der Aufklärung durchaus zu behandeln wäre. Dann ginge es um anspruchsvolle Analysen wirkmächtiger Denkfiguren und nicht um die Überprüfung einer Gesinnung. Aus diesem Grunde ist höchst fraglich, ob das Etikett »rassistisch« nach Belieben auf eine Person und ihr komplexes Werk geklebt werden kann. Die kritische Analyse ersetzt ein solches Label sicher nicht. Es mag ein Verdienst der Verdächtigungskultur der Gegenwart sein, dass sich unser Blick für Schwächen, Irrtümer und Inkonsistenzen geschärft hat, und manches deutet darauf hin, dass es sich bei den genannten Fällen nicht nur um Entgleisungen, sondern um grundlegendere Einstellungen handeln könnte. Nichts spricht dagegen, diese zu benennen und zur Diskussion zu stellen. Kein Denken ist vor falschen Prämissen und Fehlschlüssen gefeit, kein Denken ist unantastbar.

Sieht man sich den »Fall Kant« aber genauer an, bemerkt man schnell, dass von einem rassistischen Grundzug in seinem Denken kaum die Rede sein kann. Auch eine ehrgeizige Sammlung aller »rassistischen« Stellen im Werk Kants inklusive nicht autorisierter

Mitschriften von Vorlesungen kommt nur auf knapp 28 Seiten[18] – und dies angesichts eines in jeder Hinsicht voluminösen Werkes. Eine genaue Analyse dieser Stellen kommt zu dem Schluss, dass Kant zeitweilig zwar üble, abwertende Vorurteile gegenüber nichteuropäischen Völkern hegte, dass seine systematisch entwickelte Vernunftphilosophie jedoch keinen Rassismus kannte, »sondern nur das menschliche Subjekt in universalistischer Perspektive«.[19] Wenn man Kant zum Rassisten in einem philosophisch starken Sinn machen wollte, müsste man diesen Universalismus, der ohne Rassebegriff auskommt, insgesamt als Erscheinungsform eines rassistischen Denkens entlarven, indem man etwa das Konzept der Menschenwürde als Ausdruck partikularer Herrschaftsansprüche interpretiert. Ob dieser Ansatz Kant gerecht wird und überhaupt sinnvoll begründet werden kann, bleibe dahingestellt.[20] Dass Kant empirische Fehlurteile fällte und zeitgenössische Erfahrungsberichte unreflektiert übernahm, mag uns durchaus nachdenklich stimmen – auch in dem Sinne, wie sehr wir selbst geneigt sind, die Vorurteile unserer Zeit unkritisch zu übernehmen. Aber all dies ist kein Grund, Kant zu canceln.

Verstörend an den aktuellen Debatten ist deshalb weniger ein neuer Blick auf die Philosophie Kants, sondern der Eifer, den Denker von seinen imaginären und marmornen Sockeln zu stürzen, sein Werk insgesamt in Misskredit zu bringen und damit seine kritische Vernunftphilosophie und seine Grundlegung des menschenrechtlichen Denkens zu entwerten. Vielleicht geht es jedoch genau darum: Jedem tribalistischen und identitätspolitischen Denken muss der Universalismus ein Dorn im Auge sein, seinen wichtigsten Vertreter moralisch zu diskreditieren ist ein erster Schritt zur Reetablierung vormoderner Strukturen.

Generell gilt: Wer Reinheit sucht, wird überall Schmutz finden. Wer keine blütenweiße Weste hat, dem kann keine Ehre erwiesen werden. Dass Gebäude oder Straßen nicht mehr nach dem unter

Antisemitismusverdacht stehenden Ernst Moritz Arndt benannt werden können, ist mittlerweile Konsens. Auch die Stadt Leipzig will ihre Arndt-Straße umbenennen und kam auf die sinnige Idee, nur einen Buchstaben hinzuzufügen und daraus eine Arendt-Straße zu machen. Keine Frage: Diese Philosophin erfüllte eine Reihe maßgeblicher Kriterien für legitimes Gedenken: eine Frau jüdischer Herkunft, Antifaschistin, von den Nazis vertrieben, eine eminent politische Denkerin. Doch nicht einmal Hannah Arendt ist über allen Verdacht erhaben: Sie war angeblich eine veritable Rassistin. Der Protest gegen die Umbenennung konnte nicht ausbleiben.[21]

Der »Fall Arendt« hat ebenfalls zu lebhaften Debatten geführt. Und wiederum sind es einige wenige Sätze, die ausreichen sollen, diesen gravierendsten Vorwurf, dem heute jemand ausgesetzt werden kann, zu rechtfertigen. Die – übrigens immer schon umstrittene – Philosophin hatte in einem kurzen Debattenbeitrag aus den 50er Jahren zur Rassenpolitik in den Südstaaten und in einigen Passagen über das Weltbild der Buren in *Elemente und Ursprünge totaler Herrschaft* in der Tat missverständliche Formulierungen gewählt. Arendts Versuch, im Imperialismus-Kapitel des Totalitarismus-Buches das rassistische Weltbild der Europäer zu rekonstruieren, die glaubten, in Afrika auf Wesen gestoßen zu sein, »die weder Vergangenheit noch Zukunft, weder Ziele noch Leistungen kannten« und daher »genauso unverständlich blieben wie die Insassen eines Irrenhauses«,[22] wird kurzerhand als Beleg für Arendts eigenes rassistisches Denken genommen. Unermüdlich und ohne die Fähigkeit, Texte in ihren Zusammenhängen zu lesen, wird nach Worten und Formulierungen gesucht, die eine falsche Gesinnung dokumentieren sollen und Person und Werk schlechthin in Misskredit bringen. Eine Lektüre, die den intentionalen Hintergrund dieser inkriminierten Passagen berücksichtigte, sähe anders aus: »So dachte sie (Hannah Arendt, KPL) sich in das Bewusstsein der burischen

Siedler hinein und sprach ihre rassistische Sprache, um sie damit den Lesern ins Bewusstsein zu rufen. Sie ›äffte‹ das Erstaunen der Buren nach, mit ›Wilden‹ konfrontiert zu werden, die dem universellen Menschenbild nicht entsprachen.«[23]

Neben einigen Sätzen aus ihrer großen Totalitarismus-Studie gilt vor allem der 1957 geschriebene und zwei Jahre später veröffentlichte Aufsatz »Reflections on Little Rock« als Stein des Anstoßes. Arendt hatte sich nach Attacken auf schwarze Schüler, die nur unter Polizeischutz die Little Rock Central High School besuchen konnten, dagegen ausgesprochen, weiße und schwarze Kinder zum gemeinsamen Schulbesuch zu zwingen. In einem kurzen Vorwort hat Arendt ihre Thesen allerdings selbst problematisiert[24] und später ansatzweise revidiert.[25] Ob dieser Aufsatz wegen seiner Terminologie – im Duktus ihrer Zeit verwendet Arendt wie selbstverständlich das Wort »Neger« – und politischen Ausrichtung überhaupt in eine deutschsprachige Sammlung der politischen Schriften Arendts aufgenommen werden dürfe, war Gegenstand heftiger verlagsinterner Debatten.[26] Einem gebildeten Publikum sollten irritierende Dokumente vorenthalten werden, so, als müssten mündige Leser wie Kinder vor unanständigen Dingen geschützt werden. Solche aus dem Geist einer falschen Besorgnis getätigten Eingriffe in Textbestände gehören inzwischen immer häufiger zur Praxis von wissenschaftlichen und kulturellen Einrichtungen, die ihrem Selbstverständnis nach eigentlich alles daransetzen sollten, solche Entstellungen zu verhindern. Der prominenteste Fall ist vielleicht der »Nigger«, den Mark Twain in seinem Werk unzählige Male verwendet, im Kontext plausibel, für heutige Leser offenbar so unerträglich, dass der Klassiker der amerikanischen Literatur mit dem Segen der Wissenschaft umgeschrieben wird.[27] Zu Arendts fragwürdigen Positionen gibt es seit längerem eine umfangreiche Debatte, erwähnt seien nur die Arbeiten von Kathryn T. Gines[28] und Juliane Rebentisch[29]. Vor allem Letztere widmet sich diesen Fragen im Kontext der politischen Philosophie von Arendt und bezeichnet die »Reflections on Little Rock« als »misslungenen Versuch«, die von Arendt in ihrem Hauptwerk *Vita activa* entwickelten »Unterscheidungen zwischen privater, sozialer und politischer Sphäre auf eine zeitgenössische Problemstellung anzuwenden«.[30] Es liegt im Wesen von Versuchen, dass sie scheitern können. Doch macht dies Arendt zur Rassistin? Nach der Lektüre des Buches von Juliane Rebentisch formulierte ein Rezensent sein abschließendes Urteil über Hannah Arendt: »Rassistisch, aber knapp am Index vorbei.«[31] Man darf dies wohl so interpretieren: Entdeckte man noch eine weitere verwerfliche Formulierung, müsste Hannah Arendt gecancelt werden. Die mediale Debatte um Hannah Arendt bezieht ihr Empörungspotenzial nicht aus differenziert analysierten Widersprüchen und Inkongruenzen ihrer politischen Philosophie, nicht aus einigen der Zeit geschuldeten Unterstellungen, schon gar nicht aus einer Hermeneutik, die den Kontext einer Formulierung berücksichtigt, sondern einzig aus einem Reflex, der auf Reizwörter sofort mit dem moralisch vernichtenden Attribut »rassistisch« reagiert.

So gebrandmarkt, werden die damit zusammenhängenden Argumente und Thesen in einem sachlichen Sinne jeder Diskussion entzogen. Auf Arendt bezogen: Es ist unmöglich, über die ominösen Sätze nicht im Gestus der Anklage oder der hilflosen Verteidigung zu sprechen. Zweifellos könnte man dies tun, ohne moralisch aufgeladene Denunziationsbegriffe überhaupt verwenden zu müssen. Die Frage etwa nach dem Verhältnis von politisch institutionalisierten Ordnungen und den Bedingungen des gesellschaftlichen Lebens, um die letztlich die »Reflections on Little Rock« kreisen, ließe sich genauso gut abwägend und durchaus kontrovers diskutieren[32] wie die Frage, welche anthropologischen Imaginationen der Zusammenprall von technisch unterschiedlich geformten Zivilisationen produzieren kann. Natan Sznaider hat zudem gezeigt, wie Arendts Reflexionen der Rassenfrage mit ihren Überlegungen zur jüdischen Identität korrelieren: »Sie hat das Problem der schwarzen Bevölkerung in den USA wohl unter dem Vorzeichen der jüdischen Frage gesehen. Und da sie strikt gegen die Assimilation der Juden in Europa war, so glaubte sie in der liberalen Integrationspolitik eine Politik der Assimilation zu erkennen. Sie dachte weder liberal noch konservativ, sondern sah die Welt ständig mit jüdischen Augen.«[33]

Doch um Erkenntnis geht es den Detektiven der *Cancel Culture* nicht, es geht um das Suchen und Finden böser Sätze. Da diese bei Autoren von Rang trotz aller Zeitbezogenheit und Verstrickungen in Vorurteile eher selten anzutreffen sind, lebt der Verurteilungsdiskurs gegenüber Kant und Arendt, aber auch gegenüber Luther und Hegel von immer denselben Verweisen auf wenige Sentenzen, die bei jeder passenden und unpassenden Gelegenheit mit der Miene des Abscheus hervorgezerrt werden.

Auf innere Widersprüche, Denkfehler und Befangenheiten zu verweisen wäre für eine angemessene Annäherung nicht nur geboten, sondern unverzichtbar. Die *Cancel Culture* findet ihr Telos nicht in der Auseinandersetzung, sondern in deren Verhinderung. Die Lust, die darin liegt, ein Buch, einen Autor, eine Kultur aus dem Diskursgeschehen zu streichen, hat auch mit jener Macht zu tun, die man den anderen gerne vorrechnet. Antirassisten urteilen über vermeintliche oder wirkliche Rassisten so wie diese über angeblich unterlegene Menschengruppen. Wie wenig wir selbst gefeit vor solchen Zugangsweisen sind, zeigt sich auch im Verhalten der kulturellen Eliten nach dem russischen Angriff auf die Ukraine. Eine fortschrittliche Gesellschaft, so die allgemeine Lesart, verteidigt ihre Werte gegen rückständige Barbaren. Zahlreiche ukrainische Intellektuelle und Künstler wie die Schriftsteller Jurij Andruchowytsch und Oksana Sabuschko oder die Geigerin Vira Zhuk bekundeten ihren zunehmenden Hass nicht nur auf den Kreml und seine Gefolgschaft, sondern auf alles Russische, auf die für sie unlesbar gewordene Literatur von Tschechow und Dostojewski, auf die für sie unhörbar und unspielbar gewordene Musik von Tschaikowsky und Prokofjew. Putins Angriff auf die Ukraine, schrieb Oksana Sabuschko, ist »pures Dostojewskitum«, die russische Literatur sei »von gleichem Fleisch und Blut« wie der aggressive russische Staat und seine Gesellschaft, und Sabuschko schließt ihre Philippika gegen die russischen Autoren der Vergangenheit mit einem denkwürdigen Satz: »Es ist höchste Zeit, unsere Bücherregale langen und strengen Blickes durchzusehen.«[34] Die Intention ist eindeutig: Es muss wieder einmal ausgemistet werden.

Aus der Perspektive der Opfer können wir das sogar verstehen. Gleichzeitig ist dies ein Beispiel dafür, wie schnell die pädagogisch besorgte Rede, dass man nicht über Kollektive urteilen, dass man Vorurteile und Stereotype vermeiden solle und dass Differenzierung stets angebracht sei, im Ernstfall verstummt. Und manchmal hat man den Eindruck, dass es dem einen oder anderen Kommentator, der persönlich gar nicht betroffen ist, ganz gut gefällt, nun eine ganze Kultur mit Hass und Verachtung überziehen zu dürfen. Manche Übereifrige wollen folgerichtig gleich Schostakowitsch aus den Konzertsälen und Tschechow von der Bühne verbannen. Dass die ukrainische Dirigentin Oksana Lyniv von Landsleuten als Verräterin gebrandmarkt wurde, weil sie geplant hatte, in Bologna Tschaikowskys Oper *Jolanta* zu dirigieren, zeigt, wie sehr diese »Militarisierung« der Kultur schon fortgeschritten ist.[35]

Die Ranküne gegen Vertreter der staatsnahen russischen Kultur unterstreicht eine weitere Facette der *Cancel Culture*: Ausgeladen wird, wer beim Gesinnungstest versagt und beim vorgeschriebenen Distanzierungsritual eine unglückliche Figur macht. Der Trend, die Zulässigkeit und Qualität von Kunstwerken an der Haltung ihrer Produzenten oder Interpreten auszurichten, verdeutlicht sich in den Boykottaufrufen, auch wenn diese nicht immer von jenem Erfolg begleitet waren, den sich die Aktivisten gewünscht hatten. So problematisch es ist, wenn autoritäre Politik und Kunst eine innige Verbindung eingehen, so verhängnisvoll ist die Tendenz, Kunst vorrangig nach politisch-moralischen Gesichtspunkten zu beurteilen. Charakterstärke ist so wenig ein Garant für ästhetische Dignität wie die richtige ideologische Position. Vergessen wird bei alldem, dass Kunst selbst dann widerständig sein kann, wenn sie vereinnahmt wird oder sich vereinnahmen lässt. Darin liegt ihre tragische Größe. Diese zu verkennen und nur noch das Glatte, zeitgeistig Korrekte und moralisch Unbedenkliche zuzulassen unterstreicht hingegen das Kleinliche und Engstirnige, das alle Versuche, den Geist an die Kandare zu nehmen, kennzeichnet. Ja, unsere Kultur ist durchzogen von dunklen Flecken. Wäre sie so rein, wie manche es sich wünschen, wäre es keine Kultur mehr.

Tatsächlich geht es bei all diesen Bemühungen, Theorien oder Kunstwerke zu exkommunizieren, weder um Gerechtigkeit noch um den Aufweis bislang unbemerkter Ungeheuerlichkeiten, sondern um die Artikulation und Durchsetzung von Machtansprüchen. Die identitätspolitischen und kriegslogischen Kalküle dominieren die Kultur, die Moral erscheint wie so oft als Deckmantel, unter dem sich diese verbergen. Man darf sich keine Illusionen machen: Wer die Möglichkeit hat, ein Buch auf den neuen *Index librorum prohibitorum* zu setzen, einen Diskutanten auszuladen, einen Verlag zur Auflösung eines Vertrags zu zwingen, einen Autor aus dem Kanon zu streichen, eine Lektüre mit Hinweis auf die eigene Verletzlichkeit zu verweigern, hat mehr Lust an der Ausübung dieser nicht nur symbolischen Macht als derjenige, dem nur die mühsame Suche nach einem Gegenargument bleibt. *Cancel Culture* lebt von einer Gewissheit, die keine Begründungen mehr suchen muss. Dass sehr rasch nur noch eindeutige Urteile gefällt werden, macht die Praxis der *Cancel Culture* so attraktiv: Wer wüsste nicht gerne Bescheid, ohne viel nachdenken zu müssen. Deshalb ist die *Cancel Culture* auf die sozialen Medien und deren schrille Töne angewiesen, die keine Zweifel zulassen. *Cancel Culture* erweist sich nur allzu oft als Ressentiment im hehren Gewande der Moral, selbstgefällig und denkfaul, aber machtbewusst. Auch wenn es den Aktivisten der neuen Wachsamkeit nicht gefällt: Friedrich Nietzsche, der Umwerter aller Werte, der Verkünder einer neuen Herrenmoral, hätte an ihnen seine helle Freude gehabt.

1 https://medienwoche.ch/2020/08/21/wer-hat-angst-vor-der-cancel-culture/ (abgerufen am 16.6.2022)
2 Karl Marx / Friedrich Engels: Manifest der Kommunistischen Partei. MEW 4, S. 461.
3 https://www.zeit.de/gesellschaft/zeitgeschehen/2020-07/anti-rassismus-proteste-chicago-christoph-kolumbus-denkmal-entfernung?utm_referrer=https%3A%2F%2Fwww.google.at%2F (abgerufen am 18.7.2022)
4 https://www.zeit.de/2021/48/kathleen-stock-wissenschaftsfreiheit-feministen-transaktivisten-philosophin (abgerufen am 18.7.2022)
5 https://www.faz.net/aktuell/feuilleton/buecher/debatte-um-die-uebersetzung-der-amerikanischen-dichterin-amanda-gorman-17228967.html (abgerufen am 18.7.2022)
6 Kolja Reichert: Die Ängstlichkeit der Museen. In: *Frankfurter Allgemeine Zeitung*, 26.9.2020 (https://www.faz.net/aktuell/feuilleton/kunst-und-architektur/warum-wollen-museen-den-maler-philip-guston-nicht-zeigen-16972662.html, abgerufen am 18.7.2022)
7 Theodor W. Adorno: Ästhetische Theorie. Gesammelte Schriften Bd. 7, Frankfurt/Main 1970, S. 213.
8 Sonja Thomaser: Kritik an Antifa: Nichts als populistische Hetze. *Frankfurter Rundschau*, 26.11.2019 (https://www.fr.de/meinung/thomas-maizire-goettingen-kritik-antifaschistischer-linke-hetze-13144156.html, abgerufen am 10.6.2022)
9 https://www.spiegel.de/kultur/literatur/hamburg-lisa-eckhart-vom-harbour-front-literaturfestival-ausgeladen-a-ab18855d-0381-4e13-a232-2c9e00ef031b (abgerufen am 18.7.2022)
10 https://www.spiegel.de/wissenschaft/berlin-humboldt-universitaet-sagt-vortrag-von-biologin-marie-luise-vollbrecht-ab-a-e5ec957e-39fb-46fa-8571-8f65f7f2e6a6 (abgerufen am 18.7.2022)
11 https://www.faz.net/aktuell/feuilleton/debatten/biologin-vollbrecht-hat-gender-vortrag-an-humboldt-uni-nachgeholt-18173838.html (abgerufen am 18.7.2022)
12 »Jetzt ist Schluss!«, ruft Alice Schwarzer. In: *Die Welt*, 26.11.2019 (https://www.welt.de/politik/deutschland/article203825908/Oesterreich-Jetzt-ist-Schluss-rief-Alice-Schwarzer-Feministinnen-zu.html, abgerufen am 10.6.2022)
13 https://www.donaufestival.at/de/programm (abgerufen am 16.6.2022)
14 https://www.derstandard.at/story/2000135631507/donaufestival-stoppt-reader-verkauf-nach-kritik-an-enthaltenem-rassismus (abgerufen am 16.6.2022)

15 Der Autor dankt Karl Bruckmaier für die freundlich eingeräumte Möglichkeit, Einsicht in das Manuskript zu nehmen: Die Verwunderung ob des inquisitorischen Eifers der Protestierer war nach der Lektüre umso größer.

16 John McWhorther: *Die Erwählten. Wie der neue Antirassismus die Gesellschaft spaltet*. Hamburg 2022, S. 36

17 https://www.derstandard.at/story/2000029219680/erziehungswissenschafter-brinkmann-die-schueler-lernen-so-unaufmerksamkeit (abgerufen am 18.7.2022)

18 Lucius Annaeus Senecio (Hg.): *Kant: Von den verschiedenen Rassen der Menschen oder Alle Neger stinken*. Berlin 2015.

19 Manfred Geier: *Philosophie der Rassen. Der Fall Immanuel Kant*. Berlin 2022, S. 108.

20 Vgl. dazu die interdisziplinäre Diskussionsreihe der berlin-brandenburgischen Akademie der Wissenschaften: »Kant – Ein Rassist« (https://www.bbaw.de/mediathek/archiv-2020/kant-ein-rassist-interdisziplinaere-diskussionsreihe, abgerufen am 9.6.2022)

21 https://kreuzer-leipzig.de/2020/03/02/benennt-die-hannah-arendt-strasse-um (abgerufen am 10.6.2022)

22 Hannah Arendt: *Elemente und Ursprünge totaler Herrschaft. Antisemitismus, Imperialismus, totale* Herrschaft. München 1986, S. 417.

23 Natan Sznaider: *Fluchtpunkte der Erinnerung. Über die Gegenwart von Holocaust und Kolonialismus*. München 2022, Pos. 1100 (E-Book, Kindle-Ausgabe).

24 Hannah Arendt: »Little Rock. ›Ketzerische Ansichten über die Negerfrage und equality‹.« In: H. A.: *In der Gegenwart. Übungen zum politischen Denken II*, hg. v. Ursula Ludz, München 2000, S. 336ff. (E-Book).

25 Marie Luise Knott: *370 Riverside Drive – 730 Riverside Drive. Hannah Arendt und Ralph Waldo Ellison*. 17 Hinweise, Berlin 2022.

26 Knott: *370 Riverside Drive – 730 Riverside Drive*, S. 14.

27 https://www.welt.de/kultur/literarischewelt/article12000314/Sprachforscher-will-N-Wort-mit-Sklave-ersetzen.html (abgerufen am 18.7.2022)

28 Vgl. dazu exemplarisch Kathryn T. Gines: *Hannah Arendt and the Negro Question*. Bloomington and Indianapolis 2014.

29 Juliane Rebentisch: *Der Streit um Pluralität. Auseinandersetzungen mit Hannah Arendt*. Berlin 2022.

30 Rebentisch, *Der Streit um Pluralität*, S. 191.

31 Martin Hartmann: Rassistisch, aber knapp am Index vorbei. In: *FAZ*, 23.5.2022 (https://www.faz.net/aktuell/feuilleton/buecher/rezensionen/

sachbuch/hannah-arendt-und-der-rassismus-knapp-am-index-vorbei-18043827.html, abgerufen am 16.6.2022)

32 Vgl. dazu einen der seltenen Versuche, Arendts Essay argumentativ etwas abzugewinnen: Daniel Cole: A Defense of Hannah Arendt's »Reflections on Little Rock«. In: *Philosophical Topics* Vol. 39, No. 2 (2011), pp. 21–40.

33 Sznaider, *Fluchtpunkte der Erinnerung*, Pos. 1125 (E-Book, Kindle-Ausgabe).

34 Oksana Sabuschko: Lektionen aus einem grossen Bluff – der Weg zum Massaker von Butscha führt auch über die russische Literatur. *NZZ*, 28.4.2022 (https://www.nzz.ch/feuilleton/lektionen-aus-einem-bluff-russische-literatur-nach-butscha-ld.1681267?reduced=true, abgerufen am 10.6.2022)

35 Jan Brachmann: Hilft ein Tschaikowsky-Verbot der Ukraine? In: *Frankfurter Allgemeine Zeitung*, 4. Juli 2022 (https://www.faz.net/aktuell/feuilleton/buehne-und-konzert/russische-musik-im-ukraine-krieg-hilft-ein-tschaikowsky-verbot-18146981/peter-tschaikowsky-wurde-noch-18146977.html, abgerufen am 18.7.2022)

ENID BLYTON, ODER: GIBT ES EIN RICHTIGES LESEN IM FALSCHEN?

MITHU SANYAL

Ich liebte Enid Blyton. Wenn meine Mutter mich von der Schule abholte, bettelte ich immer: »Oh Mummy, lass uns ein Picknick machen und ›lashings of ginger beer‹[1] mitnehmen. Oh nein! Da treibt sich ein verdächtiger Z-Wort vor unserem Haus herum.« Und meine Mutter entgegnete: »Halt den Mund, das ist Onkel Hassan.«[2]

Das ist keine Kindheitserinnerung von mir, sondern von der iranisch-englischen Comedian Shaparak Khorsandi. Aber sie hätte genauso gut von mir stammen können. Auch ich las, als hinge mein Leben davon ab, Enid Blyton und damit Bücher, in denen Menschen, die aussahen wie ich, gefährliche oder lächerliche Ausländer waren und auch ansonsten allen orientalistischen Klischees entsprachen – und es war nicht so, dass ich das damals nicht bemerkte. Trotzdem liebte ich Enid Blyton mehr als jede*n andere*n Kinderbuchautor*in und, wenn ich meiner Mutter Glauben schenken kann, mehr als meine Eltern.

Enid Blyton ist der Grund, warum ich Schriftstellerin bin: um so gut zu schreiben wie sie. Sie ist der Grund, warum ich mich in meinen Mann verliebt habe: weil er als Engländer mit denselben Büchern aufgewachsen ist und entsprechend in einer Art Enid-Abkürzungscode mit mir kommunizieren konnte. Und sie ist der Grund, warum ich an das Gute in der Welt glaube: WTF?

All will be explained – eventually. Aber lasst uns erst einmal in den heißen Sommer 2021 zurückspringen: Zu dem Entschluss der Wohltätigkeitsorganisation English Heritage, die das britische Kulturerbe – von Stonehenge bis Shakespeare – verwaltet, ihre blauen Gedenkplaketten zu aktualisieren. So auch Blytons Plakette an der 207 Hook Road in Chessington, wo die Schriftstellerin von 1920 bis 1924 lebte. Genauer gesagt, nicht die Plakette, sondern nur die Online Informationen dazu, die nach der Änderung den zusätzlichen Satz enthielten: »Blytons Arbeit wurde bereits zu ihren Lebzeiten Rassismus, Fremdenfeindlichkeit und fehlende literarische Qualität vorgeworfen.«[3]

Sofort ging die Schlagzeile um die Welt: War Enid Blyton rassistisch?

Was für eine Frage? Wer das nicht weiß, hat noch nie ein Buch von ihr in der Hand gehabt. Können wir jetzt wieder zur Tagesordnung übergehen?

Konnten wir natürlich nicht. Auf dem Fernsehkanal GB News befürchtete der Enthüllungsjournalist Dan Wootton, dass die Bücher von Blyton nun aus den Büchereien verbannt oder – so Wootton in einem Artikel in der *Daily Mail* – sogar verbrannt werden könnten.[4] Dabei war nicht mehr passiert, als dass eine Wohltätigkeitsorganisation ihre Website ergänzt (und diese Ergänzung nach dem Shitstorm übrigens wieder deutlich abgeschwächt) hatte.

Doch ist das wirklich so unerheblich? Schließlich sind die Bücher, die wir als Kinder geliebt haben, nicht (nur) Literatur, sondern ein Teil von uns. »Das war's jetzt mit meiner Kindheit – und mit der von Millionen von weiteren Lesern, deren Phantasie durch ihre Bücher entfacht wurde –, oder was?«, klagte die Regisseurin Pooja Bhatt.[5] Der Journalist Aseem Chhabra tweetete: »Wir können sie nicht einfach abschreiben! Das würde bedeuten, meine gesamte Kindheit zu canceln.«[6] Und ich begann mich zu fragen, ob es ein Zufall sein konnte, dass vor allem Inder*innen und Menschen aus der indischen Diaspora der überaus englischen Enid (oder britischen Blyton?) zur Seite sprangen. So wiesen Autor*innen wie Melanie Kumar und Anand Neelakantan auf die Ironie hin, dass Enid Blyton kritisiert wurde, nicht aber Winston Churchill, obwohl dieser nicht nur rassistisch geschrieben hat (auch wenn das heute verständlicherweise kaum noch jemand weiß, ist Churchill ja Literaturnobelpreisträger), sondern auch rassistisch *gehandelt.*[7] Seine Reaktion auf die Hungersnot in Bengalen war, Lebensmittel aus Indien zu *exportieren*, um Vorräte für England anzulegen. Und als der »indische« Vizekönig Archibald Wavell ihm ein Telegramm schickte, um ihm mitzuteilen, dass die Menschen auf den Straßen verhungerten – und zwar nicht im übertragenen, sondern im ganz realen Sinne: Damals starben vier Millionen Menschen –, schrieb Churchill zurück: Warum ist Gandhi noch nicht verhungert?[8]

Das war 1944. In diesem Jahr veröffentlichte Enid Blyton 24 Bücher, da ihre Arbeit als so kriegsrelevant galt, dass sie nicht der kriegsbedingten Papier-Rationierung unterlag. Schließlich boten ihre Romane Kindern nicht nur den zu dieser Zeit dringend benötigten Eskapismus, sondern auch deutsche U-Boot-Verschwörungen auf den schottischen Inseln, die von den *Adventurous Four* aufgedeckt wurden. Nach dem Krieg schrieb Blyton Bücher über braune Prinzen, die von skrupellosen Revolutionären entführt wurden, um ihre britannientreuen Onkel zum Abdanken zu zwingen. Und diese Andeutungen wurden in Indien, das gerade seine Unabhängigkeit erkämpft hatte, nur zu deutlich verstanden. (Wobei sich auch noch eine Reihe anderer Staaten, an denen England geopolitisches Interesse hatte, gemeint fühlen konnte – Orientalismus ist keine begrenzte Ressource.) Warum sind wir trotzdem so unerschütterlich #TeamBlyton?

Denn natürlich ist Repräsentation wichtig, vor allem in Kinderbüchern. Es spielt eine Rolle, wie die Charaktere, die uns ähneln – sei es in Bezug auf Geschlecht, Gesundheit, Alter, Aussehen, Herkunft etc. –, dargestellt werden. Sind sie die Held*innen oder die Helfer*innen in Romanen? Sind sie die Pointe von (rassistischen) Witzen oder autonome Figuren? Aber in erster Linie: Sind sie liebenswert?

Dann lesen wir doch einmal hinein. Zum Beispiel in die Geschichte *The Little Black Doll,* in der die titelgebende Schwarze Puppe »Sambo« – autsch! – von den anderen Spielzeugen nicht akzeptiert wird, bis ihr »hässliches schwarzes Gesicht« vom Regen pinkgewaschen wird.[9] Oder in Blytons – in Großbritannien – bekannteste Serie *Noddy*, in der, wie die meisten Artikel zum Plaketten-Skandal bemerkten, »die Antagonisten nahezu immer Golliwogs sind – Schwarze Stoffpuppen mit stereotypisch rassistischen Gesichtszügen, die zum ersten Mal 1895 in den Büchern der Karikaturistin und Autorin Florence Kate Upton auftauchten.«[10]

Worte wie Sxxxo und gxxxxxxg lassen die Alarmglocken bei uns klingeln – zu Recht. Deshalb verstehe ich, warum diese Beispiele wieder und wieder und dann noch einmal als Beweise angeführt werden, schließlich sind sie so verführerisch eindeutig. Allerdings sind sie auch verführerisch irreführend. *The Little Black Doll* ist – bei allem Paternalismus – Blytons absolut ernst gemeinter Versuch, eine antirassistische Geschichte zu schreiben. Sxxxo ist der Held, natürlich identifizieren sich die lesenden Kinder mit ihm und nicht mit den hochnäsigen anderen Spielsachen, angeführt von der »blonden blauäugigen Puppe«, deren Ablehnung nicht nur offensichtlich chauvinistisch ist, sondern – viel schlimmer bei Blyton! – auch noch ungerecht. Und was die gxxxxxxs angeht, so kam vor kurzem eine Untersuchung zu dem Ergebnis, dass keineswegs sie die häufigsten Bösewichte in den *Noddy*-Büchern sind, sondern Teddybären.[11]

Das Hauptproblem bei Blyton ist nicht, dass sie – hoffentlich – längst überkommene rassistische Stereotypien verwendete, sondern dass Rassismus ein viel integralerer Bestandteil ihrer Bücher ist.[12] Wenn überhaupt dunkelhäutigere Figuren in der monochrom weißen Welt von Blytons Büchern auftauchen, sind sie in der Regel dümmer oder hartherziger als die weißen Charaktere.[13] Und besonders ausgeprägt ist ihr Antiziganismus: Sinti*zze und Roma*nja sind (nahezu) immer verschlagen, ungewaschen und stehlen geheime wissenschaftliche Formeln.

Darüber hinaus wissen die Blyton-Kids nicht nur haargenau, wie man mit Ausländern a.k.a. Dieben umgeht, sondern auch mit Dienstboten. Sie bewohnen eine Welt voller Köche und Hausmädchen und ... Snobismus. Zwar gibt es gelegentlich Freundschaften zwischen diesen Kindern und Kindern, die nicht der oberen Mittelschicht angehören, doch ist dabei immer klar, wer welchen Platz einnimmt, wer Freundschaft gibt und wer sie dankbar annimmt, wer etwas Besseres ist und wer ... na, ist ja klar.

Überhaupt spielt Gruppendynamik eine schwierige Rolle im Blyton-Kanon. Almut Prieger weist in ihrer Dissertation *Das Werk Enid Blytons – Eine Analyse ihrer Erfolgsserien in westdeutschen Verlagen* darauf hin, dass es vor allem in ihren Internatsgeschichten stets darum geht, widerspenstige Kinder zu passenden Mitgliedern der Gesellschaft zu erziehen, indem sie lernen, dass die Werte der Gruppe die überlegenen sind. Verläuft dieser Prozess nicht geradlinig wie in dem Fall von Evelyn in den *Dolly*-Bänden – die auf Englisch Gwendoline heißt, womit sie als Mädchen aus Wales markiert ist, das immerhin eine der ersten englischen Kolonien war[14] –, dann liegt das niemals an der Gruppe, sondern daran, dass Evelyn/Gwendoline halt verwöhnt, faul und unsportlich (doppelt autsch) ist. Die Strafe für ihre Renitenz ist nicht nur der Ausschluss aus der Gruppe, sondern noch dazu ein Schicksalsschlag in Form der (nahezu) tödlichen Krankheit ihres Vaters und des damit einhergehenden Verlusts ihres Wohlstands. Diese Kinder werden im wahrsten Sinne des Wortes exorziert, und die soziale Gemeinschaft ist danach von ihnen gereinigt. Weniger krasse Fälle wie Diana, die zwar auch eitel ist – und noch dazu eine Diebin –, erhalten in letzter Sekunde die Gelegenheit, einem anderen Kind das Leben zu retten, und werden so doch noch von der Gemeinschaft aufgenommen.

Ich weiß, dass sich das jetzt nicht so anhört, als könnte man die Bücher noch retten. Aber ich bin davon überzeugt, dass man das ganze Ausmaß des Gegenarguments kennen muss, um ... okay, wahrscheinlich will ich mir nur nicht vorwerfen lassen, dass ich sie unkritisch verteidige. Deshalb hier der Vollständigkeit halber noch der dritte große Ismus: Auch in Bezug auf Sexismus haben die Blyton-Bücher eine Menge zu bieten. Die Jungs erleben die Abenteuer, die Mädchen machen den Abwasch. Zum Glück ist da George aus der *Fünf-Freunde*-Serie, die sich strikt weigert, die Mädchenarbeit zu machen, George, die Jungenkleidung – sprich: kurze Hosen – trägt und lautstark nach ihrem Hund Timmy pfeift. In den 1980er Jahren wurde George als feministisches Rollenmodell gelesen, in den 1990ern als genderfluid. Leider ist sie keines von beidem. George will Genderrollen nicht aufbrechen, sondern einfach nur ein Junge sein. Sie ist völlig zufrieden damit, ihrer Cousine Anne das Kochen und Aufräumen zu überlassen, und bezeichnet sie als »richtiges kleines Hausmütterchen«, was Anne sogar noch als Kompliment versteht, da die *Fünf Freunde* die Geschlechterverhältnisse des Kalten Krieges so eisern konservieren wie die berühmten 1950er-Jahre-Illustrationen von Eileen A. Soper.

Die Frage: Was sollen wir mit diesen unpassenden Texten anstellen? ist zugleich die Frage: Was sollen wir mit der Unordnung der Welt machen? Schließlich ist Enid Blyton ja keineswegs die einzige Autorin, deren Lektüre uns mit historischem Abstand, höflich ausgedrückt ... entsetzt. Sie ist auch keineswegs die einzige Kinderbuchautorin, wie auch andere Beiträge in diesem Band zeigen. Trotzdem haben wir verblüffend wenige Antworten auf diese Frage. Also, wir haben eine Menge Antworten, aber nur darauf, was wir *nicht* mit den Texten machen sollen. Man muss nur an die erregten

Debatten um Astrid Lindgren denken: Als der Oetinger Verlag Pippi Langstrumpfs Vater vom »N-Wort-König« zum »Südseekönig« umbenannte, glich das für den Journalisten Harald Martenstein einer »Zensur«, die ihn zu der Befürchtung veranlasste: »dann ist ... die Literatur insgesamt an ihr Ende gelangt«.[15] Oder an die nicht minder heißen Aushandlungsprozesse um Otfried Preußler, die den Thienemann Verlag 2015 dazu brachten, einen offenen Brief im *Börsenblatt* zu veröffentlichen und zu erklären, dass sie nur das N-Wort gestrichen hätten und in ihrer Neubearbeitung von *Die kleine Hexe* keineswegs auch noch gendern würden. Gott bewahre! Dem gegenüber stehen Kritiker*innen, die ... nein, niemand redet von verbieten, doch wäre die Pädagogin Christiane Kassama durchaus dafür, bestimmte Bücher nicht weiter aufzulegen: »Was die Gesellschaft braucht, sind positive Identifikationsmöglichkeiten für alle Menschen. Keine Stigmatisierungen aufgrund von Hautfarbe oder anderen Merkmalen«.[16] Und auch die Autorin und Literaturaktivistin Chantal-Fleur Sandjon findet, Blytons Bücher seien »Artefakte, die haben ihren Platz, aber die müssen nicht unbedingt in heutige Kinderzimmer einziehen«.[17] Und schon schreit die andere Seite wieder auf, und ich höre überrascht darin den schrillen Ton meiner eigenen Stimme mithallen, obwohl ich die Bedenken von Sandjon und Kassama ja teile.

Debatten um Bücher, auch – oder gerade – um Kinderbücher, sind Debatten über gesellschaftliches Bewusstsein, und man tut sich keinen Gefallen damit, sie als zwanghaft oder überhitzt abzutun. Während ich diesen Text schreibe, wird mein Kollege Ben Hänchen auf Twitter mit den Roten Khmer und der chinesischen Kulturrevolution verglichen, weil er in einem MDR-Podcast die Frage stellt: Sind Karl-May-Spiele noch zeitgemäß?[18] Ich kann den Shitstorm in Echtzeit verfolgen, weil ich eine der Interviewpartner*innen für die Podcast-Serie war und deshalb auf Twitter getagged bin. Oh, gerade wird gefordert, den öffentlich-rechtlichen Rundfunk abzuschaffen! Deshalb fällt es mir nicht leicht, die nächsten Sätze zu schreiben: Aber natürlich neigen wir zu Extremen, wenn es ans Eingemachte geht. Und Sprache ist uns nun einmal so nahe und intim, wie Berührungen es sind, weil sie das Medium ist, mit dem wir einander sogar über Zeit und Raum hinweg berühren können. Eine Störung im Sprachfluss, in der Vermittlung von mir zu dir, von Buch zu Lesenden, gleicht einem Kontaktabbruch. Und schmerzt wie ein Kontaktabbruch.

Bloß dürfen wir nicht vergessen, dass das für alle Richtungen gilt. So ist – um bei dem am heißesten diskutierten Beispiel zu bleiben – das N-Wort für viele Menschen genau das: ein Kontaktabbruch, ein Aus-dem-Text-katapultiert-Werden, eine gewaltsame Erinnerung daran, dass dieses Wort geprägt wurde, um sie aus der Kategorie Mensch herauszudefinieren. Natürlich – respektive: hoffentlich – würden wir das bei einem neuen Kinderbuch redigieren. Warum also nicht auch bei einem alten Kinderbuch? Auch wenn es nicht mehr möglich ist, die Autor*innen danach zu fragen, ob wir ihre Texte verändern dürfen, und wenn ja, wie. Wenn wir dazulernen können, warum sollten Texte das nicht auch?

Im Übrigen wurden Enid Blytons Bücher längst – ohne größeren öffentlichen Aufschrei – dahingehend überarbeitet. 1989 entschieden Blytons Töchter Imogen und Gillian: »Die gxxxxxxs passen nicht mehr in die multikulturelle Gesellschaft.«[19] Seitdem sind sie Goblins, und die Handlung nimmt daran keinen Schaden.[20] Doch löst das nicht das Problem, was wir mit den ganzen »rollenden Augen« der Schwarzen Charaktere machen sollen und dass die Braunen Charaktere immer »aufbrausend« sind und beim Reden mit den Händen in der Luft herumfuchteln. Deshalb wurde das Gros der Blyton-Bücher in den 1990ern antirassistisch überarbeitet. Mit dem Ergebnis, dass aus den »bösen schwarzen Männern« nun »böse Männer« wurden – und alle waren glücklich.[21] Bei *The Little Black Doll* übersahen die Lektor*innen zwar, dass Sxxxs

Name eine knallende rassistische Beleidigung darstellt, dafür hat die Geschichte nun allerdings ein neues Ende: Nach Sxxxs Whitewashing vermissen die anderen Spielsachen seine dunkle Haut und helfen ihm, wieder Schwarz zu werden. So weit, so gut, nur ist das *eine komplett andere Geschichte.*

Doch auch bei weniger invasiven Überarbeitungen lautet das Gegenargument: Aber was ist mit der Authentizität? Damals waren Menschen nun einmal rassistisch, dann sollte sich das auch in Kinderbüchern widerspiegeln. Wir können Kinder nicht in Watte – oder ein äquivalentes Bambusderivat – packen. Und ich muss zugeben, dass ich ebenfalls an der Frage der Authentizität hänge – oder, wie ich es ausdrücke: am Geruch und Geschmack von Texten, die sie in einer bestimmten Zeit und in einem bestimmten Kontext verorten. Tatsächlich haben die Blyton-Bücher in meiner Kindheit eine Menge an Authentizität und Geheimnis verloren, als das Duodezimalsystem dem Dezimalsystem angepasst wurde: 12 pence in a shilling. 20 shillings in a pound. 21 shillings in a guinea. Das sind Sätze voller Magie. In einer Welt, in der die Regeln der Mathematik gebrochen werden, ist alles möglich. Ich wollte diese Welt nicht vertrauter, sondern geheimnisvoller.

Und da wir gerade dabei sind, warum wurden Ortsnamen und überhaupt ... Namen ins Deutsche übersetzt? Und noch dazu so krude? Wer zum Teufel ist auf die Idee gekommen, aus Pat und Isabel O'Sullivan Hanni und Nanni zu machen? Die Babyfizierung der Kinderliteratur! Besonders amüsant, oder vielmehr zwanghaft, finde ich die sexuelle Säuberung von Namen wie Fanny und Dick – weil das inzwischen Slangworte für Muschi und Schwanz sind –, die in den Büchern heute zu Franny und Rick geworden sind.[22]

Damit will ich nicht sagen, dass ich alles besser machen würde, sondern lediglich, dass Kinderbücher, ob wir es wollen oder nicht, sowieso regelmäßig aktualisiert werden. Am deutlichsten wird das in Bezug auf Körperstrafen. In den 1990ern wurden, nicht nur bei Blyton, Prügelstrafen zu Rügen geändert. Das kann man ärgerlich oder sogar problematisch finden, das *finde* ich persönlich problematisch, aber Bücher werden ja auch ansonsten nicht einfach so gedruckt, wie sie geschrieben werden. Sie durchlaufen immer einen Prozess der Bearbeitung und Korrektur, des Lektorats. Und wenn dieser Prozess posthum passiert, dann ist das nur ein Zeichen dafür, dass diese Bücher länger überleben als die Körper derer, die sie erdacht und erträumt haben. Als Minimalkonsens fordert Chantal-Fleur Sandjon – und da stimmen wir endlich uneingeschränkt überein – eine Kontextualisierung. Sprich: dass Änderungen oder das Fehlen derselben in einem Nachwort erklärt werden.[23] Die Kinder, die sich nicht dafür interessieren, werden ein solches Nachwort sowieso nicht lesen, aber die anderen. Denn auch Kinder setzen bereits ästhetische Maßstäbe an Texte an, auch wenn sie diese nicht so nennen würden. Als *Fünf Freunde und der Blaue Diamant* herauskam, war ich acht, trotzdem war mir klar, dass das Buch nicht von Enid Blyton stammte, weil es nicht von ihr *sein konnte*. Damals lernte ich, was ein Impressum ist – also nicht das Wort, sondern das Konzept, dass vorne in Büchern steht, wann sie geschrieben worden sind: 1979, mehr als zehn Jahre nach Blytons Tod – und wer sie übersetzt hat: Brigitte Blobel.

In den 1970ern und 80ern wurde das Wort »übersetzen« in Deutschland sehr großzügig ausgelegt. So wurden in Blyton-Büchern schon mal mehrere Charaktere zu einem verschmolzen, und ganze Kapitel verschwanden aus den deutschen Büchern. Dass auch ein komplettes Buch von der »Übersetzerin« geschrieben wurde, war noch gar nichts. Schließlich gibt es auch ganze Buchreihen, an denen der einzige Beitrag Blytons ihre berühmte Unterschrift auf den Covern ist.[24] Als Erwachsene herauszufinden, dass ich recht hatte, war eine wahnsinnige Erleichterung. Nicht, weil alle Fake-Blytons schlecht waren – eines meiner Lieblingsbücher ist *Julie und das Geheimnis von Heißtatabumstei*, übersetzt bzw. geschrieben von

Helga Darnstädt –, sondern weil sie nicht *stimmig* waren, weil sie ihre Atmosphäre aus anderen Landschaften schöpften und meine Kommunikation mit Literatur erschütterten. Das war, als hätte jemand meine Freundin Tanja ausgetauscht und alle würden so tun, als wäre dieses fremde Mädchen *genau dieselbe Person*. Auch Kinder können zwischen gutem und anderem Stil unterscheiden. Deshalb ist es so interessant, dass nach den objektiven Vorwürfen – Rassismus und Fremdenfeindlichkeit – auf der English-Heritage-Website noch steht: »fehlende literarische Qualität«.[25] Wow! Nicht nur rassistisch, sondern auch Schund?

Ich habe einmal einen Artikel mit dem Titel geschrieben: »Sollte Enid Blyton unter das Betäubungsmittelgesetz fallen?« Schließlich berichtet sie, wie sie Lachgas genommen und dabei die Geheimnisse des Universums, von Leben, Raum und Zeit erfahren hat. True fact. Allerdings fand das Ganze beim Zahnarzt statt, und sie schreibt es in einem Brief an den Psychologieprofessor Peter McKellar und nicht in *Fünf Freunde nehmen LSD*. Doch *wurde* Enid Blyton lange als so gefährlich angesehen wie Drogen, ja ihre Bücher selbst als Rauschmittel betrachtet.

Die aktuellen Auseinandersetzungen um Enid Blyton sind nämlich keineswegs neu. »Miss Enid Blyton war wahrscheinlich die erfolgreichste und kontroverseste Kinderbuchautorin der Nachkriegszeit«, schrieb die *Times* 1968 in ihrem Nachruf auf die Schriftstellerin.[26] Schon bald nach dem Krieg wurden Blytons Bücher wieder aus dem Schul-Curriculum gestrichen und »in mehr Büchereien auf den Index gesetzt als die Werke jeder anderen Autor*in von Kinder- und Erwachsenenliteratur gleichermaßen«.[27] Insofern kommen Dan Woottons Befürchtungen, dass ihre Bücher verbannt werden könnten, keineswegs aus dem luftleeren Raum. Fast dreißig Jahre lang stand Blyton bei der BBC auf der schwarzen Liste. In internen Memos, die 2009 an die Öffentlichkeit gelangten, schrieb Jean Sutcliffe, die Leiterin des Schulfunks, jahrzehntein, jahrzehntaus, dass Enid »nur ein kleiner Fisch«[28] sei, »kein Schriftsteller von Rang könnte solch mittelmäßiges Gekritzel am laufenden Band und in dieser schier unglaublichen Masse hervorbringen, ohne vor Langeweile zu sterben«.[29] Erst nachdem Wäschekörbe voller Briefe von Kindern eingegangen waren, ließ Sutcliffe Blyton schließlich zähneknirschend doch in die Sendung kommen, allerdings unter der Bedingung, dass diese ... nicht über ihre Arbeit sprach: »Es kann nicht schaden, wenn sie ihre Meinung über Horror Comics oder Hüte kundtut oder was auch immer ihr in den Kopf kommt, solange sie nicht über ihre Methoden und Ziele als Kinderbuchautorin spricht. Sollte sie jedoch die Gelegenheit erhalten, darüber zu dozieren, wie man für Kinder schreibt, ohne dass das von wirklich guten Schriftstellern, Eltern oder Erziehern mit ernsthafter Erfahrung im Bereich der Kinderliteratur hinterfragt wird, dann ist die BBC nur ein weiteres Opfer der Werbekampagne, die diese inkompetente und sture drittklassige Autorin zu solch astronomischem Erfolg katapultiert hat.«[30] Dagegen ist Blytons Snobismus Kinderkram. No pun intended.

Damals stieß sich niemand an ihrem Sexismus. Enid Blytons erstes Buch erschien 1922, sechs Jahre bevor alle Frauen in Großbritannien das Wahlrecht erhielten.[31] Natürlich wunderte sich niemand darüber, dass die Väter in ihren Büchern geniale Wissenschaftler waren, während die Mütter das Mittagessen servierten und den Tee (ein weiteres komplettes Essen in England), das Abendessen und das Frühstück am nächsten Tag und den Picknickkorb packten. »Im Rückblick ist es verblüffend, dass ich einmal von Dosenfleisch, Clotted Cream und Spotted Dick geträumt habe, während die Engländer Chicken Tikka Masala verschlangen. Enid Blyton brachte mich dazu, mich nach Essen zu sehnen, das absolut unappetitlich klang (Spotted Dick ist ein gedämpfter Pudding aus Rindernierenfett und Trockenfrüchten mit Vanillesauce). Das ist keine geringe Leistung«, kommentiert der Schriftsteller Sandip

Roy die zentrale Rolle, die Essen bei Blyton spielt.[32] Vergleichbar mit Sex in der Literatur und Popkultur der Hippie-Ära ist es sinnlich und erotisch und macht am meisten Spaß, wenn man es draußen genießt.

Mitte des letzten Jahrhunderts war das Problem mit Blyton, dass sie einfach zu viel schrieb und zu erfolgreich war. Die magische Zahl lautet »mehr als 600 Millionen verkaufte Exemplare«, doch ist diese Schätzung von 2008, und jedes Jahr kommen rund acht Millionen dazu.[33] Ein solcher Umsatz – wenn er nicht auf Shakespeares Konto geht – kann nur eins bedeuten: Trivialliteratur. Das ist der Grund, warum frühere Überarbeitungen von Blytons Texten so wenig Aufmerksamkeit erregten, weil alle sowieso davon ausgingen: Damit können wir machen, was wir wollen, das ist ja eh keine echte Literatur. Um diesem Vorwurf den Anstrich von Objektivität zu geben, wurde anhand von Wortanalysen nachgewiesen, dass Blyton ein beschränktes Vokabular benutzt.[34] (Zum Glück wandte niemand dieses Analyseverfahren auf Dr. Seuss an, der in seinem Meisterwerk *Green Eggs And Ham* bekanntlich mit nur fünfzig verschiedenen Wörtern auskam.) Jean Sutcliffe beschrieb Blytons Stil als »Pinky-winky Doodle-doodle Dum-dum«.[35] Für die Kinderbuchkritikerin Margery Fisher wirkte er wie ein »langsames Gift«, weshalb sie Eltern riet, ihre Kinder nicht zu viele – also am besten: keine – Blytons lesen zu lassen.[36] Und außerdem soll Blyton keine gute Mutter gewesen sein.[37]

Ich denke, dass hierin ein Kern des Problems liegt. Tief in uns glauben wir immer noch an das Wahre, Schöne, Gute. Wenn eine Autorin gut schreibt, dann muss sie auch moralisch integer sein. Und umgekehrt: Wer rassistische Vorstellungen in seine Texte einfließen lässt, kann auch kein*e gute*r Autor*in sein. Wenn wir also einen Aspekt eines Werkes kritisieren, fühlt sich das so an, als müssten wir das ganze Werk verwerfen. Dabei können Menschen beides sein: literarisch brillant und rassistisch, innovativ und konservativ, einzigartig und klischeehaft. Das eine relativiert das andere nicht.

Nebenbei übersahen die BBC, Büchereien und der Rest der Anti-Blyton-Brigade, dass ihre Bücher schlicht nicht für sie geschrieben waren. Enid Blyton sagte bekanntlich, sie »gäbe nichts auf die Meinung von Kritiker*innen, die älter als zwölf Jahre alt sind«.[38] »Wenn man eine Linie entlang der Pubertät ziehen könnte, würden sich die Reaktionen auf den Namen Enid Blyton auf beiden Seiten grundlegend unterscheiden. Bei ihrer riesigen Leserschaft aus Kindern reicht bereits das Flüstern ihres Namens aus, um Gefühle von Spannung und Vorfreude heraufzubeschwören; bei Erwachsenen reichen die Reaktionen von Spott bis Übelkeit«, konstatiert der Psychologe Michael Woods, der in seiner posthumen Analyse zu dem Ergebnis kommt, dass Enid Blyton selbst emotional niemals älter geworden sei als zwölf.[39] Denn die bereits erwähnte George hat noch eine andere Seite. Sie ist eine der wenigen Figuren, die auf einer echten Person basierten.[40] George ist Enid. Allerdings Enid vor ihrem dreizehnten Geburtstag, als ihr geliebter Vater die Familie verließ. Enid aus der Zeit, in der sie sein Lieblingskind war und er ihr Lieblingselternteil. Die Legende im Blyton-Haushalt besagte, dass er ihr sogar das Leben gerettet habe: Als Enid mit drei Monaten an Keuchhusten erkrankte, bereitete der Arzt ihre Eltern darauf vor, dass sie die Nacht nicht überleben würde, doch Thomas Carey Blyton weigerte sich, sie sterben zu lassen, und blieb die ganze Nacht an ihrem Bett, bis die Krise überstanden war. Die Trennung erschütterte die Fundamente ihrer Welt. Hatte ihr Vater bis dato ihr musisches Talent und ihre Liebe zur Natur gefördert, setzte Theresa Blyton nun alles daran, aus Enid eine gute Hausfrau zu machen, und untersagte ihr, weiterhin Gedichte und Geschichten an Zeitungen zu schicken, weil das eine Verschwendung von Briefmarken sei. Also machte Enid das daraufhin heimlich und stand jeden Morgen vor allen anderen auf, um mögliche Antwortbriefe in der Post abzufangen. Aber warum auch nicht? Schließlich war es bei den Blytons Alltag, den Schein zu wahren. Theresa bestand darauf, dass Enid und ihre beiden Brüder den Nachbarn vortäuschten, ihr Vater sei nur vorübergehend verreist.

Insofern sprengt Enid Blyton – und damit auch ihr fiktionales Ich George – eben doch Genderrollen: Sie glaubte unbeirrbar an ihre Berufung, als es für Mädchen (ihrer Schicht) noch unschicklich war, auch nur einen Beruf anzustreben. Sobald sie alt genug war, verließ sie das Haus und sagte allen, ihre Mutter sei gestorben.

Enid hatte die Lektion gelernt, alles zu ignorieren, was nicht in ihr Weltbild passte. »Sie war allergisch gegen die Realität«, schloss Helena Bonham Carter, die die Schriftstellerin in dem Biopic *Enid* spielt.[41] Im Film wie im Leben heiratete Enid Blyton 1924 ihren Lektor Hugh Pollock und fand heraus, dass sie nicht schwanger werden konnte, weil ihre Gebärmutter im Entwicklungsstadium eines zwölf- oder dreizehnjährigen Mädchens verblieben war. 1931 brachte sie schließlich doch ein Kind zur Welt, ihre älteste Tochter Gillian, und 1935 ihre zweite Tochter Imogen.[42] Imogen Smallwood erinnert sich: »Ich glaube, sie hat enorm gelitten. Ich denke, dass sie niemals richtig erwachsen geworden ist. Deshalb hat sie so erfolgreich für Kinder geschrieben, weil sie in gewisser Weise wie ein Kind geschrieben hat.«[43] Allerdings mit dem Vorteil, dass sie die literarischen Fähigkeiten einer Autorin von – die Zahlen variieren – rund 800 Büchern hatte.

Enid berichtet über ihren Schreibprozess – und ich glaube ihr das ohne Wenn und Aber –, dass sie sich an ihre Schreibmaschine setzte, die Augen schloss und sagte: Meine Geschichte soll so und so lang sein, und es sollen Schmuggler darin vorkommen, und schon ging es los: 10 000 Wörter – nicht Zeichen! – pro Tag. Das ist so nahe an Oralität, wie geschriebene Texte es nur sein können. Wenn ich etwas von Enid Blyton lernen wollte, dann das, dass der Text nicht zwischen der Geschichte und den Lesenden steht, sondern ein Fluss ist, der einen immer weiterträgt, als würde ein Gedanke unweigerlich den nächsten ergeben, und dass man die Hand, die diese Gedanken zusammennäht, nicht bemerkt. Deshalb lese ich mir meine Texte beim Überarbeiten immer laut vor – und danach lese ich sie meinem Partner vor –, um zu hören, wo sie haken. Und erst, wenn sie diesen Test ohne Unterbrechung bestehen, sind sie fertig.

Ich kann mich noch an mein erstes Blyton-Buch erinnern. Es war *Augen auf, Schwarze Sieben* über sieben Kinder, die einen Geheimbund gründen (inklusive Abzeichen, also rot angemalten Knöpfen, auf denen in schwarzen Buchstaben pikanterweise stand: SS). Ich lag im Bett, meine Mutter las mir das Buch vor, und ich wusste sofort: Das ist das, was ich will! Nicht nur mehr Geschichten, sondern mehr von *diesen* Geschichten. »Vielleicht ist die Leichtigkeit, mit der ihre Geschichten fließen, der Grund für die Faszination, mit der Kinder sie lesen«, spekulierte die BBC und warnte Eltern: »Gerade diese Begeisterung ist zwar für jüngere Leser geeignet, macht es aber für ältere schwierig, die Enid-Blyton-Abhängigkeit abzuschütteln.«[44] Ich war eines dieser Kinder. Ich wollte alle Enid-Blyton-Bücher lesen und nicht sonderlich viele andere.[45] Weil sie einfach nicht so gut waren. Nun sind 800 Bücher zwar eine Menge, aber trotzdem irgendwann einmal durchgelesen – und so entdeckte ich mit Enid Blyton die Freude des Wiederlesens. Ein neues Blyton-Buch war natürlich hervorragend. Aber ein geliebtes Buch wiederzulesen war fast noch besser. Die deutsche Sprache braucht ein Wort für diese Mischung aus Vorfreude und totaler Entspannung. Wie wäre es mit: ein Blyton?

1964, vier Jahre vor ihrem Tod, wurde Enid Blyton endlich in die BBC eingeladen. In ihrem berühmten Interview in *Woman's Hour* erklärt sie: »Kinder sind meine Freunde.«[46] Das ist ziemlich pathetisch – im deutschen wie im englischen Sinn, wo es »Mitleid erregend« bedeutet –, aber es stimmt einfach. Enid Blyton war mir so nahe wie eine Freundin. Ihre Bücher sprachen auf absoluter Augenhöhe mit mir. Und nicht von oben herab, so wie Michael Endes Bücher das taten, bei denen ich immer den Zeigefinger hören konnte. Ich weiß, dass andere das anders sehen, und das ist das Wunderbare an Literatur, dass sie auf so vielen Ebenen gleichzeitig wirkt und so viele unterschiedliche Rezeptoren in uns anspricht.

Deshalb bin ich immer ein wenig unsicher, wenn es um Literaturkritik geht. Auch wenn es um meine eigenen Literaturkritiken geht. Haben wir wirklich geteilte Kriterien der Kritik? Und wenn ja, welche sind das? Und wie sieht das mit der Literaturwissenschaft aus? In meinem Germanistik-Studium sezierten wir Bücher, bis sie tot vor uns auf dem Tisch lagen. Als ich bemerkte, dass ich die körperliche Lust am Lesen verlor, auf die ich mich bis dahin verlassen konnte – das Leben mag hart sein, Lesen hilft immer! –, beschloss ich, ein Jahr lang nur noch Kinderbücher, also Enid Blyton, zu lesen. Das war eine der besten Entscheidungen meines Lebens. Wenn ich eine Bücherei oder einen Buchladen betrete, habe ich noch immer das Gefühl von Abenteuer und Geborgenheit, das ich hatte, wenn ich als Kind mit meiner Mutter in die Pfarrbibliothek bei uns um die Ecke gegangen bin und mir für dreißig Pfennig drei Blytons ausleihen durfte.

Und so wie ich sehen das zahllose ... Inder*innen. In Indien ist Blytons Popularität nicht nur noch größer als in England, sie ist auch deutlich ungetrübter. Als die Royal Mint, also die britische Münzprägeanstalt, 2018 den Plan, zum fünfzigsten Todestag der Schriftstellerin eine 50-Pence-Sonderedition zu pressen, mit der Begründung ablehnte, Blyton sei »rassistisch, sexistisch, homophob und nicht besonders angesehen«,[47] schlug Sandip Roy vor: »Kein Problem. Dann druckt Indien Enid Blyton halt auf den 50-Rupien-Schein.«[48] Und es gibt sogar ein berühmtes indisches Rennpferd mit dem Namen Enid Blyton.

Diese unwahrscheinliche Liebe hat paradoxerweise viel mit unserer geteilten kolonialen Vergangenheit zu tun. Wir haben diese Bücher, überhaupt Bücher, niemals mit der Erwartung gelesen, uns darin ohne Probleme wiederfinden zu können. »Nach 200 Jahren englischer Herrschaft wussten indische Kinder instinktiv, wie man ihre Erzeugnisse filtert – das Beste herauszupicken und den Rest geflissentlich zu ignorieren«, erklärt der Schriftsteller Shashi Tharoor.[49] Bei aller Notwendigkeit, Texte kritisch zu durchleuchten – und ich bin so froh, dass wir diese Auseinandersetzungen jetzt endlich führen –, übersehen wir manchmal, dass Lesen ja nie ein linearer Prozess ist. Auch und vor allem junge Leser*innen wählen sich aus Texten die Aspekte heraus, die für sie wichtig sind, und übersehen – und wenn nötig: ergänzen – andere. Oder mit den Worten Sandip Roys: »Wir wollten nicht weiß sein wie sie. Wir wollten Abenteuer erleben wie sie.«[50] Enid Blytons Bücher werden ja nicht deshalb noch immer jedes Jahr millionenfach gekauft und gelesen – und Kinder schreiben ihr immer noch Säcke voller Briefe –, weil man Kindern jeden Schund vorsetzen kann, sondern weil sie ein Bedürfnis erfüllen. Wo sonst gibt es einsame Vogelinseln und windgepeitschte Moore bei gleichzeitigen *lashings of* ... was auch immer man zu einem Picknick mitnehmen möchte? »Sie eröffneten mir eine Welt aus Abenteuern, die in meinem behüteten Leben in Kalkutta unvorstellbar waren«, erinnert sich Roy. »Die Kinder in den Blyton-Büchern hatten geheime Clubs. Sie rissen von zu Hause aus und lebten in einem hohlen Baum im Wald. Sie freundeten sich mit Tammylan an, dem wilden Mann des Waldes, der ihnen die Geheimnisse von Maulwürfen und Kaninchen verriet.[51] ›Es ist großartig, ganz alleine campen gehen zu dürfen‹, sagte Dick zu meinem Neid in den Fünf-Freunde-Büchern. Die jungen Abenteurer, über die ich auf Bengali las, ob Satyajit Rays Topse oder Sunil Gangopadhyays Santu, wurden immer von einem Erwachsenen begleitet.«[52] Auch für die Abwesenheit von Erwachsenen in Blytons Büchern hat Michael Woods eine Erklärung, die etwas mit dem

Trauma zu tun hat, und wahrscheinlich hat er damit sogar recht. Doch gibt das den Blyton-Kids eine Freiheit, die ich secondhand aus ihren Büchern mitgenießen konnte. Meine Mutter hätte mich nicht nur niemals alleine zelten lassen, meine Mutter machte sich schon Sorgen, wenn ich alleine in den Keller ging. Meine Kindheit wäre so unglaublich langweilig gewesen ohne Enid Blyton.

Und, das fällt in aktuellen Auseinandersetzungen gerade unter den Tisch: Blyton war eine wirklich beeindruckende Nature Writerin. Ihre Bücher spielen in einer Welt, in der alles beseelt ist, in der Tiere jederzeit in der Lage sind zu sprechen und magische Wesen in einem reziproken Verhältnis mit der Natur leben. Blytons »bedenklich animistische Tendenzen« waren der Aspekt ihrer Arbeit, der Jean Sutcliffe in der BBC besonders die Wände hinauftrieb: »z.B. Die Bäume fühlten die Kälte genauso wie du, also trugen sie ihre warme Kleidung usw.«[53] In Indien dagegen fiel gerade dies auf fruchtbaren Boden. Sandip Roy erklärt: »Enid Blyton öffnete meinen Geist für die Möglichkeit einer anderen Welt jenseits der sichtbaren Welt. Darin erwachten die Spielzeuge nachts, wenn die Kinder ins Bett gegangen waren, zum Leben. Pixies, Elfen und Brownies lebten unter den taubedeckten Blumen am Ende des Gartens.«[54] Dem kann ich nicht viel hinzufügen, außer dass Blyton der Grund ist, warum ich meine Bücher danach in meinen Regalen sortiere, welche Charaktere sich mögen würden – damit sie keinen weiten Weg zueinander zurücklegen müssen, wenn sie nachts herauskommen, um sich zu unterhalten.

Blytons Texte riechen nach Gras und schmecken nach dem Salz von Seewind. Hier sind Kinder, die stets etwas zu essen in der Natur finden, als eine Form, sich mit ihr zu verbinden, und die bemerkenswert respektvoll mit diesen Geschenken umgehen. Kinder, die nur mit Hilfe von Freundschaft, Solidarität und Kommunikation die haarsträubendsten Abenteuer bestehen. »Das ist der Grund dafür – wie sehr ihre Bücher auch von Silberfischchen und politischen Unkorrektheiten befallen sind –, dass es einen Fleck in unserem Herzen gibt, der ewig Enid Blyton sein wird.«

Und vielleicht ist das ja auch entlastend, denn das bedeutet, dass zukünftige Generationen uns vergeben werden, dass wir nach wie vor das Fleisch anderer Lebewesen essen und Flugzeuge benutzen. »Der Rassismus, die Fremdenfeindlichkeit und das monochrome Weißsein sind real, aber ebenso ist es die Magie.«[55]

1 So sprechen die Kinder in Enid Blytons Büchern, da waren sich alle sicher – bis der Blyton-Experte Norman Wright einen Faktencheck machte, bei dem herauskam, dass die Formulierung »lashings of ginger beer« – auf Deutsch etwa: Unmengen von Ginger Bier – zwar in der Enid-Blyton-Persiflage *Five Fo Mad in Dorset* der Comedy-Truppe *The Comic Strip* (bestehend aus Dawn French, Rick Mayall, Jennifer Saunders, Adrian Edmondson, Nigel Planer und Peter Richardson) vorkommt, jedoch kein einziges Mal bei Blyton. Das Einzige, wovon es »lashings« bei ihr gibt, sind »hartgekochte Eier«, »Sirup«, »heiße Scones«, »Schokoladensauce« und interessanterweise »lashings« von »giftigen Schlangen« (in: *Five Have A Wonderful Time*).

2 Shaparak Khorsandi 2007 bei The Late Edition Live: https://www.youtube.com/watch?v=bYEPIIabhw8.

3 Zitiert nach Alison Flood: »English Heritage recognises Blyton and Kipling's racism – but blue plaques to stay«, in: *The Guardian*, 17.6.2021.

4 Siehe »Dan Wootton's The Clash: The Enid Blyton Racism Row«, auf: GB News, 17.6.2021, https://www.youtube.com/watch?v=ApvmsGt2PkI. Und:
Dan Wootton, »Yes, Enid Blyton wrote things that we'd never say today but that doesn't cancel the joy she brought to my childhood and shouldn't deny future generations her magical worlds«, in: *Daily Mail*, 17.6.2021.

5 Zitiert nach Pia Krischnankutty: »Enid Blyton flagged again as ›racist‹ – here's the latest controversy triggered by UK charity«, in: *The Print*, 22.6.2021.

6 Zitiert nach Mallika Bhagat: »#EnidBlytonControversy: Can criticise, but can't disregard her, say Indian writers«, in: *Hindustan Times*, 18.6.2021.

7 a.a.O.

8 Es gibt eine Kontroverse darüber, ob Churchill das genau so gemeint hat, da er in seinem Antwortschreiben auf Wavells Telegramm die Hungersnot mit keinem Wort erwähnt hat, sodass seine Tirade gegen Gandhi auch einfach kontextlos zynisch gewesen sein mag. Churchills direkte Schuld an den Millionen Hungertoten ist dagegen unumstritten.

9 https://www.enidblytonsociety.co.uk/book-details.php?id=830.

10 Paromita Chakrabarti: »Explained: Why it's important to note Enid Blyton's failings, not erase her work«, in: *The Indian Express*, 21.6.2021.

11 Vgl: Anne Fine: »A Fine Defence of Enid Blyton«, auf: BBC, 27.11.2008.

12 Auch die Verbindung von Schönheit – respektive dem Fehlen derselben – mit *race* zieht sich durch ihr Werk. In *Five Go To Smuggler's Top* wird der *Mixed-race*-Junge Pierre von allen nur Sooty genannt, weil er so dunkel ist, »als wäre er mit Ruß beschmiert« (in der deutschen Übersetzung *Fünf*

Freunde auf Schmugglerjagd wird daraus der »schwarze Peter«), und er bezeichnet seine weiße Halbschwester und sich als »die Schöne und das Biest«.

13 Zu den wenigen Ausnahmen gehört ausgerechnet Sooty/Pierre, der nicht nur der klügste Junge in seiner Klasse (und noch dazu ein begabter Erfinder) ist, sondern auch ein guter Freund der *Fünf Freunde*.

14 Auch ansonsten ist die Darstellung von Waliser*innen atemberaubend. In *Der Berg der Abenteuer* etwa sind sie durch die Bank furchtsam und abergläubisch und rufen ständig in großäugiger Verwunderung »What haff you« – vielleicht übersetzbar mit: Potzblitz! Donnerlitchen! Oder: Mammamia! – angesichts der vier bemerkenswerten englischen Kinder und ihres Papageis. Interessanterweise wird dieser Chauvinismus in Großbritannien, wo nahezu jeder eine walisische Großmutter oder einen walisischen Urgroßvater hat, leichter erkannt und kritisiert als ihr Rassismus Braunen oder Schwarzen Charakteren gegenüber.

15 Harald Martenstein: »Achtung Zensur«, in: *Tagesspiegel*, 20.1.2013.

16 Zitiert nach Heike Nieder: »Enid Blyton. Der Preis der Nostalgie«, in: *Süddeutsche Zeitung*, 9.6.2022.

17 a.a.O.

18 https://twitter.com/DrAndreasHey1/status/1539163653424955392.

19 Zitiert nach Anne Fine, a.a.O.

20 Schwieriger wird es, wenn rassistische Herabwürdigungen eine zentrale Funktion in der Erzählung erfüllen, indem sie beispielsweise diese rassistische Herabwürdigung überdeutlich machen sollen wie bei Mark Twains *Huckleberry Finn*. Doch zumindest dieses Problem stellt sich bei Enid Blyton nicht.

21 Waren sie natürlich nicht, aber ich vertraue darauf, dass Poe's Law nur für soziale Medien gilt und sich Ironie in einem gedruckten Text auch dann vermittelt, wenn ich keinen Smiley dahinter setze.

22 Zumindest in Großbritannien. In Amerika bedeutet »fanny« »Po«. Ein »fanny pack« ist eine Hüfttasche – und Quelle von endloser Heiterkeit in England.

23 Und ich hätte auch noch gerne eine historisch-kritische Ausgabe: Schließlich möchte ich nachlesen können, wie weit wir gekommen sind.

24 So kennt niemand in Großbritannien *Tina und Tini* und von den 27 *Hanni-und-Nanni*-Bänden basieren nur sechs auf Blytons Büchern, dito nur sechs von den 24 *Dolly*-Büchern.

25 Zitiert nach Alison Flood: »English Heritage recognises Blyton and Kipling's racism – but blue plaques to stay«, in: *The Guardian*, 17.6.2021.

26 *The Times*: »From the archive: Miss Enid Blyton obituary«, vom 29.11.1968.

27 Nicholas Tucker: *The Child and the Book. A Psychological and Literary Exploration.* Canto: 1990, S. 7.

28 Simon Watts: »Enid Blyton and the BBC«, auf: BBC Witness History, 27.12.2011.

29 Simon Watts, a. a. O. – Im Gegensatz zu Großbritannien entdeckte Deutschland relativ früh den Wert von Blyton fürs Hörspiel. Das Europa-Label vertonte zahlreiche ihrer Bücher, und es gab sogar das Gerücht, es sei mit dem expliziten Auftrag gegründet worden, Enid-Blyton-Hörspiele zu produzieren. Für den Erfolg spielte auch die Preispolitik eine Rolle – unschlagbare 5 DM, im Vergleich zu 12 DM oder mehr für vergleichbare Schallplatten.

30 Simon Watts, a. a. O.

31 Zwar gilt 1918 als das Jahr, in dem das Frauenwahlrecht errungen wurde, doch bezog sich das nur auf wohlhabende Frauen über dreißig.

32 Sandip Roy: »Why Enid Blyton endures in India«, in: *The Times Of India*, 19.6.2021.

33 Vgl: https://en.wikipedia.org/wiki/Enid_Blyton.

34 Anne Fine stimmt in ihrem BBC-Feature »A Fine Defence Of Enid Blyton« zu, dass Blytons Personenbeschreibungen äußerst rudimentär sind; und es stimmt, sie beschreibt Essen und Landschaften deutlich ausführlicher als Menschen – das sei jedoch kein Zeichen für schlechten Stil. Fine erklärt: »Blyton ist wie eine dieser Backmischungen, zu denen man nur ein Ei hinzufügen muss. She writes the words. You just add the imagination.«

35 Simon Watts, a. a. O.

36 Zitiert nach Sheila Ray: »Blyton, Enid Mary (1897–1968)«, in: *Oxford Dictionary of National Biography* (online), Oxford University Press, 2004, doi:101093/ref:odnb/31939.

37 Wahrscheinlich stimmt das sogar, schließlich war Enid Blyton zu sehr damit beschäftigt, einen Roman pro Woche fertig zu schreiben, um viel Aufmerksamkeit für ihre Töchter übrig zu haben. Ähnliches ließe sich natürlich auch über James Joyce, Thomas Mann, William Faulkner und Saul Bellow sagen. Und John Banville vertraute der *Irish Times* an: »Du nimmst so viel und beanspruchst so viel Aufmerksamkeit für dich, dass es wirklich hart für deine Liebsten ist. Ich hätte nicht mit mir zusammen leben können.« (Zitiert nach Kathy Sheridan: John Banville: »I have not been a good father. No writer is«, in: *The Irish Times*, 22.10.2016).

38 Simon Watts. a. a. O. – Tatsächlich ist zwölf/dreizehn auch das maximale Alter, das Kinder in Blytons Romanen erreichen, weshalb J. K. Rowling bekanntlich erklärte, sie würde verhindern, dass Harry Potter und seine

Freunde »in permanenter Vorpubertät [stecken blieben] wie der arme Julian von den *Fünf Freunden«* (zitiert nach: Sandip Roy: »Memories of Enid Blyton's past: A birthday ode to her«, in: *Firstpost*, 11.8.2012).

39 Michael Woods: »The Blyton Line. A Psychologists View«. Auszug aus: Blyton Revisited, Spezialausgabe von LINES, Herbst 1969.

40 So wie Inspektor Jenks aus der *Geheimnis-um*-Serie, der immer einen Dienstgrad aufstieg, wenn sein reales Alter Ego eine Beförderung erhielt.

41 Zitiert nach: »Enid Blyton: Forever Child«, in: *The Manchester Evening Post*, 27.4.2010.

42 Enid Blyton wiederholte das Trauma ihrer Kindheit 1942 nach ihrer eigenen Trennung von Hugh Pollock mit ihren Töchtern, indem sie verhinderte, dass Gillian und Imogen ihren Vater je wiedersahen. Zwar hatte Enid selbst weiterhin regelmäßig Kontakt zu ihrem Vater, doch teilten die beiden nie wieder die Intimität ihrer Kindheit, weil Enid sich weigerte, seine neue Frau und später ihre drei Halbgeschwister zu akzeptieren.

43 Simon Watts, a.a.O.

44 Simon Watts, a.a.O.

45 Und ja, ich hatte auch einen Hund, der Timmy hieß, aber nur, weil meine Mutter behauptete, Dolly sei kein Hundename. Denn so problematisch ihre Internatsgeschichten auch sind, spielen sie doch in einer Welt, in der alle Figuren Frauen – okay: Mädchen – sind und sich der Plot ausschließlich um Mädchenfreundschaften dreht.

46 Simon Watts, a.a.O.

47 Zitiert nach Heloise Wood: »Enid Blyton 50p coin blocked over author's ›racist, sexist and homophobic‹ views«, in: *The Bookseller*, 28.8.2019.

48 Sandip Roy: »Why India should claim Blyton as her own«, in: *Mint*, 12.10.2019.

49 Shashi Tharoor: »A Child's Reading in India«, in: *The Washington Post*, 1.12.1991.

50 Sandip Roy: »Memories of Enid Blyton's past: A birthday ode to her«, a.a.O.

51 Diese Freundschaften von Kindern zu erwachsenen Männern – wie Tammylan (in *The Children of Cherry Tree Farm*) oder Big Ears (in den *Noddy*-Büchern) oder Bill (in der *Abenteuer*-Serie) –, mit denen sie nachts in die Wälder gehen und an einsamen Orten zelten, wären in Kinderliteratur heute tragischerweise so gut wie unmöglich, weil sie sofort unter Pädophilieverdacht stünden.

52 Sandip Roy: »Why Enid Blyton endures in India«, a.a.O.

53 Simon Watts, a.a.O.

54 Sandip Roy: »Why Enid Blyton endures in India«, a.a.O.

55 Sandip Roy: »Why Enid Blyton Endures in India«, a.a.O. – Ähnliches gilt übrigens auch für andere Kritiker*innen aus den ehemaligen Kolonien. So weist Jamaica Kincaid sehr explizit auf Blytons Rassismus hin, erklärt aber auch: »Ich las alles, was Blyton geschrieben hatte. Enid Blyton war die erste Person, die ich als Kind nachahmte. Danach wollte ich Charlotte Bronte sein. Es ist möglich, dass mein Schreiben sich von Enid zu Charlotte entwickelt hat. Ich würde mich so freuen, wenn jemand das darüber sagen würde.« Jamaica Kincaid & Jonathan Galassi, in: https://fsgworkinprogress.com/2013/02/07/jamaica-kincaid-jonathan-galassi/?et_cid=30212331&et_rid=548636698&linkid=Read%20On...

WEISSER MANN AUF HEISSEN PFADEN
EIN KINDHEITSBUCH ÜBER AFRIKA, WIEDERGELESEN UND ZITIERT

LOTHAR MÜLLER

In Jean Pauls letztem Werk, *Selina oder Über die Unsterblichkeit der Seele*, gibt es in der Innenwelt der Menschen eine Entsprechung zur erdabgewandten Seite des Mondes, eine dunkle Rückseite nämlich, mit der eine ganze »Welthälfte« dem Bewusstsein unzugänglich ist. Aus diesem Bild entwickelt sich der berühmt gewordene Vergleich, mit dem Jean Paul die Vermessung des Unbewussten angeregt hat: »Wir machen aber von dem Länderreichtum des Ich viel zu kleine oder enge Messungen, wenn wir das ungeheure Reich des Unbewussten, dieses wahre innere Afrika, auslassen.« Leicht lässt sich dieser Satz auf Sigmund Freud hin lesen, der noch im selben Jahrhundert als Kartograph des Unbewussten auftreten und die Traumdeutung zum Königsweg ins noch unerforschte Seelenleben machen wird. Das innere Afrika bleibt als Metapher des Unbewussten zurück.

Aber diese Metapher stellt sich nicht von ungefähr ein. Sie kann Jean Paul nur in den Sinn kommen, weil »das innere Afrika« ein reales Ziel europäischer Reisender war. In Zeitschriften wie den *Allgemeinen Geographischen Ephemeriden*, aber auch in Buchtiteln war es keine Metapher, sondern eine Chiffre für die subsaharische Welt. Als Jean Paul im September 1821 den Entschluss fasste, *Selina* zu schreiben, war gerade aus dem Nachlass des schottischen Arztes Mungo Park *Die zweite Reise im Innern von Afrika* auf Deutsch erschienen, als Fortsetzung der *Reisen im Innern von Afrika 1795 bis 1797* von 1799. Am 15. Dezember 1797 schrieb der Göttinger Naturforscher Johann Friedrich Blumenbach über einen seiner Schützlinge: »*Friedrich Hornemann,* der einzige Sohn einer würdigen Predigerwitwe zu Hildesheim, der ehedem Theologie bey uns studirt hatte, kam im Sommer 1795 von Hannover aus zu mir und vertraute mir, daß er nun seit vier Jahren keinen größern angelegentlichern Wunsch hege, als eine Gelegenheit zu finden, das *innere Africa* bereisen zu können.« Blumenbach stellte für Hornemann den Kontakt zu Sir Joseph Banks her, dem Präsidenten der African Association in London. In deren Auftrag brach Hornemann nach Kairo auf, wo sein Projekt der Durchquerung der Sahara in Richtung Niger trotz der Gegnerschaft zwischen Frankreich und England von Napoleon Bonaparte unterstützt wurde. Hornemann erreichte den Niger nicht, er starb zuvor an der Ruhr. Wann und wo, blieb lange Gegenstand von Spekulationen. Erst 1821 veröffentlichte Georg Heinrich Wilhelm Blumenbach, Regierungsrat in Hannover, im »Vaterländischen Archiv« des Königreichs Hannover seine »Letzte Nachricht von dem Tode Hornemann's, des afrikanischen Reisenden«, aus der als Todesort Bukane im heutigen Nigeria und als wahrscheinliches Todesjahr 1801 hervorgeht. In Weimar erschien 1802 *Friedrich Hornemanns Tagebuch seiner Reise von Cairo nach Murzuck der Hauptstadt des Königreichs Fessan in Afrika.*

In den Debatten der vergangenen Jahre über die Geschichte des Rassismus und die lange Zeit bagatellisierte Geschichte Deutschlands als Kolonialmacht spielte die Untersuchung der Werke des deutschen philosophischen Idealismus von Kant bis Hegel auf rassistische Elemente und ihr Afrikabild hin eine prominente Rolle. Bücher wie die von Mungo Park und Friedrich Konrad Hornemann gehören einem anderen Typus an, dem im 19. Jahrhundert anschwellenden Genre von Reiseberichten, das in Form von Extrakten und gekürzten Versionen über Generationen hinweg bis weit ins 20. Jahrhundert hinein Eingang in die Jugendliteratur fand oder im Original das innere Afrika zumal männlicher Heranwachsender prägte. Auf der ersten Seite des zwischen 1933 und 1936 entstandenen Buches *Afrikanische Spiele*, in dem Ernst Jünger den Ich-Erzähler Herbert Berger aus dem Stoff seiner eigenen Erinnerungen an den Aufbruch aus dem Elternhaus und den Weg in die Fremdenlegion schöpfen lässt, entflieht der Held dem Schulunterricht mit Hilfe der afrikanischen Reisebeschreibungen, die er unter dem Pult durchblättert. Schon auf der nächsten Seite ist er den Verlockungen der »weißen Flecken auf der Landkarte« und des Wortes »Urwald« verfallen: »Eines Tages stand es für mich fest, dass der verlorene Garten im oberen Stromgeflecht des Niles oder des Kongo verborgen lag. Und da das Heimweh nach solchen Orten zu den unwiderstehlichen gehört, begann ich eine Reihe von tollen Plänen auszubrüten, wie man sich am besten dem Gebiet der großen Sümpfe, der Schlafkrankheit und der Menschenfresserei nähern könne.« Auf die Idee, sich als Fremdenlegionär anwerben zu lassen, verfällt er, »um auf diese Weise wenigstens den Rand des Gelobten Landes zu erreichen und um dann auf eigene Faust in sein Inneres vorzudringen«. Das französische Nordafrika ist in diesem Plan das Sprungbrett in die Welt der unter dem Pult gelesenen Bücher.

Ich bin nie in Afrika gewesen. Wohl aber im Afrika der Jugendliteratur, zum Beispiel im Lambaréné Albert Schweitzers. Und vermutlich war ich dort nicht allein. Wer wie ich 1954 in Westdeutschland in einen christlichen Haushalt hineingeboren wurde, hatte eine gewisse Chance, zum zehnten Geburtstag eines der reich mit Schwarz-Weiß-Fotografien illustrierten Bücher über den »Urwalddoktor« geschenkt zu bekommen. Nach mehr als einem halben Jahrhundert sind die Erinnerungen an den Text weitgehend verblasst, die Bilder aber geblieben. Gab es da nicht ein Krippenspiel der Aussätzigen in Schweitzers Leprahospital, mit einem hochgewachsenen schwarzen Darsteller, der eine weiße Papierkrone trug?

Vor einiger Zeit habe ich im Antiquariatshandel ein Buch wiedererworben, das auf das innere Afrika meiner Kindheit und Jugend eingewirkt hat. Es heißt *Weißer Mann auf heißen Pfaden. Entdecker, Eroberer und Abenteurer im schwarzen Erdteil*, stammt von Hermann Homann und ist 1963 im Union Verlag in Stuttgart erschienen. Es mag im Regal an der Seite von Karl Mays Roman *Die Sklavenkarawane* gestanden haben, dessen Taschenbuchausgabe im selben Jahr herauskam und die Widmung eines Erwachsenen mit unleserlicher Unterschrift trägt: »›Die Menschen sind überall gut. Sie müssen nur gut sein – wollen.‹ Karl May«. In beiden Büchern war der weiße Mann, ohne dass er ständig als solcher bezeichnet werden musste, ein perspektivischer Fixpunkt, Held der Abenteuer und Filter der Weltwahrnehmung. Er war ein Apriori. Wie er als literarische Figur gebaut war, ist mir erst jetzt, beim Wiederlesen, klar geworden. Zum einen war er die Figur des Kontrasts, als die ihn der Maler und Graphiker Albrecht Appelhans, damals Professor an der Stuttgarter Kunstakademie, auf dem Umschlag des Buches dargestellt hat. Weiß gekleidet zieht er durch ein monochromes Grün, das in der oberen Bildhälfte dunkler wird. Er sticht aus einer Diagonalreihe schwarzer Figuren hervor, die Lasten auf den Köpfen tragen, während er etwas Schwarzes, Langes geschultert hat, das ein leicht abstrahiertes Gewehr sein könnte. Sein weißer Tropenhelm befindet sich auf gleicher Höhe mit den Lasten der Träger. Die Farben und Formen des Bildes haben die Schule des Expressionismus, in die sie irgendwann gegangen sind, nicht ganz vergessen. Das Muster von Herr und Knecht habe ich im Jahr 1963 nicht erkannt.

Als Kontrastfigur ist der weiße Mann aus dem Kontakt der Europäer mit außereuropäischen Kulturen hervorgegangen. Er ist ein Kollektivsingular, aus dem bei Hermann Homann Portugiesen,

Holländer, Engländer, Franzosen, Deutsche heraustreten und mit ihnen die Facetten, in die ihn der Untertitel zerlegt. Der Abenteurer und der Entdecker flankieren darin den Eroberer. Seine expansive Orientierung lässt ihn mit dem Kolonialismus verschmelzen, sein Selbstbewusstsein geht als Energiequelle in den Rassismus ein. Zum perspektivischen Fixpunkt in den europäischen Reisebeschreibungen und Romanen wird er dadurch, dass er als Figur nicht nur des Kontrasts, sondern zugleich der Anerkennung durch die Anderen, Nicht-Weißen gleich welcher Hautfarbe, fungiert.

Karl Mays Winnetou, der bekanntlich gut Englisch spricht und die Manieren eines Gentleman hat, bestellt sich in *Winnetou II* in einer texanischen Kneipe ein Bier und sagt zum Wirt: »Euer Bier ist gut. Der große Manitou der weißen Männer hat sie viele Künste gelehrt, und das Bierbrauen ist nicht die geringste darunter.« Die Szene spielt kurz nach Ausbruch des Amerikanischen Bürgerkriegs, in der Kneipe sind einige Rowdys, die sich lautstark als Anhänger der Sklaverei und Menschenjäger zu erkennen geben. Sie beschimpfen Winnetou als »verwünschte Rothaut«, wollen ihn zwingen, ein Hoch auf den von Napoleon III. installierten mexikanischen Kaiser Maximilian auszubringen, und erhalten bei ihren Anrempeleien eine so herbe wie elegante Abfuhr, bei der ein Fenster der Kneipe zu Bruch geht. Winnetou winkt den Wirt heran und bezahlt nicht nur sein Bier, sondern auch das Fenster: »Ihr seht, dass der rote Krieger seine Schuld bezahlt. Hoffentlich erhaltet Ihr auch von den weißen Gentlemen Euer Geld. Sie wollen keine ›Rothaut‹ bei sich dulden. Winnetou, der Häuptling der Apatschen, geht – aber nicht, weil er sich vor ihnen fürchtet, sondern weil er erkannt hat, daß nur die Haut, nicht aber die Seele dieser Bleichgesichter von heller Farbe ist. Es gefällt ihm nicht bei ihnen.« Was in Texas gilt, gilt bei Karl May auch im Sudan. Der weiße Mann als Held der Abenteuer hat eine moralische Mission. In Gestalt der deutschen Forschungsreisenden Emil und Josef Schwarz will er den innerafrikanischen Sklavenhandel unterbinden, der von arabischen Schurken betrieben wird. »Die Sandeh heißen mich Nubah; der weiße Mann aber, der mich sendet, hat mich Ben Wafa genannt«, sagt ein junger Afrikaner und meint damit einen der Brüder Schwarz. Er selbst ist ein Prinz, der Sohn des Königs der Sandeh, die von ihren Feinden »Niam-Niam« (»Allesfresser«) genannt werden, um sie auf den ihnen zugeschriebenen Kannibalismus festzulegen. In Hermann Homanns *Weißer Mann auf heißen Pfaden* sind lange Passagen über die »Niam-Niam« enthalten, die mir nicht mehr in Erinnerung waren, sich bei der kindlichen Lektüre aber mit den Figuren aus Mays *Sklavenkarawane* vermischt haben mögen. Sie stammen aus Georg Schweinfurths zweibändigem Bericht *Im Herzen von Afrika. Reisen und Entdeckungen im Centralen Äquatorial-Afrika während der Jahre 1868 bis 1871*, der 1874 bei Brockhaus in Leipzig erschien. Der »weiße Mann« ist schon darin ein feste Formel, etwa in der Schilderung der Erstbegegnung mit den »Niam-Niam« und ihrem König Nganje: »Augenblicklich sah ich mich von den Eingeborenen umlagert, die in hellen Haufen herbeigeströmt waren, um den weißen Mann zu sehen, von dem sie bereits so viel gehört hatten. Hier zeigten sich mir die Niam-Niam zum erstenmal in vollem Staat, mit Fellen geschürzt, wie es sich für ein Jägervolk ziemt, auf die hoch aufgeputzte Haarfrisur keck die Strohhüte voller Federn und Kaurimuscheln gesetzt, die schokoladenbraune Haut mit einem tintenfarbigen Saft in Tigermustern bemalt.« Schweinfurths Bericht über das »Herz von Afrika« mit seinen Passagen über die »Niam Niam« und Munsa, den König der Menschenfresser, mag zu den Reisebeschreibungen gehört haben, die Ernst Jünger unter dem Pult las.

Hermann Homann, 1899 in Warendorf geboren und 1985 in Münster gestorben, war noch als Jugendlicher freiwillig in den Ersten Weltkrieg gezogen, trat nach dem Krieg der KPD bei, wurde als Volksschullehrer 1933 aus dem Dienst entlassen, schlug sich durch Nationalsozialismus und Zweiten Weltkrieg, ohne Parteimitglied zu werden, bearbeitete ab 1952 Hörspiele für NWDR und WDR und schrieb Sachbücher für die Jugend. In *Weißer Mann auf heißen Pfaden* verwandte er die in diesem Genre übliche Methode, mit der er schon in Büchern über den Stillen Ozean und die Geschichte der großen Seereisen einen gewissen Erfolg erzielt hatte. Er kompilierte Auszüge aus historischen Reisebeschreibungen und verband sie durch eine paraphrasierende Erzählerstimme, die oft seitenlang hinter den Quellen verschwindet und sich ihrer Sprache anverwandelt. Der weiße Mann tritt hier als historisch tief gestaffelter Chor europäischer Stimmen auf, der in der Ich-Form von seiner Durchquerung der Sahara, seiner Ankunft in Timbuktu, seiner Suche nach den Quellen des Nil, den Wendungen des Niger, dem Verlauf des Kongo, seinen zahllosen Begegnungen mit grausamen Despoten berichtet. Gegenstimmen aus Afrika widersprechen ihm nicht, alles, was er berichtet, geht als Wirklichkeit durch, quellenkritische Nachfragen muss er nicht befürchten, postkoloniale Nachfragen schon gar nicht: zum Beispiel die, warum der von Europäern betriebene atlantische Sklavenhandel nahezu vollständig ausgeblendet ist. Der venezianische Kaufmann Alvise de Cadamosto, der 1445 im Auftrag des portugiesischen Prinzen Heinrich an die mauretanische Küste segelte, setzt früh den Grundton: »Die Araber tauschen in den Negerländern ein Pferd für fünfzehn Sklaven ein, die nach Sizilien, nach Tunis und nach der Insel Arguin gebracht werden, von wo jährlich sieben- bis achthundert nach Portugal kommen.« Einprägsam ist, was häufig wiederholt wird. Die arabischen Sklavenhändler sind in den Erzählungen des weißen Mannes die Hauptakteure im Sklavenhandel, und wenn der britische Sklavenhändler Robert Norris im späten 18. Jahrhundert die Schädelhaufen des Königs von Dahomey schildert, werden seine jungen deutschen Leser kaum ahnen, dass er auch deshalb die grausamen Rituale am Hof des Despoten so drastisch schildert, weil er als Propagandist seines Gewerbes schreibt, der den Abolitionisten in die

Parade fahren will: Ist es nicht ein vergleichsweise günstigeres Los, von Europäern verkauft und nach Amerika verschifft zu werden, als in Afrika selbst dem Despotismus seiner Herrscher ausgesetzt zu sein?

Der Sklavenhändler Peter Norris ist im 18. Jahrhundert eine Randfigur im Chor des weißen Mannes. Er teilt diese Position mit den Akteuren des europäischen Kolonialismus im 19. Jahrhundert. Diese Verschattungen haben einen Grund, der mit der Entstehungszeit des Buches zu tun haben dürfte. Kolonialpropaganda war um 1960 nicht mehr opportun. Hermann Homanns Vorliebe gilt den Europäern, die erkennen, dass ihnen etwa in den Tuareg ein »ritterliches Volk von hoher Geisteskultur« entgegentritt. Geraten sie mit ihnen aneinander, so nur, »weil sie aus Unkenntnis oder unangebrachtem Hochmut eines der lebenswichtigen Gesetze der Wüste verletzt oder die hier geltenden Gebote missachtet haben«. Kronzeuge dieser Maxime ist der französische Afrikareisende Henri Duveyrier, der umfangreiche naturwissenschaftliche und geographische Studien betrieben, die Sprache und Schrift der Tuareg erlernt und ein Jahr unter ihnen gelebt hatte, ehe er 1861 sein umfangreiches Werk über ihre Kultur publizierte. Als 1881 im Zuge des Projekts einer Trans-Sahara-Eisenbahnstrecke eine französische Expedition unter Leitung des Obersts Paul Flatters von den Tuareg angegriffen und nahezu vollständig vernichtet wurde, machte man in Frankreich Duveyrier dafür verantwortlich, weil er ein irreführendes Bild der Tuareg entworfen habe. »Man vergaß dabei«, kommentiert Homann, »welch großen Unterschied es macht, ob ein Mann der Wissenschaft friedliche Forschungen betreibt oder ob eine bewaffnete Macht Freiheit und Friede der Einwohner eines Landes bedroht.« Einige Seiten zuvor hatte er geschrieben: »In der 1885 gegründeten Kolonie Deutsch-Ostafrika hatte unterdes ein Araberaufstand getobt, war aber durch Major Wissmann energisch niedergeschlagen worden. Hier fanden die Flüchtlinge Ruhe und

Frieden.« Die Flüchtlinge waren Henry Morton Stanley und der Deutsche Eduard Schnitzer, als »Emin Pascha« Gouverneur der ägyptischen Regierung im südlichen Sudan. Stanley war wegen der »Mahdi«-Rebellion ausgesandt worden, um Emin Pascha zu Hilfe zu kommen. Er ist wie David Livingstone eine Schlüsselfigur in *Weißer Mann auf heißen Pfaden*. Aber Homann hatte sein Buch für junge Deutsche geschrieben. Er hatte den Portugiesen, Engländern, Franzosen, Holländern und Belgiern eine große Zahl von Deutschen an die Seite gestellt, darunter Friedrich Hornemann und Heinrich Barth, die für den Typus des Forschungsreisenden standen, dem in seinen Berichten an genauen Beschreibungen von Landschaft, Sitten und Gebräuchen mehr gelegen ist als am Schema der Abenteuererzählung. Das Deutsche Reich vor und nach der »Kongo-Konferenz« von 1884/85 kommt demgegenüber kaum in den Blick, Akteure deutscher Kolonialverbrechen wie Carl Peters und Hermann von Wissmann tauchen kurz auf, ohne im O-Ton-Chor der Quellen mitzuwirken. Unangefochten sind die arabischen Sklavenhändler als »Menschenjäger und Mordbrenner« und die Despoten in Afrika selbst die Hauptvertreter des radikal Bösen, eine unerschöpfliche Quelle von Gewalt und Grausamkeit. Nur obenhin ist von der Gründung des Kongostaates und vom belgischen König Leopold II. als dessen Souverän die Rede, von der »rücksichtslosen Ausbeutung des Kongogebietes« und den »unmenschlichen Ausbeutungsmethoden«. Es herrscht ein großes Anschauungsgefälle zwischen den Reiseberichten aus dem »Inneren Afrikas« und den dürren Sätzen, in denen die europäische Gewalt und die Kolonialverbrechen der Europäer eher angedeutet als erzählt werden. Es gibt keine explizite Apologie des Kolonialismus, eher seine pflichtschuldige Kritik, aber sie verbleibt im Summarisch-Begrifflichen. Die Praxis des Kolonialismus verschwindet weitgehend im Unerzählten: »Stanley aber hatte vergeblich darauf gewartet, eine führende Stellung in dem neuen Kolonialstaat zu bekommen. So wurde er allerdings auch davor bewahrt, an den ›Kongo-Greueln‹ mitschuldig zu werden.« Der Quellen-Chor bezeugt diese Gräuel nicht. Anschauungsdefizite haben – nicht nur im Jugendbuch – eine politische Dimension.

Der Klappentext spricht vom »selbständigen Aufstieg der einst unmündigen Völker Afrikas«, im Vorwort überqueren Fluglinien den Kontinent, bringen Eisenbahnen und ein weitmaschiges Straßennetz die Erzeugnisse der Länder in die Häfen und ratternde Busse die schwarzen Arbeiter zu den Plantagen, Fabriken und Minen »und Negerfrauen nach den Märkten«. In Homanns Sätzen über die sechziger Jahre des 20. Jahrhunderts bleibt die afrikanische Gegenwart einer übermächtigen Vergangenheit tributpflichtig. Und er selbst deren Sprache verhaftet: »Bei den Festen und Feiern der jungen Nationen rollen Panzerfahrzeuge hinter phantastisch uniformierten Kamelreitern, tanzen Urwaldneger in kannibalischem Putz neben den mit Trommeln und Fanfaren marschierenden Pfadfindern.«

In beiden Registern, im Chor der Quellen wie im Text der Erzählerstimme, ist die Frequenz des N-Worts außerordentlich hoch. Es ist von Beginn an selbstverständlich anwesend, es zieht sich durch die Jahrhunderte, als im buchstäblichen Sinn hemmungslos gebrauchte Bezeichnung für das wichtigste Gegenüber des weißen Mannes in Afrika. Wahrscheinlich habe ich das N-Wort, nimmt man *Weißer Mann auf heißen Pfaden* und *Die Sklavenkarawane* zusammen, damals häufiger gelesen als in der Alltagssprache gehört. Fremd war es mir nicht, es gehörte zu meinem Wortschatz. Karl May, Hermann Homann und ich lebten, was das innere Afrika betraf, in einem gemeinsamen Sprachraum.

Das N-Wort im Rückblick auf das Jugendbuch aus dem Jahr 1963 zu zitieren ist sechzig Jahre später nicht selbstverständlich. Die lange bagatellisierte Geschichte Deutschlands als Kolonialmacht tritt langsam ins öffentliche Bewusstsein, zugleich ist die anhaltende Vitalität des Rassismus unübersehbar. Gegen diesen vitalen, oft gewaltsamen und in manchen Fällen tödlichen Rassismus war die Bildung des Stellvertreter-Begriffs »N-Wort« gerichtet. Der damit einhergehende Appell, die Alltagssprache und öffentliche Rede von seinem Vorgänger zu befreien, der die damit bezeichneten Individuen oder Gruppen von Menschen herabwürdigte, war ein Höflichkeitsgebot. Nur in der Polemik gegen die »Cancel Culture« und ihre »Sprachpolizei« wird aus dem Zivilisierungsgewinn ein Freiheitsverlust. Dass mein Enkel kaum Chancen hat, eine Neuauflage von *Weißer Mann auf heißen Pfaden* zum Geburtstag geschenkt zu bekommen ist eher beruhigend als ein Anlass zur Klage. Meine Chancen, das zum festen Repertoire meiner Kindheit gehörende Lied »Negeraufstand ist in Kuba« (»... Schüsse peitschen durch die Nacht / In den Straßen von Havanna / werden Weiße umgebracht ...«) aus den tief im Gedächtnis eingelagerten Beständen des Auswendiggelernten erfolgreich zu löschen, sind gering. Dass es in der *Mundorgel*, in der es noch nach 1989/90 zu finden gewesen sein soll, nicht mehr enthalten ist, begrüße ich.

Ungefähr zu der Zeit, als ich das Buch von Hermann Homann las, nahm mit der Saison 1963/64 die Fußball-Bundesliga ihren Spielbetrieb auf. Ein Gründungsmitglied war überraschend Preußen Münster. Sie stiegen gleich nach der ersten Saison wieder ab. Wer wie ich Anhänger von Borussia Dortmund war, hatte ein Auge auf die Oberliga West. Dort tauchte bei Preußen Münster ein Jahr nach dem Abstieg Erwin Kostedde in der ersten Mannschaft auf. Als er 1967/68 beim Meidericher SV in der Bundesliga spielte, gab es Sammelbilder von ihm. Er tritt als Zeitzeuge in den beiden jüngst produzierten Fernsehdokumentationen über die Geschichte des Rassismus in Deutschland von 1945 bis in die unmittelbare Gegenwart auf: zum einen in der vom Hessischen Rundfunk produzierten Doku-Reportage *Schwarz und Deutsch. Die Geschichte der Afrodeutschen*, zum anderen in der ZDF-Produktion *Schwarze Adler – Wie ras-*

sistisch ist deutscher Fußball?. In den Filmen stehen die O-Töne der Afrodeutschen bzw. der deutschen und internationalen schwarzen Fußballer und Fußballerinnen im Zentrum. Sie bilden einen Chor, wie die weißen Männer bei Hermann Homann. Kostedde, 1946 als Sohn eines afroamerikanischen GI und einer deutschen Mutter in Münster geboren, spricht überaus eindrucksvoll über seine Kindheit und die Anfeindungen und Beschimpfungen, denen er während seiner Karriere ausgesetzt war. In der Nachkriegszeit, in der er aufwuchs, befragt ein Fernsehreporter mit wohlmeinender Impertinenz eine junge Mutter, ob sie nie daran gedacht habe, ihr schwarzes Kind zur Adoption freizugeben. »Hau du ab nach Afrika«, hieß es auf der Straße. Anfang der 1970er Jahre spielte Kostedde bei Kickers Offenbach. Die Dokumentation *Schwarz und Deutsch* zeigt seinen Treffer gegen Borussia Mönchengladbach, der 1974 zum »Tor des Jahres« gewählt wurde. Dann geschieht etwas Seltsames. Eine weibliche Stimme aus dem Off sagt: »Aber die rassistischen Rufe der gegnerischen Fans hören nie auf. Sie haben auch seine eigene Sprache vergiftet. Triggerwarnung.« Erst dann darf Erwin Kostedde weitererzählen. Er sagt: »Bemerkungen, miese, gab's überall, glauben Sie mir. Und Sie müssen manchmal ganz schön hart sein in Deutschland. Es gab einen Teil, die gerufen haben, ›Zehn Schwule und ein Nigger‹.« Den zweiten Teil der Beschimpfung lässt er weg. Sie wurde auch deshalb berühmt, weil sie die Reimform im hessischen Dialekt nutzte: »... das sind die Offenbacher Kigger«.

Zu Recht hat die *taz* in einer ansonsten positiven Rezension des Films diese Passage als »Foul« gegen Kostedde gewertet. Es ist offenkundig, dass Kostedde hier nicht seine eigene Sprache spricht. Er zitiert einen rassistischen Spruch, der ihm zugesetzt hat, und merkt eigens an, dass man »hart sein« muss, um dergleichen zu ertragen. Wie kommt es zu dem aus dem Off gefällten Fehlurteil, seine eigene Sprache sei vergiftet? Warum bewahrt ihn davor nicht seine Sprecherposition, seine Zugehörigkeit zum Chor der Afrodeutschen? Weil Theorien Wahrnehmungen trüben können. In diesem Fall resultiert die Wahrnehmungstrübung aus einer antirassistischen Sprachtheorie, die seit einiger Zeit nicht nur in Deutschland kursiert. Man könnte sie als Giftampullentheorie bezeichnen. Sie besagt, dass aus dem N-Wort, wenn es ausgesprochen oder ausgeschrieben wird, durch den Akt des Aussprechens oder Ausschreibens das in ihm enthaltene rassistische Gift entweicht und in die Gesellschaft eindringt, ganz unabhängig von der Sprecherintention, der Situation, in der es gebraucht wird, den Gesten und Rahmungen, von denen es begleitet ist. Es ist eine im Wortsinn essentialistische Sprachtheorie. Das Gift des Rassismus ist ihr zufolge im sprachlichen Zeichen selbst eingekapselt. Nur durch die Löschung des Intentionalen, des Situativen und des Status, den Kostedde durch seinen Gesichtsausdruck und seinen Kommentar dem aus der (schmerzenden) Erinnerung geholten Zitat zuweist, kann der falsche Eindruck entstehen, seine »eigene Sprache« und nicht nur die der pöbelnden Fans sei vom Gift des Rassismus durchtränkt. Wer Augen hat zu sehen und Ohren zu hören, dem kann nicht entgehen, dass Kostedde eine Anklage des Rassismus formuliert, in der das ausgesprochene N-Wort als Zeuge auftritt.

In ihrem jüngsten Buch *Rassistisches Erbe. Wie wir mit der kolonialen Vergangenheit unserer Sprache umgehen* (2022) schreibt die Sprachwissenschaftlerin Susan Arndt: »Rassistische Zitate üben Gewalt aus und sie lösen Verletzungen aus, das heißt, sie triggern diese. Und zwar auch dann, wenn sie nicht meine eigene Meinung wiedergeben, sondern zitiert werden, um rassistische Debatten abzubilden.« In den USA ist die Debatte über die Legitimität des Ausschreibens oder Aussprechens zitierter N-Wörter etwas älter. Randall Kennedy, Jahrgang 1954, hat zu ihr schon vor der Amtszeit von Barack Obama beigetragen. Sein Buch *Nigger. The Strange Career of a Troublesome Word* (2002) enthielt eine kleine Wortgeschichte seit den Gründungsvätern, eine antirassistische Sammlung rassistischer Invektiven und einen Streifzug durch den Gebrauch des Wortes in der afroamerikanischen Community, in der an ein vorwiegend weißes Publikum adressierten populären Musik, in Comedy und Film, bei Spike Lee und Quentin Tarantino. Kennedy steht für die Gegenposition zur Giftampullentheorie. Ohne die Sprechakttheorie und ihre Terminologie zu benutzen, mustert er Sprechakte, die das N-Wort benutzen. Die Ansicht, der einzige legitime Gebrauch des Wortes sei, es als »rhetorischen Bumerang gegen Rassisten zu verwenden«, teilt er nicht. Gegen den dominanten rassistischen Gebrauch des Wortes setzt er Zitate aus autobiographischen Romanen von Afroamerikanern wie Helen Jackson Lees *Nigger in the Window*, in dem sich das Wort »wie ein Regenschirm« öffnet, um einer Fülle von Gefühlen Ausdruck geben zu können. Kennedy verteidigt Mark Twains *Adventures of Huckleberry Finn* gegen die Anklage des Rassismus und die zehnte Auflage von *Merriam-Websters Collegiate Dictionary* gegen eine Kampagne, die den Eintrag zum N-Word gelöscht wissen wollte. »The dictionary defined the term adequately, and the dictionary's editors were correct in including the N-word despite the embarrassment and hurt feelings the term inflicts. *Nigger* should have a place in any serious dictionary. The word is simply too important to ignore.«

Diese Sätze klingen nicht von ungefähr wie ein Richterspruch. Randall Kennedy schreibt nicht als Philologe, sondern als Jurist. Er lehrt an der Harvard Law School. Sein Plädoyer für eine strikte Unterscheidung zwischen illegitimen Gebrauchsformen des N-Worts als Beleidigung und »hate speech« und legitimen in kulturellen Formaten und in der Wissenschaft hat er 2021 in einem Essay im *Chronicle of Higher Education* bekräftigt: »Is it ever ok, to enunciate a Slur in the Classroom?« Er wendet sich darin gegen die öffentliche Verurteilung und institutionelle Disziplinierung von Kollegen, die das N-Word in Seminaren, Vorlesungen oder akademischen Diskussionen ausgesprochen hatten. Gegen das Argument der Beschwerdeführer, ihre Gefühle seien verletzt worden, setzt er die Auffassung, Gefühle seien keine unveränderlichen Gegebenheiten, sondern beeinflussbar und veränderbar durch den sozialen Austausch und durch Kommunikation. Wenn das N-Wort aus pädagogischen Gründen, zu Ausbildungszwecken ausgesprochen werde, gebe es keinen Grund, sich als Teilnehmer der Veranstaltung verletzt zu fühlen. Man tue den Studenten keinen Gefallen, wenn man ihre Gefühle auf Kosten des Ausbildungsziels schone. Kennedy schreibt pro domo, er verteidigt seine eigene Praxis der Juristenausbildung. Man muss hart sein, wenn man als schwarzer Fußballspieler in Deutschland auf dem Platz bestehen will, sagt Erwin Kostedde. Man braucht ein gewisses Maß an affektiver Selbstkontrolle, um als Jurist in den USA in Hate-Speech-Prozessen bestehen zu können, sagt Randall Kennedy: »Every year, in hundreds of cases, ›nigger‹ is heard in courts. It figured prominently in one of the most infamous murder trials of the 20th century – the O. J. Simpson case. A lawyer who becomes distracted or depressed upon hearing ›nigger‹ or any other slur is a lawyer with a glaring vulnerability. I would hope that part of what a law school would impart to students are techniques of self-mastery that will enable them to manage their feelings in order to assist optimally the people and institutions that will rely upon them for guidance.«

Ausdrücklich weist Randall Kennedy die Vorstellung zurück, die von ihm geforderte pädagogische Lizenz sei an die Hautfarbe des Sprechers gebunden. Eine sprechergebundene Sonderlizenz will er für seine Person nicht in Anspruch nehmen. Sein Plädoyer, formuliert von einem Afroamerikaner, der wie seine Eltern massiv als »Nigger« geschmäht worden sei, müsse auch für seine weißen Kollegen gelten: »In the domain of culture there ought be no boundaries that fence out people based on racial identification or ascription. There ought be no words that Blacks are permitted to say but that whites or others are prohibited from saying. While racist use of

›nigger‹ should be condemned no matter the racial identity of the speaker, nonracist deployment of ›nigger‹ should be accepted no matter the racial identity of the speaker.«

In den USA haben republikanische Politiker nach dem Mord an George Floyd im Frühjahr 2020 und der Entstehung der »Black Live Matters«-Bewegung in ihren Wahlkämpfen mit heftigen Attacken auf die »Critical Race Theory« reagiert. Viele dieser Attacken zielen auf Lehr- und Sprechverbote ab, sind Teil einer erfolgreichen Cancel Culture. Randall Kennedys Plädoyer für das Aussprechen des N-Wortes in Ausbildungszusammenhängen ist von der Härte des Kulturkampfs in den USA geprägt. Es lässt sich als eine Art Abhärtungsprogramm beschreiben, das mit einem hohen Level rassistischer Sprache rechnet.

Die pragmatische Dimension seines Plädoyers impliziert ein im Kern sprachtheoretisches Argument, die Koppelung der Wortbedeutung an die Sprecherintention, den institutionellen und situativen Kontext. Dieses Argument ist von der Juristenausbildung auf die Räume und Medien von Philologie, Literaturkritik und Historiographie übertragbar. Wenn Randall Kennedy in »Hate speech«-Prozessen oder im Seminar mit Methoden der juristischen Hermeneutik die Rechtskonformität oder Rechtswidrigkeit von Sprachhandlungen untersucht, reproduziert er das N-Wort, aber nicht die Sprachhandlung des Beleidigens, auch dann nicht, wenn der Urheber der zitierten Äußerung wegen Beleidigung verurteilt wird. Diesem Modell entspricht der Grundsatz: »Im Raum der Philologie, der literarischen und historischen Kritik ist alles zitierbar.« Damit ist aber die Diskussion offenkundig nicht beendet. In den aktuellen Debatten über rassistische Sprache gilt dieser Grundsatz nicht uneingeschränkt. Es liegt in der Konsequenz postkolonialer Theorie, auch die Räume der Philologie und historischen Kritik, seien es Seminarräume oder öffentliche Foren, als Sphäre von Privilegien und Zumutungen zu begreifen. Nicht weil das im Seminar oder Seminarpapier zitierte N-Wort als Beleidigung intendiert wäre, sondern weil es an Beleidigungen erinnert, wird es inkriminiert. Darauf zielen Begriffe wie »Re-Traumatisierung«. Sie verlagern den perspektivischen Fixpunkt von den Sprecherintentionen auf die Höreraffekte. Wer dagegen Einspruch erhebt, dass in diesem Text N-Wörter aus dem Buch *Weißer Mann auf heißen Pfaden* in ausgeschriebener Form zitiert werden, wird von dieser perspektivischen Verlagerung ausgehen. Randall Kennedys Abhärtungsdevise ist kein hinreichendes Gegenargument gegen ein solches Hörer- oder Leserveto. Doch verweist er zu Recht darauf, dass Affekte nicht Naturgegebenheiten sind, sondern durch kommunikative Austauschprozesse mitgeformt werden. Nicht nur das Aussprechen oder Ausschreiben des N-Worts triggert die Affekte, sondern auch die Wahrnehmung des Aussprechens und Ausschreibens im Horizont der Giftampullentheorie. Sie ist mit Negativlisten von Einzelwörtern verknüpft, deren Identifizierung in Texten oder gesprochener Sprache sich auf eine mechanische Operation reduzieren lässt. Das Foul aus dem Off an Erwin Kostedde zeigt, wie dadurch die elementare Differenz von Beleidigung und Zitieren einer Beleidigung außer Kraft gesetzt werden kann. Für Philologie und historische Kritik ist das Zitieren eine Basisoperation. Sie haben deshalb ein Interesse daran, dass in der öffentlichen Debatte die Giftampullentheorie durch die Sprechakttheorie herausgefordert wird. Deren Gegenstand sind Sprachhandlungen, mögen sie aus einem Wort, einem Ausruf oder einem ganzen Satz bestehen. Nicht das Wort, der Satz oder auch das Satzzeichen sind für sie die Grundeinheit der sprachlichen Kommunikation, sondern der Vollzug von Sprechakten. Sie untersucht die Mechanismen, innerhalb derer wir etwas tun, indem wir etwas sagen, etwa »ein Urteil fällen«, »identifizieren oder beschreiben«, »eine Entscheidung verkünden, eine Absicht erklären«. Wie im Einzelnen die Statuszuweisung solcher Akte erfolgt, kann hier außer Acht bleiben. Wichtig ist der Grundimpuls, die Identifizierung und Analyse konkreter Sprachhandlungen im sozialen Kontext, sei es das Zitieren oder das Beleidigen.

Es ist eher unwahrscheinlich, dass der Aufstieg der Giftampullentheorie durch solche Überlegungen irritiert wird. Darum sind die oft ironisierten Triggerwarnungen als pragmatische Instrumente der Lizensierung und Rahmung von Sprechakten, die das N-Wort enthalten, nicht zu verachten. In der Fernsehdokumentation *Schwarze Adler* ist Erwin Kostedde nicht der einzige Fußballer, der das N-Wort in eigener Sache ausspricht, einige treiben mit der Selbstadressierung durch das N-Wort ironische Späße. Die Macher des Films haben sich, anders als die von *Schwarz und Deutsch*, damit begnügt, eine pauschale Triggerwarnung in den Vorspann aufzunehmen. Triggerwarnungen richten sich ans Publikum, sie adressieren Empfindlichkeiten und markieren die Option der Nicht-Lektüre, des Ausschaltens. Die Diagnose, in den O-Tönen werde eine »vergiftete Sprache« gesprochen, muss damit nicht verbunden sein. In ähnlicher Weise ließen sich philologische oder historische Disziplinen insgesamt oder einzelne Seminare, etwa zu den Erzählungen von Heinrich von Kleist, mit pauschalen Triggerwarnungen versehen. Natürlich lässt sich der Grundsatz, im Raum von Philologie und historischer Kritik müsse alles zitierbar sein, im Konsens beteiligter Akteure einschränken. Aufheben lässt er sich schlechterdings nicht, ohne die Grundlagen von Philologie und Kritik zu gefährden. Das Zitieren ist mit der nichtidentifikatorischen Lektüre im Bunde, mit dem kollektiven Kommentieren, Interpretieren, mit der diskursiven Kritik, mit der Universalbibliothek. Es hat zwar eine lange Tradition, den Geist gegen den Buchstaben auszuspielen. Aber die Philologie ist im Kern den Buchstaben verpflichtet. Mein Enkel wird *Weißer Mann auf heißen Pfaden* nicht als Geburtstagsgeschenk erhalten. Ich zitiere das Buch, um es kritisieren zu können.

Es gibt in den USA seit langem eine Debatte über die hohe Frequenz des N-Wortes in den Filmen von Quentin Tarantino. Der Jurist Randall Kennedy hat, was angesichts seiner Grundhaltung kaum überrascht, Tarantino stets verteidigt. Eine Debatte über die Grenzen des Zitierbaren könnte hierzulande an Heinrich Heines Gedicht »Das Sklavenschiff« ansetzen. Einer der Vorläufer des von Leonardo DiCaprio gespielten rassistischen Sklavenbesitzers Calvin Candie in Tarantinos Film *Django Unchained* ist der Superkargo Mynheer van Koek in Heines Gedicht. Er ist eine Figur der rücksichtslosen ökonomischen Kalkulation mit Sklaven als menschlichen Waren. Er sorgt sich um den Gesundheitszustand seiner Fracht, weil die »Progression der Sterblichkeit« an Bord seinen Profit gefährdet. Besser als Gummi, Pfeffer, Goldstaub und Elfenbein ist in seinen Augen »die schwarze Ware«, weil er sie spottbillig erworben hat: »Bleiben mit Neger dreihundert nur / Im Hafen von Rio-Janeiro, / Zahlt dort mir hundert Dukaten per Stück / Das Haus Gonzales Perreiro«. Als Heine das Gedicht um 1850 verfasste, war der Sklavenhandel in allen europäischen Staaten seit Jahrzehnten verboten. Aber der Amerikanische Bürgerkrieg stand noch bevor. Die Lektüre von Reisebeschreibungen und Berichten über den Sklavenhandel war in die Passagen eingeflossen, in denen der Schiffsarzt davon berichtet, wie während der Überfahrt die Toten den Haien vorgeworfen werden, und dem Superkargo empfiehlt, die Kranken durch Tanz und Musik in der Luft an Deck zu kurieren. Superkargo und Schiffsarzt sprechen die Sprache des Rassismus. Das Gedicht ist eines der bedeutendsten literarischen Dokumente des Antirassismus und der Kritik am europäischen Sklavenhandel in deutscher Sprache. Seine volle Wucht entfaltet es erst in der Rezitation.

WER WILL MONIKA MARON CANCELN? GESCHICHTE EINES VERLAGSWECHSELS

MARIE SCHMIDT

Nur 22 Tage lagen zwischen diesen zwei Nachrichten: Im Oktober 2020 machte die Schriftstellerin Monika Maron in einem Interview bekannt, dass ihr der S. Fischer Verlag, in dem seit Jahrzehnten ihre Bücher erschienen, »die Zusammenarbeit aufgekündigt hat«.[1] Im November wurde gemeldet, dass Marons Bücher künftig bei Hoffmann und Campe erscheinen würden. Die literarische Öffentlichkeit war aufgewühlt. Etwas Unerträgliches schien geschehen. Aber was genau? Bestand es darin, dass ein Verlag das Lebenswerk einer Autorin aussortierte, weil ihre politische Einstellung inopportun und der Umgang mit ihr zu schwierig geworden war? Oder hatte sich tatsächlich eine Schriftstellerin, die in der Literaturgeschichte der deutschen Teilung und Vereinigung eine bedeutende Rolle spielt, in fortgeschrittenem Alter unlesbar gemacht durch ihre Kontakte zum rechten Spektrum und ihre Einstellung zu Migrationspolitik, Klimafragen und gegenderter Sprache?

Nahm man damit ihr literarisches Schreiben in Mithaftung für ihre aus Interviews und Essays in Rundfunk und Zeitungen bekannte Meinung? – Oder wurde der Fall Maron überhaupt erst zum Problem, als entsprechende Themen in ihren Romanen selbst auftauchten, also in *Munin oder Chaos im Kopf* von 2018 und *Artur Lanz*, der im Sommer 2020 im S. Fischer Verlag erschienen war?

Inzwischen sind diese, frühere und neue Bücher von Monika Maron in schön einheitlich gestalteten Ausgaben bei Hoffmann und Campe erhältlich. Die Zeitung *Die Welt* stellte rückblickend überrascht fest, »dass gecancelt zu werden paradoxerweise dem Gecancelten auch nützen kann«. So erfolgreich sei Maron »von fast allen Feuilletons verteidigt« worden, dass sie »recht zügig einen guten Deal mit ihrem neuen Verlag« fand.[2]

Ob das wirklich dem Einfluss der Kritik zuzuschreiben ist, sei dahingestellt. Dass im Fall von Monika Maron die Diskussion über etwaige »Cancel Culture« zu einer eher geglückten Feuilletondebatte geworden war, konnte man etwas später aber auch daraus schließen, dass sie *nicht* noch einmal losging, als ein Buch erschien, an das ähnliche Fragen zu stellen gewesen wären: Uwe Tellkamps Fortsetzung seines Bestsellers *Der Turm* kam 2022 unter dem Titel *Der Schlaf in den Uhren* heraus, und wieder war nicht leicht zu entscheiden: Wie viel von dem reaktionären Raunen des Romans ist im ästhetischen Bereich aufgehoben, und was daran ist engagierte Literatur? Wie ist es zu verantworten, einen solchen mit dem rechten Milieu alliierten Autor in einem großen Publikumsverlag herauszubringen und darüber in den Massenmedien zu schreiben?

Es kam aber nicht zur Grundsatzdiskussion. Womöglich hatte man die am Beispiel von Monika Maron schon durchgemacht – und auf ein höheres Abstraktionslevel gehoben, das der Kritiker Felix Stephan so zusammenfasste: »Zwei Freiheitsbegriffe kollidieren in diesem Zerwürfnis unter Republikanern: die Freiheit, alles sagen zu dürfen und auch im Extremfall nicht gleich sein Recht auf eine Auseinandersetzung auf Augenhöhe zu verwirken. Und andererseits die Freiheit, sich mit bestimmten Positionen ab einem gewissen Grad der Illiberalität nicht mehr auseinandersetzen zu müssen, sondern im Gegenteil eine freiheitliche Öffentlichkeit davor zu bewahren, dass man die Meinungsfreiheit zu ihrer Abschaffung missbraucht. Es kollidieren hier also ein positiver und ein negativer Freiheitsbegriff, die Freiheit zu etwas und die Freiheit von etwas.«[3]

Vor dem Hintergrund dieses größeren Problems dürfte man den Fall Monika Maron vs. S. Fischer Verlag auch modellhaft betrachten für einen Konflikt, der seit Beginn der Pegida-Demonstrationen, der Gründung und dem Eintritt der AfD in deutsche Parlamente gesamtgesellschaftlich anhängig ist. Besonders im Kunst- und Literaturbetrieb treibt der Liberalitäts-Konflikt gespaltene Bedürfnisse hervor: Da gibt es einerseits einen Willen zur Distinktion, der es plausibel erscheinen lässt, dass Künstler eben nicht nur auf Augenhöhe mit anderen sprechen, sondern sogar besondere Lizenzen zur freien Äußerung haben, größere als beispielsweise Lehrer oder Journalisten. Dieser Status verträgt sich allerdings gerade im Fall streitlustiger Künstler nicht gut mit dem Kuschelbedürfnis eines Publikums, das gerne gemeinsam genießt und gut und richtig finden möchte, was Künstlerinnen und Künstler sagen. Diesen Konflikt nutzt die kulturelle Rechte, wie wir sehen werden, um sich zu profilieren.

Monika Maron hat mit ihren Büchern in diesen Auseinandersetzungen keine eindeutige, aber eine bezeichnende Position. Deswegen lohnt es sich, einige Aspekte ihres Verlagswechsels zu rekapitulieren. Was war geschehen?

HAT DER S. FISCHER VERLAG MONIKA MARON GECANCELT?

»Mein Lektor war beauftragt, mir die Nachricht von meinem Rausschmiss telefonisch zu übermitteln«, erzählte Monika Maron der *Welt am Sonntag*, und der *Süddeutschen Zeitung*[4]: »Man hat mir ausrichten lassen, ich sei politisch zu unberechenbar, passe nicht mehr in die Zeit und sei damit ein Risiko für den Verlag.« Begriffe wie »aufkündigen« und »rausschmeißen« mögen Varianten des »Cancelns« in der Angestellten-Semantik sein. Für das Verhältnis zwischen Autoren und Verlagen stimmen sie nicht ganz: Schriftstellerinnen sind nicht fest bei Verlagen beschäftigt. Auch wenn jahrzehntelange, beide Seiten prägende Beziehungen bestehen, werden die Verträge für neue Bücher jeweils neu geschlossen und gegebenenfalls ausgehandelt.

Um Monika Maron rauszuschmeißen, fehlten also die Voraussetzungen. Was Fischer und seine damalige verlegerische Geschäftsführerin Siv Bublitz tatsächlich versucht hatten, war, mit einem Essayband zum 80. Geburtstag von Monika Maron die Reihe dieser Verträge auslaufen zu lassen und gewissermaßen einen Strich unter ihr Werk zu ziehen. Man habe sich entschieden, »keinen Vertrag für ein neues Buch anzubieten«, ließ Bublitz wissen. Die Verlegerin begründete das mit dem Streit über einen Essayband von Monika Maron, der 2020 nicht bei S. Fischer, sondern in einer Reihe des Buchhauses Loschwitz erschienen war, herausgegeben von dessen Buchhändlerin Susanne Dagen.

Auch dass Hausautoren kleinere Sachen in anderen Verlagen veröffentlichen, ist nicht ungewöhnlich. Anstoß nahm man bei S. Fischer an folgendem Zusammenhang: Susanne Dagen hatte eine entscheidende Rolle gespielt, als sich die kulturelle Szene der Neuen Rechten in Deutschland formierte. Sichtbar wurde deren Konsolidierung etwa an der von Dagen initiierten »Charta 2017«. Damit reagierte eine Reihe von Publizisten auf Ausschreitungen gegen rechte Aussteller auf der Frankfurter Buchmesse des Jahres. Daran, dass selbst der Börsenverein des deutschen Buchhandels zum allerdings friedlichen Protest ermuntert hatte, wollten sie erkannt haben, »wie zum scheinbaren Schutz der Demokratie die Meinungsfreiheit ausgehöhlt« werde. Monika Maron gehört nicht zu den Unterzeichnenden dieser Erklärung, begab sich mit ihrer Veröffentlichung bei Susanne Dagen aber in deren Mitte.

Ohne die Ideologien dieser Meinungsmilieus im Einzelnen reproduzieren zu wollen, ist eine ihrer Dynamiken für unsere Diskussion interessant: Spätestens seit besagter »Charta« gehören Schlagwörter wie »Gesinnungsdiktatur« und »Meinungskorridor« zum Standardrepertoire der Abgrenzung der kulturellen Rechten gegen die liberale Öffentlichkeit. Was der in der Tat häufig illiberale, rassistische und chauvinistische *Gehalt* der Äußerungen ist, die sie vom »Mainstream« diskriminiert findet, lässt sich hinter der rhetorischen Hektik ihrer Klagen oft nicht mehr klar erkennen. Einen guten Einblick in das um Stolz und Empörung über die eigene empfundene Ausgrenzung kreisende Milieu gibt Andreas Gräfensteins Dokumentarfilm *Der Fall Tellkamp*,[5] in dem auch Monika Maron als Zeugin befragt wird. Darin sagt Uwe Tellkamp zu seiner Freundin Susanne Dagen: »Wir werden ja eigentlich behandelt, als wären wir Verbrecher, wir zwei.« Es folgt ein Wutausbruch gegen linke, zumal westdeutsche Gegner.

Diese Brandrede ist bezeichnenderweise die Antwort auf Dagens Erläuterung des Reihentitels, unter dem auch Marons Band *Krumme Gestalten, vom Wind gebissen* erschienen ist: *Exil*. Das heiße doch, sagt Dagen scheinbar naiv, »nur einen anderen Ort zu finden, für eine gewisse Zeit«. Tatsächlich konnotiert der Begriff aber gerade im literarischen Zusammenhang eindeutig die Publikationstätigkeit von Schriftstellerinnen und Autoren, die ab 1933 vor dem nationalsozialistischen Regime fliehen mussten. In der Geschichte der Exilliteratur hat S. Fischer einen besonderen Platz, weshalb der Verlag an der Vereinnahmung des Begriffes durch Dagen Anstoß nahm: Der jüdische Verleger Gottfried Bermann Fischer emigrierte 1936, gründete mehrere Exilverlage und brachte es fertig, dass zahlreiche in Nazideutschland verbotene Autoren zumindest im Ausland erscheinen konnten.

Der Reihentitel war Monika Maron schon peinlich, als sie die Trennung von Fischer bekannt gab. Er sei »nicht glücklich, denn keiner der Autoren ist ja im Exil«. Dass die Autoren der Reihe einen Ausweg aus einer gleichgeschalteten Öffentlichkeit suchen müssten, bleibt aber die Suggestion des Schlagworts auf den Buchumschlägen. Maron zog den Band trotzdem nicht zurück, was Bublitz offenbar erwartete. Zumal, wie die Erklärung des S. Fischer Verlages weiter lautete, die Verbindung des Buchhauses Loschwitz in ein völkisch-rassistisches Milieu zu Tage lag. Gemeint waren vor allem Kooperationen mit dem Verlag Antaios, in dem von Alexander Dugin und Renaud Camus über Akif Pirinçci bis Martin Lichtmesz die Stichwortgeber der antiliberalen, nationalistischen und völkischen Meinungsmacher publiziert werden. Mit Ellen Kositza, der Ehefrau des Verlegers Götz Kubitschek, betreibt Susanne Dagen eine Youtube-Sendung nach dem Modell des »Literarischen Quartetts«, in der sie unter dem Titel »Mit Rechten lesen« mit wechselnden Gästen wie etwa dem Identitären Martin Sellner über Bücher spricht.

Die Nähe oder noch übrige Distanz einzelner Akteure zu handfest verfassungsfeindlichen Ideologien ist im Netzwerk der rechten Publizistik absichtsvoll oft nicht klar zu erkennen. Auch dies ein vernebelnder Effekt der Klage, man werde mit zum rechten Spektrum tendierenden Thesen aus der Mitte der Gesellschaft ausgeschlossen: Die unablässige Beschäftigung mit den Bedingungen der Diskurse macht unkenntlich, was die Kläger, stünden sie denn selbst in der Mitte, mit der Gesellschaft anstellen wollen würden – was ihre politischen Ziele sind. Bei den Künstlern unter ihnen hat man, anders als bei den Aktivisten und Politikern, gelegentlich den Eindruck, sie wüssten selber nicht genau, wofür sie da sprechen – nur wogegen.[6]

Mit einem solchen »Umfeld«, erklärte Siv Bublitz, als sie sich von Maron verabschiedete, wolle »der S. Fischer Verlag nicht assoziiert werden, auch nicht mittelbar«. Deswegen komme es zum Bruch und ausdrücklich nicht wegen der Meinungen der Autorin selbst:

»Wenn es Kontroverses oder Provozierendes gibt, dann wird diskutiert oder auch gestritten. Doch das kann nie ein Grund sein, sich von einer Autorin zu trennen.« Monika Maron dagegen bestand darauf, Susanne Dagen sei »eine Freundin« und »Oppositionelle«, und wies das Ansinnen, sich von ihr distanzieren zu sollen, als Zumutung zurück.

Versuche des Literaturagenten Matthias Landwehr, das Zerwürfnis zu kitten und weitere Verträge für Monika Maron bei Fischer zu erwirken, hatten keinen Erfolg mehr. Als die Öffentlichkeit davon erfuhr, war das Tischtuch zerschnitten. Ob die neue Partnerschaft von Monika Maron mit Hoffmann und Campe zu diesem Zeitpunkt schon eine Option war, lässt sich nicht rekonstruieren. Am 9. November 2020 stellte der Hamburger Verlag Maron als seine neue Autorin vor, die im Gespräch mit dem verlegerischen Geschäftsführer Tim Jung den »freiheitlichen Geist von Heine« verspürt haben wollte.[7] Ein wirklicher Exilant, einer der Restaurationszeit: Heinrich Heines Bücher erschienen ab 1826 im damaligen Verlag von Julius Campe.

Es machte den Eindruck, als versuche Monika Maron da, durch deutsche Literaturgeschichte zu ersetzen, was sie an eigener Geschichte zurücklassen musste. 1941 in Berlin geboren, hatte sie ab 1951 in Ostberlin gelebt und später einige Jahre als Journalistin gearbeitet, bevor sie freie Schriftstellerin wurde. Ihr erster Roman *Flugasche* und auch alle späteren Bücher konnten in der DDR aber nicht erscheinen – die Zensur der Kulturbehörde ließ es nicht zu. Im Westen sprang dann S. Fischer ein und bot ihren Büchern Obdach. So kam *Flugasche* im Jahr 1981 in Frankfurt am Main heraus, Maron war eine westdeutsche Schriftstellerin, bevor sie eine ostdeutsche wurde. Und bevor sie 1988 die DDR verließ.

Vor diesem Hintergrund wirkt das Zerwürfnis noch einmal anders. Auch wenn das Bedürfnis des S. Fischer Verlages verständlich ist, sich verwahren zu wollen gegen antiliberale Teile der Gesellschaft: Dass die gemeinsame Geschichte von Autorin und Verlag, auch aus politischen Gründen begonnen, nach fast vierzig Jahren wieder wegen politischer Verbindungen endete – diesen schrill dramatischen Eindruck hätte man verhindern müssen. Die Verantwortung des Verlages für das Werk von Monika Maron, und eben dafür, das Diskutieren mit einer doch immer eigensinnig statt ideologisch vereinnahmt denkenden Autorin nicht abreißen zu lassen wäre ein höheres Gut gewesen als die Abgrenzung.

So gesehen war die Trennung ein Fehler. Aber ist sie mit dem »Canceln« einer Schriftstellerin gleichbedeutend? Juridisch kann davon nicht die Rede sein: Keine Verträge mehr zu schließen, wenn man sich über Modalitäten der Zusammenarbeit nicht einigen kann, ist üblich, »es herrscht Vertragsfreiheit in diesem Land«, mahnte die *FAZ*.[8] Medial passierte geradezu das Gegenteil: Die Intensität und die Tendenz der Berichterstattung über den Fall in den deutschen Feuilletons ließen die Vorstellung, dass hier eine Autorin »verdrängt« werden sollte, vollkommen abstrakt erscheinen. Auch die Gefahr, dass hinter dem Streit sein eigentlicher Gegenstand, das Werk einer bedeutenden Autorin, verschwinden könnte, war zu keiner Zeit gegeben: Monika Marons Bücher blieben ununterbrochen lieferbar.

Eine schwierigere Frage allerdings ist im Getöse des Literaturbetriebsereignisses suggeriert, aber nicht beantwortet worden: Beschädigen das »mittelbare Umfeld« und ihre politischen Meinungen, etwa zu Migrations- und Klimapolitik, Monika Marons literarischen Status?

IST MONIKA MARON EINE RECHTE SCHRIFTSTELLERIN?

Unbestritten ist Monika Maron als politische Autorin zu lesen, nicht nur in ihren Essays und Zeitungsartikeln, sondern auch den Romanen. Die Frage, »wo« oder »auf welcher Seite« sie politisch steht, legt dagegen eine fixe Einordnung nahe, deren Grundlagen man erst einmal schaffen müsste. Maron selbst beklagt im Interview über den Bruch mit ihrem Verlag, sie gelte wegen ihrer veröffentlichten Meinungen »als neurechts«. Solche ideologischen Richtungsangaben sind allerdings, gerade wenn sie sich auf Kunst und Literatur beziehen, extrem unscharf und, falls überhaupt, nur als Gegenstand permanenter Aushandlung zwischen Leserschaft, Autorinnen und Autoren und ihren historischen Bedingungen zu begreifen.[9]

Um konkreter darüber sprechen zu können, müssen wir versuchen zu erkennen, wie diese Aushandlung im Fall von Monika Maron vor dem Bruch mit S. Fischer verlaufen ist. Entscheidend war dabei, wie deutlich sich Monika Maron in Interviews und Essays als Vertreterin der These von der linksliberalen Zensur des Meinungsspektrums zu erkennen gegeben hat. Sie fühle sich wie in der Frühzeit ihrer Laufbahn wieder genötigt, politisch zu schreiben, erklärte sie 2019 in der *Neuen Zürcher Zeitung*, sehe sich aber »bedrängt von dem Gedanken, was ich mir wohl einbrocke, wenn ich einen Protagonisten meines Buches diesen oder jenen Satz sagen lasse«. Gewiss laufe sie heute nicht mehr Gefahr, dass ihre Bücher verboten würden: »Aber es gibt auch in einem Rechtsstaat Möglichkeiten, Menschen wegen unerwünschter Meinungen die Existenz zu erschweren oder sogar zu zerstören. Wenn Zweifel schon verdächtig sind, wenn Fragen als Provokationen wahrgenommen werden, wenn Bedenken als reaktionär gelten, wenn im Streit nur eine Partei immer recht hat, können einen alte Gefühle eben überkommen«, schrieb sie unter der Überschrift: »Unser galliges Gelächter. Es liegt mir fern, die Bundesrepublik mit der DDR zu vergleichen«.[10]

Ein Fallbeispiel der angedeuteten Gefahr stellte Monika Maron in ihrem Roman *Artur Lanz* her.[11] An dem lässt sich gut beobachten, wie das Politische in Marons Spätwerk funktioniert. Die titelgebende Hauptfigur ist Angestellter eines Instituts, das Kunststoffbeschichtungen für Windkraftwerke entwickelt. Einer seiner Kollegen, mit dem Lanz befreundet ist, postet Folgendes auf Facebook: »Wir marschieren geradewegs ins Grüne Reich, diesmal nicht über die Autobahn, sondern über Stromtrassen!« Für diese Analogie mit der Nazizeit, eine Provokation, muss sich der Mann vor dem empörten Kollegium und bald auch vor den Vorgesetzten rechtfertigen. Auch Lanz findet falsch, was der Mann sagt. Alternative Energien sind nicht das Problem des Romans. Die Frage ist aber, ob es trotzdem nötig oder sogar geboten ist, dass Lanz zu seinem Freund hält, um gegen dessen Isolation einzutreten – und für seine Freiheit, wider den Stachel zu löcken.

Dieser plakativ konstruierte Konflikt wird allerdings als Teil eines größeren, anthropologischen vorgelegt: Als die Erzählerin Charlotte Winter, etwa im Alter der Autorin Maron, auf den etwa fünfzigjährigen Artur Lanz trifft, wirkt er verloren, krank, mutlos und weniger denn je in der Lage, seinem Vornamen gerecht zu werden, den ihm seine Mutter in Gedanken an die »schwertschwingenden Helden« der Artus-Sage gegeben hatte. In diesem Zwiespalt wittert die Schriftstellerin Winter den Stoff für eine literarische Figur und beginnt darüber nachzudenken, »was mit den Männern unserer Hemisphäre geschehen war, dass man sie sich als Helden nicht einmal mehr vorstellen konnte, auch nicht vorstellen wollte, weil der Held an sich unter Verdacht geraten war«. Der Roman hängt nun der Vorstellung nach, dass Lanz, indem er seinem Freund die Stange hält, eine Art heldenhafter Männlichkeit wiederbekommen könnte.

Die Literatursoziologin Carolin Amlinger hat am Beispiel zweier Romane von Uwe Tellkamp und Simon Strauß eine Denkfigur der Jahrhundertwende in der Literatur von heute wiederentdeckt.[12] Zumindest in jenem Teil, den sie damit als »konservativ« (also noch nicht »rechts«) ausmacht. Schon um 1900 schienen sich gesellschaftliche Desintegration und gefühlter Kulturverfall besonders in einem geradezu körperlich bedrohlichen männlichen Identitätsverlust niederzuschlagen. Dem, so Amlinger über Tellkamps *Der Eisvogel* von 2005, »begegnet das Erzählverfahren mit einer *virilen Poetik der Tat*«. Will sagen, die Literatur beansprucht die Fähigkeit, mit künstlerischen Mitteln zu stabilisieren, was sie in der Gesellschaft als brüchig erkennt: »die soziale Desintegration wird erzählerisch durch semantische Eindeutigkeit gekittet.«

Mit einer Männlichkeit in der Krise bekommen wir es auch in *Artur Lanz* zu tun. Das Motiv der regressiven, schwächelnden Kultur wiederholt sich in dem Roman, in den Worten der rhetorisch radikaleren besten Freundin von Charlotte Winter: »Aber wenn es kein Ziel mehr gibt, wenn so eine Zivilisation mit sich nichts mehr anzufangen weiß, dann ist eben Schluss. Wir nehmen unsere Erfindungen ja schon zurück, plötzlich stellen sich die Großtaten der Wissenschaft als Untaten heraus. Der Dünger, die Flugzeuge, die Atomkraft, die Autos – alles nur noch todbringende Gefahren.« Techniken, mit denen der Mensch und Mann seine Kräfte potenziert hat, geraten in Verruf. Diese äußere Atmosphäre schlägt den Figuren aufs Gemüt: Sie kämpfen mit »Depressionen«. Patrick Bahners hat darauf hingewiesen, dass Maron das Vorbild für solche Zeitdiagnosen, Oswald Spenglers *Untergang des Abendlandes*, explizit nennt – um den Preis, dass der etwas zu konkrete Zitatschatz in der Romanhandlung »ein Fremdkörper« bleibe.[13]

Im Kontrast zu den von Amlinger ausgemachten männlichen Erzählungen der »Resouveränisierung« fällt bei Maron zweierlei auf: Wenn es einer Instanz der narrativen Stabilisierung bedarf, dann verdoppelt und spiegelt Maron diese Instanz auf eher destabilisierende Weise. Die Figur, die versucht, Artur Lanz durch ihre Fragen und Ratschläge wiederaufzurichten, ist Teil der fiktiven Welt – Charlotte Winter, eine erzählte Erzählerin. Sie beobachten zu können, wie sie den Mann Artur Lanz interpretiert, manipuliert, sich seine Geschichte aneignet, untergräbt die »semantische Eindeutigkeit« stark.

Den Drang zur Eindeutigkeit, der sich im eisernen Ernst konservativer Literatur Bahn bricht, konterkariert Maron mit Ironiesignalen. Ein Lokal, in dem sich die Erzählerin und der verunsicherte Mann treffen, heißt zum Beispiel kommentarlos »Platzhirsch«. Das Ringen des verhinderten Helden schildert Maron so: »Aber jetzt, sagte Herr Lanz, der sich aus den Reminiszenzen an seine absolut normale und dann doch verunglückte Ehe wieder gelöst hatte, aber jetzt, sagte er mit überraschender Entschlossenheit in der Stimme, hätte er sich bei einem Selbstverteidigungstraining angemeldet.« Das wiederholte Ansetzen mit »aber jetzt«, die förmliche Anrede, das Adjektiv »überraschend«, um dann mit der faden Absicht zu ein paar Kampfübungen zu enden, lässt den Mann eher lächerlich als viril wirken.

Nicht zu vergessen: Die Erzählerin ist eine ältere Frau, der Held in der Krise ein Mann im Alter ihrer Tochter. Carolin Amlinger weist der konservativen Literatur nach, wie sehr das Problem der Männlichkeit darin eines der Filiation ist: Der Konservative gefalle sich darin, sein kulturelles Erbe wahren zu sollen, müsse aber auch den symbolischen Vatermord begehen an jenen Vorgängern, die für die Dekadenz der Kultur verantwortlich sind. Ein ödipales Dilemma. Dazu komme im Verhältnis zu Frauen ein neurotischer Autonomie-Abhängigkeits-Konflikt. Weibliche Figuren stünden in diesen Männergeschichten für »jene ›Angstlust‹, die mit der Auflösung der männlichen Ich-Grenzen verbunden ist«.

Marons Erzählerin indessen entzieht sich, indem sie mehrfach betont, sie habe jedes erotische Interesse an Männern aufgegeben, einem ödipalen Szenario von vornherein.[14] Sie denkt anerkennend an die Mutter von Artur Lanz, der sie zutraut, sein gespaltenes Schicksal vorherbestimmt zu haben, indem sie ihrem Sohn den Namen gab: »Sie wird gewusst haben, dass ihr Artur nicht zum Kämpfer geboren war, und hat ihm darum Mut zum Mut einpflanzen wollen, um das zu erreichen, was für ihn möglich war.« Immerhin das.

Am Ende des Romans adoptieren Charlotte Winter und ihre beste Freundin symbolisch Artur Lanz und seinen Freund, nehmen deren Anekdoten vom Widerstand gegen ihre Arbeitskollegen fürsorglich auf, obwohl ihre kämpferischen Gesten ihnen »eher komisch als heroisch« vorkommen. Danach schreibt Charlotte ihre Geschichte und lässt den Sohn ziehen. Kein männliches Selbst erzeugt sich hier »durch eine existentielle Tat« neu wie in der konservativen Männerliteratur. Eher gibt Marons Erzählerin dem kriselnden Mann einen Schubs, damit er erwachsen werden kann und nicht mehr glaubt, es allen recht machen zu müssen. Die Frauen in diesem Roman üben ihre Macht eher ironisch-melancholisch als autoritär aus. Statt das »poetische Projekt einer pathetischen Revirilisierung« zu unterstützen, umfängt Maron ihren Artur Lanz mit mütterlich mitfühlendem Blick.

Literarisch wahrt Monika Maron also durchaus Distanz zu rechtskonservativen Figuren und Topoi. Der Plot des Buches räumt ihnen allerdings demonstrativ den Platz ein, den ihnen die Gesellschaft Marons Ansicht nach streitig macht. Ähnliches haben auch die Kritikerinnen ihres früheren Romans *Munin oder Chaos im Kopf* beobachtet.[15] Dessen Erzählerin ist Journalistin und nimmt eine aggressive Stimmung in der Gesellschaft, einen drohenden Kulturbruch wahr: »als sei mit den Millionen Menschen, die in den letzten Jahren aus fremden Kontinenten eingewandert waren, auch der Krieg eingewandert, dem sie entflohen waren.« Ihre Ängste werden allerdings als »Chaos im Kopf« gespiegelt. Etwa durch die titelgebende sprechende Krähe Munin: »Sie stellt die Angstwelt der Mina Wolf in der Beobachtung aus und wirft sie ihr in den gemeinsamen Dialogen zurück an den Kopf«, schreibt die Kritikerin Julia Encke.[16] Und Iris Radisch interpretiert die Krähe als mythische Botin, die im imaginären Gespräch mit der Erzählerin »die Echokammer ihrer Ängste und Vorurteile noch vergrößert«.[17] Der Abstand zwischen erzählten politischen Meinungen und der Politik der Erzählung schien der liberalen Literaturkritik deutlich zu sein.

Nicht so der rechten. Erika Thomalla und Mladen Gladić haben beobachtet, wie in der Büchersendung »Mit Rechten lesen« die Antaios-Frau Ellen Kositza und ihre Gäste im Gespräch über dieselben Romane von Monika Maron darauf bestehen, »dass die Qualität der Bücher vor allem darin liege, dass hier jemand ›frei von der Leber‹ spreche«, also politische Wahrheiten sage.[18] Das betrachten Thomalla und Gladić als symptomatisch für die Art der Neuen Rechten, mit Literatur umzugehen: Bücher als Stichwortgeber zu benutzen, die ihr metapolitisches Programm zu bestätigen scheinen: »Literarische Texte werden meist wie Pamphlete behandelt, aus denen sich etwas für die aktuelle politische Lage lernen lässt.« Mit dieser Lektürepraxis nähren die neurechten Leser zugleich den Eindruck, man müsse Schutz im Medium der Fiktion suchen, um endlich sagen zu können, was nicht gesagt werden »darf«.

So vereinnahmt die kulturelle Rechte die Autonomie der Kunst, wie der Kunsthistoriker Wolfgang Ullrich beobachtet hat.[19] Er stellt fest, »dass die Idee eines Freiheitsprivilegs für Kunst, nachdem sie über mehrere Generationen hinweg gerade von aufgeklärten, emanzipatorischen und liberalen Strömungen stark gemacht worden war, nun nicht mehr von progressiven Milieus, sondern verstärkt von Rechten reklamiert wird«. Das Autonomieideal werde, zeigt Ullrich, heute öfter als Schutzschild benutzt, gegen »linke« Ansinnen, über die soziale Verantwortung etwa auch von Kunstwerken nachdenken zu sollen, oder gleich gegen jedwede Einflüsse von Fremdem und Neuem überhaupt. Wobei der Schutz eben nicht vor allem der Kunst, sondern der Person des Künstlers zugedacht wird: »Künstler, die erwarten, dass ihre Äußerungen entweder nicht so ernst und wörtlich genommen werden wie die von Politikern oder Journalisten oder aber genauso staunend-demütig rezipiert werden wie ihre Werke, empfinden die Art und Weise, wie mittlerweile mit ihnen umgegangen wird, sicher als Missachtung ihrer besonderen Autorität, als massive Beschneidung ihrer angestammten Freiheitsrechte.«

Der Anspruch, was auch immer sagen zu können, ohne belangt zu werden, führt zusammen mit der Tendenz, Kunst als »Klartext« politischer Botschaften zu verstehen, dazu, dass Künstlerinnen und Künstler als Sprachrohre einer Ideologie auf einmal an vorderster Front eines Kulturkrieges zu stehen scheinen, den die Rechte gerne offen ausbrechen sähe.

Und darin besteht das entscheidende Argument dagegen, eine Autorin wie Monika Maron als »gecancelt« oder überhaupt nur »cancelbar« zu sehen, denn das würde bedeuten, auch im Sinne einer »linken« Kritik Monika Maron als ein Sprachrohr rechten Denkens aufzufassen. Damit spielte man der rechten Kulturpolitik geradewegs in die Hände. Thomalla und Gladić resümieren: »Wenn sich – in den Worten Kositzas – ›linke Feuilletontanten‹ daher über Autorinnen wie Maron empören und auch ihre literarischen Publikationen für nicht mehr diskursfähig erklären, kann das der Neuen Rechten nur recht sein.«

Auf die Frage, ob Monika Maron gecancelt worden ist und ob man sie als rechte Autorin einschätzen sollte (was bedeuten würde, dass der S. Fischer Verlag sich gewissermaßen aus aufrechten Gründen von ihr trennen musste), wäre die Antwort also eigentlich eine Gegenfrage: Wem nützt es, es so zu sehen? Dass es ganz im Sinne der Metapolitik der kulturellen Rechten wäre, spricht dafür, sich die Beantwortung dieser Fragen so schwer wie möglich zu machen und auf der Ambivalenz des Falles Monika Maron vs. S. Fischer zu bestehen.

Maron selbst hat 2022, im Jahr des russischen Angriffskrieges auf die Ukraine, der »Opposition« ihre Solidarität doch noch gekündigt. In einem weiteren Essay für die *Neue Zürcher Zeitung* schreibt sie gegen Meinungsmacher an, die Friedensangebote von der Ukraine erwarten oder den Westen und die Korruption der ukrainischen Regierung für schuld am Krieg erklären: »Dahinter verbirgt sich nicht nur Kreml-Propaganda, sondern auch ein tiefes Misstrauen gegen die deutschen Medien. Es scheint, als hätten sich manche Menschen so tief in ihre oppositionelle Stellung eingegraben, dass sie alles, was sie für den Mainstream halten, schon aus Prinzip ablehnen und dabei unversehens auch Unrecht in Recht verkehren.«[20]

Keineswegs bleibt sie also so trotzig in ihrer Abwehrhaltung, wie es gelegentlich beschrieben wurde und von »rechten Lesern« gern gesehen würde. Sie ändert ihre Meinung, das würde die Lektüre ihrer Essays, Romane und autobiografischen Bücher über die Jahrzehnte auch ergeben. Immer drückt ihre Haltung indessen aus: Man macht sich nicht gemein, heult nicht mit den Wölfen und geht nicht auf Ansinnen ein, sich für seine Positionen rechtfertigen zu müssen. Wie sich diese Haltung zu den verschiedenen Zeiten ihres Lebens ausnimmt – in der Nachkriegszeit, in der DDR, der Vor- und der Nachwende-BRD, der Merkel-Ära und jetzt während des russischen Krieges –, das wäre die eigentlich politische Frage an das Werk von Monika Maron.

1 Susanne Gaschke/Monika Maron: »Es geht um Deutungsmacht«, in: *Welt am Sonntag* vom 18.10.2020.

2 Mara Delius: »Strich durch die Haltung. Monika Maron«, in: *Die Welt* vom 27.12.2020.

3 Felix Stephan: »Französische Zustände«, in: *Süddeutsche Zeitung* vom 10.11.2020, Seite 11.

4 Hilmar Klute: »Eine traurige, ja tragische Geschichte. ›Besonders problematisch‹: Der Verlag S. Fischer trennt sich nach 40 Jahren von Monika Maron«, in: *Süddeutsche Zeitung* vom 20.10.2022.

5 »Der Fall Tellkamp – Streit um die Meinungsfreiheit«, Dokumentation von Andreas Gräfenstein (2022). https://www.3sat.de/kultur/kulturdoku/der-fall-tellkamp-film-100.html (zuletzt am 7.8.2022).

6 Der Versuch beispielsweise, dies von Uwe Tellkamp in einem Interview zu erfahren, erbrachte kein Ergebnis: Lothar Müller/Uwe Tellkamp: »Ich muss mich rechtfertigen«, in: *Süddeutsche Zeitung* vom 12.5.2022, Seite 11.

7 Pressemitteilung des Verlags Hoffmann und Campe vom 9.11.2020.

8 Jürgen Kaube/Jan Wiele: »Mainstream ohne Ufer«, in: *Frankfurter Allgemeine Zeitung* vom 21.10.2020, Seite 9.

9 Nicolai Busch: »›Rechte Gegenwartsliteratur‹? Vorschlag einer wissenssoziologischen Diskursanalyse literaturbezogener Wertung«, in: *Internationales Archiv für Sozialgeschichte der deutschen Literatur*. Band 47, Heft 1 (2022), Seite 36–54.

10 *NZZ* vom 9.11.2019.

11 Monika Maron: Artur Lanz. Roman. S. Fischer, Frankfurt am Main 2020.

12 Carolin Amlinger: »Männer in der Krise. Der fragile Körperzustand der Spätmoderne in der konservativen Gegenwartsliteratur (Tellkamp, Strauß)«, in: *Internationales Archiv für Sozialgeschichte der deutschen Literatur*. Band 47, Heft 1 (2022), Seite 9–35.

13 Patrick Bahners: »Wir gehen vorüber. Maron und Spengler«, in: *Frankfurter Allgemeine Zeitung* vom 2.6.2021.

14 Marie Schmidt: »Hör sie lachen. In Monika Marons Roman ›Artur Lanz‹ geht es mal wieder um angebliche Denkverbote. Das härteste erlegt sich ihre Hauptfigur aber selbst auf«, in: *Süddeutsche Zeitung* vom 12.8.2020.

15 Monika Maron: Munin oder Chaos im Kopf. Roman. S. Fischer, Frankfurt am Main 2018.

16 Julia Encke: »Die Angst in ihrem Kopf«, in: *Frankfurter Allgemeine Sonntagszeitung* vom 11.3.2018.

17 Iris Radisch: »Germanische Götterspeise«, in: *Die Zeit* vom 12.4.2018.

18 Mladen Gladić, Erika Thomalla: »Literatur als Klartext. Wie Rechte lesen«, in: *Merkur. Deutsche Zeitschrift für europäisches Denken,* Bd. 862, März 2021, Seite 5–15.

19 Wolfgang Ullrich: Feindbild werden. Ein Bericht. Wagenbach, Berlin 2020.

20 *NZZ* vom 22.4.2022.

VON PIPPI BIS PUFFMUTTER: ICH, KOMPLETT GECANCELT

JOHANNES SCHNEIDER

Man ist schnell geneigt, die Debatte über das Canceln als intellektuellen Streit zu führen, und vielleicht ist daran einfach alles falsch. Angefangen beim »man«. Das suggeriert schon eine Ebene des gehobenen Gesellschaftsgesprächs, wo sich Feuilletons, Verlage und CDU-Vorsitzende mit objektivierbaren Argumenten beharken. Als sei dieses Gespräch nicht durch das überreichliche Vorhandensein von Halbwissen, Empfindungen und strategischer Dummstellerei längst unmöglich.

Versuchen wir es daher heute mal persönlich, pädagogisch, appellativ und vereinnahmend! Liebe weiße akademische Mittelschichtsmitbürgerinnen, bevorzugt westdeutscher Herkunft, liebe Chefredakteure, Eltern und ehemalige Lehrerinnen, liebe Menschen in Vororten und auf Resthöfen, liebe Pfarrerinnen und Physiotherapeuten, die diese Debatten immer genau auf diese Art halb mitbekommen, die anfällig macht für die Behauptung einer Krise, wo keine ist, ich verrate Ihnen und euch jetzt mal was: Nichts ist gecancelt, alles ist möglich. Und ich bin der lebende Beweis.

Schon allein, wie ich hier grad sitze, während ich mir die ersten Notizen für diesen Text mache. Ein 37 Jahre alter Deutscher evangelischer und akademischer Herkunft auf einer Bank vor Astrid Lindgrens Kindheitsanwesen Näs in Vimmerby, ein Kulturredakteur im Urlaub, und zwar als Tourist und Pilger, keiner, der hier den

Fehler sucht. Das darf ich, daran hindert mich niemand, ich darf so sein und das machen und jetzt sogar für einen angesehenen Verlag darüber schreiben, ohne deshalb irgendwelche Nachteile befürchten zu müssen. Schlimmstenfalls glauben fünf bis zehn aktivistische Twitter-Accounts in mir einen typischen alternden weißen Mann zu erkennen, der nach allerlei eher emanzipatorisch linken Texten am Ende doch ins warme Bett der Mehrheitskultur zurückkriecht. Aber auch damit kann ich gut leben, ohne mich in Kulturkämpferpositur bringen zu müssen.

Wiewohl ich den Fehler natürlich längst gefunden habe! Es gibt ein Diorama gleich zu Beginn der Dauerausstellung, die grad hinter mir liegt, räumlich und zeitlich. Darin hält ein Schwarzes Kind in einer erkennbar nichteuropäischen Landschaft eine Astrid-Lindgren-Puppe im Arm. Das mag noch vor wenigen Jahren, als das neue Museum auf Näs eröffnet wurde, erfolgreich den Universalismus herausragender Kinder- und Jugendliteratur illustriert haben, zumindest für diejenigen, die an einem solchen Ort zusammenkommen. Inzwischen weckt diese Darstellung ganz andere Assoziationen, auch in mir. Ich sehe die Hegemonie einer westlichen und nördlichen Kulturindustrie, in der Schwarze nicht oder nur als Paria vorkommen, was für BIPoC-Kinder auf der ganzen Welt einen Mangel an Identifikationsangeboten bedeutet und darüber hinaus die Festschreibung von Weißsein als Norm. Das verbindet sich dann mit meinem Wissen darum, dass das Werk Astrid Lindgrens, auch ohne das Werk einer rassistischen Schriftstellerin gewesen zu sein, heute eine rassistische Funktion einnimmt, als nordischer Sehnsuchtsort einer weißen europäischen Mittelschicht, frei von Migration und Flüchtlingskrisen und fern vom globalen Süden. Hinzu kommt, dass es gerade im dritten Pippi-Langstrumpf-Band Passagen gibt, die – wiederum: losgelöst von der Intention der Autorin – aus heutiger Sicht als unschöner Kolonialrassismus klar erkennbar sind, und zwar auch abseits des

Gebrauchs einzelner, heute mit vollem Recht unmöglich gemachter (N-)Wörter.

Womit wir auch schon dort wären, wo ich natürlich hinwill, bei der sogenannten Kinderbuchdebatte, der Urmutter aller deutschen Cancel-Debatten, die im Jahr 2011 hochkochte. Noch ohne das Wort Canceln ging es schon damals genau um das, worüber wir heute viel zu oft miteinander sprechen, und zwar genau in den Zyklen, in denen auch heute entsprechende Fälle verhandelt werden. Aus einem sprach- und diskriminierungssensiblen Impetus heraus hatte ein privatwirtschaftliches Unternehmen in Abstimmung mit den Erben der Autorin das N-Wort aus einem bestimmten Werk verschwinden lassen. Dies war einige Zeit später aufgefallen und sorgte für Protest. Und schon damals halfen alle Beschwörungen nichts gegen die umfassende Skandalisierung. Dass es sich bei einem solchen Vorgehen keinesfalls um Zensur handelt, dass »Südseekönig« eine taugliche, weil überhaupt nicht sinnentstellende Entsprechung ist, die auch den Lesefluss nicht stört, es klang wie schale Relativierung. Ebenso fand das Argument kaum Gehör, dass auch das ersetzte Wort für ein Publikum mit veränderten Sensibilitäten keinesfalls das Gleiche bedeutet wie im Moment seiner ersten Niederschrift, weshalb auch die Behauptung eines stabilen »Originalzustands«, der nun verletzt werde, eine durchaus zweifelhafte ist. Es war doch kein Ankommen gegen ein, pardon, Deppenverständnis von Werk- und Versionengeschichte, die den Lebenden jeglichen Zugriff auf das Buch einer Toten versagt, außer den rein rezeptiven und zu einhundert Prozent affirmativen.

Wir müssen nun diesen Streit gar nicht neu beginnen, um festzustellen, dass wir uns diese Geschichte von diesem Punkt an auf zwei Weisen erzählen können. Die erste wäre die canceldebattenkritische, also meine Erzählweise. Dann ist die Kinderbuchdebatte der erste Faden in einem mittlerweile völlig verknäulten Wust an Erzählsträngen, die alle irgendwie aneinanderhängen, seltenst bis nie aber an einem wirklich skandalösen Ereignis. Das ist das Halbwissen, dem ich immer wieder begegne: Canceln in der Kultur wird anlässlich jedes neuen Falls als relevantes kulturelles Problem akzeptiert, weil es diese alten Fälle gibt, auf deren Halbverständnis der neue Fall beziehungsweise die Diskussion um ihn verweist. In jedem Einzelfall lässt sich dann der Cancel-Verdacht ausräumen und sich mit den Diskutanten salomonisch darauf einigen, dass auf allen Seiten Fehler gemacht wurden. So überraschend dieses mutmaßliche »Eingeständnis« für meine Gegenüber oft kommt: Natürlich finde auch ich, dass Verlage und Veranstalterinnen sich doch bitte vorher Gedanken darüber machen sollen, wenn sie eine kontroverse Änderung im Programm vornehmen oder eine kontroverse Person erst ein- und dann (auf den Druck von Peer Groups hin) wieder ausladen. Natürlich finde auch ich beziehungsweise finde ich als tagesjournalistisch abgehärteter Diskursteilnehmer sogar besonders, dass man sich nicht von jeder polemischen Maximalposition einschüchtern lassen sollte, die grad aus Twitter herausdröhnt. Das ist schließlich oftmals so, als würde plötzlich ein knalllinker Stammtisch Einfluss auf die Programme großer und kleiner deutscher Kulturinstitutionen nehmen.

Nicht aber kommen wir zu einem Konsens, ob es denn nicht wirklich ein toxisches Meinungs- und Debattenklima gibt, auch eine in letzter Konsequenz kunstfeindliche Macht kunstferner Erwägungen über die Sphäre der Kunst.

Denn das ist schließlich die zweite seriöse Lesart, von jenem ersten Fall des Südseekönigs ausgehend. Zwar ist – wie üblich bei sogenannten Cancel-Fällen – nichts passiert, was ökonomisch und künstlerisch ernsthaft bedenklich wäre oder die Meinungs- und Kunstfreiheit ernsthaft auf die Probe stellen würde. Doch die nervigen Erwägungen über einzelne böse Wörter, strukturellen Rassismus sowie Repräsentation im Allgemeinen sind tief eingedrungen ins Bewusstsein und verstellen wiederum andere Zugänge, speziell zu Poesie und Fantasie, zu Kindheit und Unschuld. Das ist natürlich eine Störung, wenn nicht gar eine fortwährende Kränkung. Allein durch den Akt der Kritik wird ein Filter über Dinge gelegt, die wir doch ungefiltert genießen wollen. Es ist schließlich keine zwei Stunden her, dass ich in Lindgrens elterlicher Wohnstube einen kleinen Anfall von Rührung hatte – der Guide erzählte diesen zentralen Kindheitsort der Autorin aber auch zu schön als Enklave der Liebe und Güte in einer ansonsten eher rohen bäuerlichen Welt, was die Werke auf paradoxe Art zugleich vom Kitschverdacht freisprach und noch weiter ins Utopische entrückte. Und natürlich nervt es nun und ist vielleicht auch schlicht nicht gut (für mich!), wenn diese universalistische Empfindung aufgrund Schwarzer und weißer Puppen in ambitionierten Dioramen sowie meines diskursiven Vorwissens hinter Repräsentationsdiskursen verschwindet. Diese Diskurse sind ja doch eher kalt und unpersönlich. Und sie sind erst einmal spalterisch, sie wecken keine hehren Empfindungen, keinen heroischen Weltversöhnungsgeist, sondern höchstens kleinliche Selbstverteidigung oder eben aggressive Abwehr des Vorwurfs, die Mehrheitsgesellschaft sei auch dann rassistisch, wenn sie es gar nicht sein wolle, sondern im Gegenteil händereichend und inklusiv.

Insofern ist die heftige Zurückweisung mutmaßlichen Cancelns auch für Skeptikerinnen des Cancel-Diskurses (wie mich) allzu verständlich. Man muss dafür nur verstehen, dass Canceln von den Cancel-Ängstlichen intuitiv nicht als faktischer Auslöschungsversuch verstanden wird, sondern als ein Bewusstseinsprojekt. Canceln ist somit tatsächlich wirksam und auf eine Art »gefährlich« als eine Spielverderberei und ein Störgeräusch, das die harmonische Melodie der Erinnerung und der Selbstversunkenheit grell verzerrt. Deshalb wird wenige Wochen nach dieser Szene in Deutschland so erbittert über Karl May und *Winnetou* gestritten werden, deshalb auch gereicht es kaum zur Beruhigung, dass das Lied »Layla«, über das deutsche Medien zu dieser Zeit ebenfalls äußerst engagiert berichten, mitnichten verboten, zensiert oder indiziert ist, sondern nur punktuell inkriminiert.

Das ist schließlich das, was unweigerlich passiert: Auch die Zustimmung für eine bestimmte Kulturkomponente verändert sich im Akt der Kritik, wird schrill, oft ungenießbar. »Layla« ist ein gutes Beispiel. Bei dem Lied über die schöne, junge und geile Puffmutter gibt es – das wäre zumindest meine festzeltaffine Privatempirie – einen signifikanten Unterschied, wie es vor und nach der Mediendebatte gesungen wurde. Vorher: durchaus ironisch, mit einem feinen Bewusstsein dafür, dass man hier die unterste Schublade aufzieht, auch um sich dabei als lächerlich verrenkte Figur selbst beobachten zu können. Das ist schließlich, mal vorurteilsfrei betrachtet, das Wesen des Ballermann-Schlagers im idealen Mickie-Krause-Status des So-schlecht-dass-es-schon-wieder-gut-ist. Er gönnt den Grölenden, die nur in seltenen Fällen so dumm sind, wie sie von bildungskleinbürgerlichen Distinktionsgewinnlern gemacht werden, den Einklang mit einer eher dürftigen Version ihrer selbst.

Unter äußeren Einflüssen verändert sich diese freilich selbstbezogene, jedoch erstaunlich unaggressive Position aber. Seit dem Scheitelpunkt des Sommers 2022 und der öffentlichen Debatte war »Layla« nicht mehr dieselbe. Seit auch nur zwei Volksfeste das Lied nicht spielen wollten oder aufgrund einzelner Entscheidungen nicht spielen sollten und diese Tatsache skandalisiert wurde, verschwand bei Feiernden im ganzen Land die selbstironische Leichtigkeit. Unter dem mutmaßlichen Druck der Zensorinnen und Sittenwächter entstand ein Diamant aus Scheiße. Unzählige Male wurde der lächerliche und zugleich bedrohliche Trotz im Spätsommer und Herbst 2022 dokumentiert, sei es auf dem Münchener Oktoberfest, dem Cannstatter Wasen, am Ballermann oder bei regionalen Volksfesten in ganz Deutschland. »Layla« wurde zur

Freiheitshymne derer, die sich in größtmöglicher Freiheit die Gefangenschaft herbeireden lassen. Wie laut es dann in den Zelten wurde, jedes der unzähligen Male, die das vermeintlich verbotene Lied erklang, das hatte schon etwas Unheimliches, weil Aufgehetztes.

Das ist schließlich der Kern des Ganzen. Menschen lassen sich damit agitieren, dass ihnen nichts weggenommen wurde, außer ein bisschen kindliche Unbefangenheit. Besonders krass ließ sich dieser Aspekt wiederum an der sogenannten *Winnetou*-Debatte beobachten, der zweiten großen öffentlichen Diskussion des Sommers 2022 über mutmaßliche Einschränkungen der Kunstfreiheit wegen Political Correctness. Aus der Tatsache, dass der Ravensburger-Verlag zwei neue Spin-offs der *Winnetou*-Geschichte zunächst ankündigte und dann auf aktivistischen Druck aus dem geplanten Programm nahm, wurde ein irrwitziger Popanz um ein mutmaßlich in Gefahr geratenes Kultur- und vor allem Gemeingut, inklusive Fotos des bayrischen Wirtschaftsministers in vollständiger Pierre-Briece-Gedächtnisgewandung. Jener Hubert Aiwanger war sich dann auch nicht zu blöd, die vielfache Versicherung, niemand wolle *Winnetou* abschaffen oder eben canceln, nicht zu akzeptieren und ihr vielmehr ein »Natürlich wolltet Ihr das, Ihr Lügenbeutel!« entgegenzuplärren. Die zurückrudernden »Woken« hätten lediglich »mit der breiten öffentlichen Empörung nicht gerechnet«.

Damit aber endet einerseits jeder aufgeklärte Diskurs – indem man ihn zu einem Machtspiel verzerrt und obendrein die gemeinsame Wirklichkeit leugnet. Andererseits zeigt sich an den Aiwangers dieser Welt, die man intellektuell gewiss nicht ernst nehmen muss, die man als Sprachrohre und politische Funktionäre aber nicht ernst genug nehmen kann, was hier vermeintlich auf dem Spiel steht. Es geht ihnen um die von gegenwärtigen Reflexionen ungetrübte Erinnerung an die eigene Kindheit und Jugend und ihre Empfindungen darin. Beziehungsweise geht es ganz allgemein um den Zustand des Davor: vor den sozialen Medien, vor den Gender-Aktivistinnen, vor der permanenten Vermischung von Kultur und politischem Vorbehalt sowie der peinlichen Befragung ganz privater Vorlieben auf dem Boulevard des »Darf man das noch sagen?«. Dabei darf man doch so viel, nur eben nicht widerspruchsfrei.

Dieses lästige Moment ist gesellschaftlich noch nicht akzeptiert, weil es aber auch noch nicht hinreichend verstanden wurde: dass es heute immer eine Person in Hörweite gibt, die den intellektuellen und vor allem emotionalen Konsens einer Gemeinschaft herausfordert. Und zwar immer zur Unzeit! Dieser Golem des Widerspruchs macht zum Beispiel keine Weihnachtspause und lässt der Christenheit ihre Freude an der fantastischen Geschichte vom Mensch gewordenen Gott. Er macht auch keine Schweigeminute, wenn die britische Königin stirbt. Und es ist ihm, mit Verlaub, scheißegal, ob die kleinen Huberts, Helmuts und Wolfgangs im Westdeutschland der 1950er-Jahre beim Indianerspielen nur edelste Empfindungen hatten. Er ist unnachgiebig und unermüdlich dabei, jede erhabene oder ausgelassene Stimmung der Mehrheitsgesellschaft zu stören, indem er sich dröhnend als Stimme aller Marginalisierten selbst ermächtigt. Er wird stets zur Unzeit und stets undifferenziert über Kirchen und Missbrauch, über Royals und Kolonialismus und über den Rassismus sprechen, der sich auch im unschuldigen Spiel von Kindern verbergen kann. Und er wird damit nicht einfach aufhören, weil Hubert sich weiter mit Lederfransen verkleiden will, seine Frau einen Adelsfimmel hat und seine Enkel fröhlich von geilen Puffmüttern grölen wollen, derweil sie sich gegenseitig versichern, dass das »null sexistisch« gemeint sei.

Es sei denn, man bringt ihn mit Gewalt zum Schweigen, sei es nun durch körperliche Einschüchterung oder durch einen autoritären Staat, der für eine vermutete Freiheit seiner Unterstützer tatsächlich zum Zensor wird, nur dann eben nicht reaktionärer, sondern emanzipatorischer Bestrebungen. Das steht schließlich immer im Hintergrund: Die am lautesten von Freiheit schreien, opfern sie am bereitwilligsten, um für sich selbst Widerspruchsfreiheit sicherzustellen. Das darf niemals vergessen werden: Cancel Culture hat Karriere gemacht als politischer Kampfbegriff der Rechten nach links, während die gleichen Personen für rechte Hetze, die wirklich Stimmen zum Schweigen bringt (in Deutschland durch Einschüchterung, anderswo auch durch Jugendschutzgesetze, Book Bans und dergleichen mehr) beziehungsweise für die Beschwerde darüber nur Tränenlachsmileys übrighaben.

Wir müssen uns aber wiederum gar nicht darüber verkämpfen, ob diese Darstellung tatsächlich »stimmt« und was eigentlich »reaktionär« und »emanzipatorisch« in diesem Zusammenhang bedeutet. Absolute Kategorien verbieten sich hier eh – und entscheidend ist immer die Machtposition, entscheidend ist immer auch die Tiefe des Eingriffs sowie sein historischer Kontext. Es ist eben nichts schwarz und weiß, obwohl sich eine Debatte über mutmaßliche (Aus-)Löschung gut auf ex und hopp reduzieren lässt. Dieser Verführung gilt es aber zu widerstehen. Die Veranstalterinnen von einigen wenigen Volksfesten zensieren kein Lied, ein Wort entstellt kein ganzes Buch und dass Filme voller kultureller Vorurteile über edle Wilde heute nicht mehr als nationales Kulturgut in jedem Hauptprogramm laufen, entwertet keine lang zurückliegenden Kindheiten und ihre besten Intentionen.

Zugleich hege ich ein großes Misstrauen gegenüber jeder Argumentation, die groß angelegte Anti-Cancel-Bestrebungen mit »Wehret den Anfängen« rechtfertigt. Denn einerseits braucht es schon einen berechtigten Verdacht, dass die Fortsetzung großen gesellschaftlichen Schaden anrichten könnte, um eine solche Abwehr der Anfänge zu rechtfertigen, die natürlich immer ihrerseits Eingriffe in Selbstbestimmung und Handlungsfreiheit bedeutet – von Senderverantwortlichen und Verlagsprogrammmacherinnen, von Moderatorinnen und DJs. Alles andere wäre mutwillig illiberal. Andererseits bleibt auch die Frage, von was das der Anfang sein könnte. Der Anfang davon, dass sich die Mehrheitsgesellschaft der Tatsache bewusst wird, dass sie auch in ihren subjektiv empfunden friedlichsten, freundlichsten und ausgelassensten Momenten als aggressiv und diskriminierend empfunden wird, ob nun im Festzelt oder im Tipi? Das wäre doch auszuhalten.

Beziehungsweise wäre es das, wenn da nicht diese verdammte Angst wäre, dass etwas grundsätzlich kippt. Angst aber begegnet man kaum mit Argumenten, sondern besser noch mit Bildern, auch mit geteilten Erfahrungen. Womit wir wieder auf der Bank in Schweden wären. Von dort lassen sich ja durchaus Zweifel anmelden, etwa an den Erziehungsmethoden jener Eltern, die Astrid-Lindgren-Bücher oder zumindest einige davon aus dem Lektürekanon für ihre Kinder verbannt haben. Ob es wirklich eines kompletten Traditionsbruchs bedarf, weil jede Reproduktion überkommener kultureller Vorurteile in jedem Rahmen gewaltvoll ist und Rassismus oder Sexismus perpetuiert, oder ob nicht doch historisch-kritische Lektüren in Eltern-Kind-Gesprächen auch mit Sechsjährigen möglich sind, das wären so Fragen. Schließlich kann man auch und immer wieder fragen, welche rassismus- und sexismussensiblen Neuerscheinungen es denn gibt, die ähnlich mächtige literarische Welten erschaffen und diese unbeschreibliche Lust wecken, fiktionalen Charakteren durch ihre so ganz anderen Leben überallhin zu folgen. Diese Frage sollte gewiss nicht skeptisch klingen, sondern ernsthaft neugierig. Zugleich transportiert sie natürlich den Zweifel, ob ausreichend darüber nachgedacht wurde, ein erzählerisch und humanistisch großes Werk zu verwerfen, weil zum Beispiel die Kinder von Bullerbü vordergründig (!) teils stereotype Geschlechterrollen einnehmen. Als hätte Literatur je wie eine Gebrauchsanweisung für das eigene Leben funktioniert.

Es ist schließlich die Frage, ob der Universalismus des Guten, den das Schwarze Kind mit der weißen Astrid Lindgren im Arm verkörpern soll, wirklich so tot ist. Beziehungsweise ob man ihn ständig totsagen sollte mit Verweis auf Repräsentation, Sprecherinnenpositionen, Machtverhältnisse. Auf all diese Größen, eigentlich außerhalb der Kunst. Und wahrscheinlich könnte man darüber – zum Beispiel auf schwedischen Bänken – ganz furchtbar gute Gespräche führen, die zu ganz furchtbar schönen Horizontverschmelzungen führen.

Wahrscheinlich ist auch, dass Schwarze Aktivistinnen diese Fragen anders beantworten als weiße Feuilletonredakteure. Doch wie viel Macht haben Erstere über das Leben der anderen wirklich, wenn man diese Macht nicht stets panisch herbeiredet? Beziehungsweise, im Fall rechter Ideologen: eher taktisch als panisch, um sich in der Abwehr der spitzesten Stimmen all jener Bestrebungen zu entledigen, die auch nur im Entferntesten die weiße Deutungsallgewalt ankratzen.

Das aber ist die Realität: Kulturerzeugnisse aller Epochen sind zugänglicher denn je, man kann den ganzen Tag stummgeschaltete *Winnetou*-Filme laufen lassen und dazu »Layla« hören, und kein Twitter-Mob wird des Weges kommen und »Du, du, du« sagen. Oder man macht eine Pilgerfahrt zum Geburtshaus jener Schriftstellerin, deren schönste Bücher andere grad aus dem Regal räumen. Nichts ist gecancelt, alles ist möglich. Und ich bin der lebende Beweis.

DIE AUTOR*INNEN

Asal Dardan, geboren 1978 in Teheran, aufgewachsen in Köln, Bonn und Aberdeen, studierte Kulturwissenschaften in Hildesheim und Nahoststudien in Lund. Ihr Essayband *Betrachtungen einer Barbarin* wurde für den Deutschen Sachbuchpreis 2021 und den Clemens-Brentano-Preis 2022 nominiert.

Adrian Daub, geboren 1980 in Köln, ist Professor für vergleichende Literaturwissenschaft an der Stanford University und schreibt u.a. für die *Frankfurter Allgemeine Sonntagszeitung* sowie die *Neue Zürcher Zeitung*.

Hanna Engelmeier, geboren 1983 in Münster, arbeitet als wissenschaftliche Mitarbeiterin am Kulturwissenschaftlichen Institut Essen. Seit 2014 ist sie Autorin der Zeitschrift *Merkur*.

Jürgen Kaube, geboren 1962 in Worms, Journalist und Soziologe und einer der Herausgeber der *Frankfurter Allgemeinen Zeitung*, zuständig für das Feuilleton.

Konrad Paul Liessmann, geboren 1953 in Villach, Professor für Philosophie i.R., wissenschaftlicher Leiter des *Philosophicum Lech*, Essayist und Kulturpublizist. Er lebt in Wien.

Ijoma Mangold, geboren 1971 in Heidelberg, ist Literaturkritiker und Autor. Von 2013 bis 2018 war er Literaturchef der Wochenzeitung *DIE ZEIT*, deren kulturpolitischer Korrespondent er heute ist.

Lothar Müller, geboren 1954 in Dortmund, war Redakteur im Feuilleton der *Frankfurter Allgemeinen* und der *Süddeutschen Zeitung* und ist seit 2010 Honorarprofessor an der Humboldt-Universität zu Berlin.

Mithu Sanyal, 1971 in Düsseldorf geboren, ist Kulturwissenschaftlerin, Autorin, Journalistin und Kritikerin. Ihr Roman *Identitti* stand auf der Shortlist des Deutschen Buchpreises 2021.

Marie Schmidt, geboren 1983 in München, ist Journalistin und Literaturkritikerin. Sie war Redakteurin im Feuilleton der *ZEIT*, seit 2018 arbeitet sie als Literaturredakteurin bei der *Süddeutschen Zeitung*.

Johannes Schneider, geboren 1984 in Bochum, hat Kreatives Schreiben und Kulturjournalismus in Hildesheim und German Studies in St. Louis studiert, ist seit 2018 Redakteur bei *ZEIT ONLINE*, seit 2019 im Ressort Kultur.

Anna-Lena Scholz, Jahrgang 1984, war Wissenschaftliche Mitarbeiterin am Institut für Deutsche und Niederländische Philologie der Freien Universität Berlin. Seit 2017 ist sie Redakteurin bei der Wochenzeitung *DIE ZEIT* (Ressort Wissen).

Daniela Strigl, geboren 1964 in Wien, ist Literaturwissenschaftlerin, Kritikerin (*FAZ*, *ZEIT*, *Die Presse*) und Essayistin, Biographin von Marie von Ebner-Eschenbach und Marlen Haushofer und lehrt Neuere Deutsche Literatur als Privatdozentin an der Universität Wien.